MADALENA DUARTE

Movimentos na Justiça

O direito e o movimento ambientalista em Portugal

MOVIMENTOS NA JUSTIÇA
O DIREITO E O MOVIMENTO AMBIENTALISTA EM PORTUGAL

AUTORA
MADALENA DUARTE

REVISOR
VICTOR FERREIRA

EDITOR
EDIÇÕES ALMEDINA. SA
Rua Fernandes Tomás, nºs 76, 78, 80
3000-167 Coimbra
Tel.: 239 851 904
Fax: 239 851 901
www.almedina.net
editora@almedina.net

PRÉ-IMPRESSÃO
G.C. GRÁFICA DE COIMBRA, LDA.
Palheira – Assafarge
3001-453 Coimbra
producao@graficadecoimbra.pt

IMPRESSÃO
PAPELMUNDE, SMG, LDA.

Março, 2011

DEPÓSITO LEGAL
324013/11

Os dados e as opiniões inseridos na presente publicação
são da exclusiva responsabilidade do(s) seu(s) autor(es).

Toda a reprodução desta obra, por fotocópia ou outro qualquer
processo, sem prévia autorização escrita do Editor, é ilícita
e passível de procedimento judicial contra o infractor.

Biblioteca Nacional de Portugal – Catalogação na Publicação

DUARTE, Madalena

Movimentos na justiça : o direito e o
movimento ambientalista em Portugal
(CES – direito e sociedade)
ISBN 978-972-40-4323-4

CDU 316
      502
      061
      34

Para a minha mãe

ÍNDICE

Introdução	13

CAPÍTULO I – A mobilização do direito pelos movimentos sociais: matrizes teóricas	21
Introdução	21
1. Ainda a pergunta: pode o direito ser emancipatório?	25
1.1. A perspectiva derrotista	26
1.2. A perspectiva informada	36

CAPÍTULO II – O Movimento Ambientalista: trajectórias e estratégias	51
Introdução	51
1. O despertar nos anos 1960: a defesa da natureza como crítica à modernidade	53
2. As transformações após a década de 1970	59
2.1. Ao encontro do sistema: as vias institucionais do movimento	61
3. O que resta do novo movimento social?	67
3.1. Alguns diferentes, muitos iguais: a categorização do activismo ambientalista	69
4. O radicalismo no bolso?	71
4.1. As diferenças entre o Sul e o Norte	72
4.2. ONG, grupos populares de base e radicalismo	80
5. Por onde poderá seguir o activismo ambientalista?	83
5.1. A escolha das tácticas: entre o radicalismo e a institucionalização	85
5.1.1. Vozes que defendem a institucionalização	91
5.1.2. Vozes que defendem o radicalismo	93

CAPÍTULO III – O Movimento Ambientalista em Portugal	97
Introdução	97
1. As temporalidades do movimento ambientalista	100
2. O retrato do activismo ambientalista em Portugal: uma caracterização empírica	109
2.1. ONGA: uma breve caracterização	110
2.1.1. O financiamento das ONGA	114
2.1.2. A relação com os média	118
2.1.3. A mobilização para as questões ambientais	121
2.1.4. Em busca da profissionalização	125
2.2. A cientifização e o fechamento do movimento	128

8 MOVIMENTOS NA JUSTIÇA

2.3. A proliferação de movimentos populares de base local	135

2.4. Entre a acção directa e a acção institucional: formas de acção
privilegiadas ... 140

CAPÍTULO IV – Acesso ao direito e à justiça ambiental ... 151
Introdução ... 151
1. Novos direitos, novos movimentos, novos acessos ... 153
2. O acesso colectivo ao direito e à justiça para a protecção do ambiente
na Europa ... 157
    2.1. Alguns documentos internacionais e europeus ... 157
    2.2. O acesso à justiça ambiental pelas ONGA em alguns países europeus ... 161
        2.2.1. Tribunais Administrativos ... 163
        2.2.2. Tribunais Cíveis ... 165
        2.2.3. Tribunais Criminais ... 166
        2.2.4. Outros Organismos ... 166
    2.3. Constrangimentos ao acesso ... 167
3. O caso português ... 170
    3.1. Direito à informação ... 173
    3.2. Mecanismos extrajudiciais ... 175
    3.3. Titularidade de acesso aos tribunais ... 176
        3.3.1. O Ministério Público ... 176
        3.3.2. Autarquias Locais ... 177
        3.3.3. Cidadãos e Organizações Não Governamentais do Ambiente ... 177
    3.4. Meios de tutela judicial ... 179
        3.4.1. Os procedimentos cautelares ... 179
        3.4.2. Prevenção e cessação de actuações da Administração Pública
lesivas do ambiente ... 181
        3.4.3. Prevenção e cessação de actividades de particulares lesivas
do ambiente ... 182
        3.4.4. Punição de crimes ambientais ... 182
    3.5. Custos associados a um processo em tribunal ... 182

CAPÍTULO V – O uso do direito pelo movimento ambientalista português ... 185
Introdução ... 185
1. A litigação judicial pelas ONGA ... 187
    1.1. A pirâmide da litigação ... 190
2. Bloqueios no acesso aos tribunais ... 197
    2.1. Bloqueios legais no acesso aos tribunais ... 199

ÍNDICE 9

2.2. Bloqueios organizacionais 209
    2.2.1. CIDAMB 216
    2.2.2. RADICA 218
3. A crescente alternativa: o direito comunitário e o direito internacional ... 219
4. Olhares dos activistas sobre os constrangimentos regulatórios
  e as possibilidades emancipatórias do direito 224
    4.1. Criação de jurisprudência e activismo judicial dos tribunais superiores ... 230
    4.2. As decisões judiciais: implementação e efectivação 234
    4.3. *Law in books*: a intervenção na legislação 241
    4.4. Impactos do direito no movimento ambientalista: percepções
      dos activistas 244

CONCLUSÕES 255

LISTA DE ACRÓNIMOS 265

BIBLIOGRAFIA 267

ANEXOS 283

Em frente da Lei está um porteiro; um homem que vem do campo acerca-se dele e pede-lhe que o deixe entrar na Lei. O porteiro, porém, responde que nesse momento não pode deixá--lo entrar. O homem medita e pergunta então se mais tarde terá autorização para entrar. 'É possível', responde o porteiro, 'mas agora não pode ser'. Como o portão que dá acesso à Lei se encontra, como sempre, aberto, e o porteiro se afasta um pouco para o lado, o homem inclina-se a fim de olhar para o interior. Assim que o porteiro repara nisso diz-lhe, rindo-se: 'se te sentes tão atraído, procura entrar a despeito da minha proibição. Todavia, repara: sou forte e não passo do mais ínfimo dos porteiros. De sala para sala, porém, há outros porteiros, cada um deles mais forte do que o anterior. Até o aspecto do terceiro guarda é para mim insuportável'. O homem do campo não esperava encontrar tais dificuldades; 'a lei devia ser sempre acessível a toda a gente', pensa ele; porém, ao observar melhor o porteiro (...), acha que é melhor esperar até lhe darem autorização para entrar.

FRANZ KAFKA, *O Processo*

INTRODUÇÃO

Nas últimas décadas, as reivindicações pela não discriminação, pela inclusão e por justiça social têm sido abordadas tendo em conta a relação entre direito, movimentos sociais, identidade, representações culturais e democracia. Formas de resistência contra a predação neoliberal, a degradação ecológica, o racismo, o patriarcado, a homofobia, a incapacitação das pessoas com deficiência, entre outras, emergem, cada vez mais, na arena legal. Dada a importância conferida à protecção legal para a prevenção de práticas discriminatórias, para garantir a igualdade de oportunidades e permitir o desenvolvimento de agendas progressistas, é fundamental perceber quais as vantagens e os limites do direito. O presente texto tem como proposta fundadora um exercício de compreensão do papel que o direito pode ou não ocupar nas lutas sociais contra-hegemónicas. Ou seja, interessa-me o papel que o direito pode assumir como resistência transformadora face às formas de opressão, silenciamento, subalternização e degradação que se encontram alojadas nas estruturas e nos valores dominantes das nossas sociedades.

A ideia de *democracia sem fim* definida por Boaventura de Sousa Santos (1997) supõe que o exercício democrático societal está longe de se cumprir com instituições democráticas representativas; tal quadro não configura mais do que uma democracia de baixa intensidade. A democracia realiza-se, no conceito do autor, por um continuado aprofundamento das práticas democráticas, processo que implica: por um lado, uma crescente participação dos cidadãos, individual ou colectivamente considerados; por outro, a capacidade do exercício democrático para confrontar as desigualdades estruturantes das sociedades e o sistema económico exploratório – o capitalismo neoliberal – que tão bem tem convivido com a democracia de baixa intensidade. Da mesma maneira que o aprofundamento da democracia não conhece um estágio final, mas fronteiras que sempre se renovam, o mesmo se passa com o que defino como *justiça sem fim*. Tal questão prende-se primordialmente com os limites e desigualdades reconhecidos no acesso ao direito e à justiça, bem como, por consequência, com a incapacidade do sistema jurídico e judicial operar para combater as desigualdades que compõem as nossas sociedades. Ou seja, o processo de justiça sem fim é aquele que permite que o direito opere como instrumento de democracia e justiça social para aqueles que delas mais carecem; e é também o processo que continuamente reinventa os sujeitos de direitos no seio de formações sociais em constante mudança: os movimentos sociais ressaltam aqui enquanto parte essencial do processo sem fim que formulo.

A tentativa empreendida de explorar as possibilidades contra-hegemónicas do direito realiza-se neste texto por relação com uma realidade empírica delimitada: o movimento ambientalista português. Esta realidade empírica surge pertinente sobretudo por apelo a duas linhas distintas de relevância. Em primeiro lugar, na sociedade portuguesa, onde a fragilidade reivindicativa da sociedade civil e dos movimentos sociais vem sendo reconhecida, o ambientalismo mostra ser uma causa que concita importantes recursos sociais e políticos. Na verdade, a luta ambientalista assume um papel não despiciendo no quadro social e político da sociedade portuguesa: pelo número de associações, pela sua actividade, pela sua visibilidade e pela sua intervenção. Esse relativo bulício e a sucessão de causas em que os movimentos ambientalistas têm estado envolvidos fazem com que a exploração dos usos do direito na luta política se faça num quadro temático que tem por base uma importante conflitualidade social.

Em segundo lugar, interessa-me o modo como o movimento ambientalista em geral fez transitar a sua acção das ruas para os gabinetes e salas de tribunal naquilo que é frequentemente referido como o crescente protagonismo do "ambientalista de fato e gravata". Conforme vêm notando vários autores, o movimento ambientalista paulatinamente abandonou uma atitude radical, anti-sistema, questionadora do sistema económico e da ideia moderna de progresso, atitude desenvolvida nos anos 1960 e bem retratada ainda no mediatismo radical das acções da *Greenpeace*. Essa reversão deu-se no sentido de uma atitude que, de um modo sintético, se poderia descrever, por um lado, como "mais conformada" com o paradigma social forjado sob a égide neoliberal e, por outro, como uma atitude que baliza primordialmente a sua acção dentro de vias institucionais de defesa ambiental. Ora, é nesta forma de intervenção política mais institucional que o espaço do direito (a luta por transformações legislativas e pela implementação de garantias legalmente consagradas) assume uma relevância inédita, cujas possibilidades, virtualidades e limites na defesa do ambiente se torna particularmente instigante apreciar.

Postulando que o potencial democrático do direito depende não só da democratização do acesso dos indivíduos que a ele possam recorrer com ganhos para a justiça social, mas também da emergência de potencialidades nas lutas contra-hegemónicas dos movimentos sociais, parti da seguinte questão: *De que forma o direito, enquanto ordem jurídica reconhecida pelo Estado, tem vindo a ser usado nas lutas contra-hegemónicas do movimento ambientalista em Portugal?*

Procurei responder à questão partindo da articulação entre uma *sociologia das ausências* e uma *sociologia das emergências*. A sociologia das ausências é uma "investigação que visa demonstrar que o que não existe é, na verdade, activamente produzido como não existente, isto é, como uma alternativa não--credível ao que existe" (Santos, 2003a: 743). Assim, num quadro de fuga à litigação judicial por parte dos cidadãos individualmente considerados, em que os grupos de cidadãos da sociedade civil parecem só agora começar a pensar-se como sujeitos de direitos e em que os tribunais se afastam de um espaço de realização democrática e de cidadania, mais crucial se torna dar visibilidade a ausências transformando-as em presenças. A perspectiva que me move funda-se numa política de reconhecimentos, ou seja, na ideia de que uma "ecologia de reconhecimentos" (Santos, 2003a: 743) toma parte na transformação do que existe criando novos espaços de possibilidade. Neste trabalho confronta-se o desconhecimento público, o cepticismo e a impossibilidade emancipatória que se abate sobre as virtualidades do recurso ao direito por parte dos movimentos sociais. Ou seja, ao reconhecer eixos emancipatórios no direito, a sociologia das ausências explora a possibilidade do seu uso em lutas contra-hegemónicas. Mas, por outro lado, a escolha do movimento ambientalista pauta-se por uma sociologia das emergências, isto é, pela evidência daquilo que existe como uma tendência, pela presença de um "ainda não", de uma "possibilidade e uma capacidade concretas que nem existem no vácuo, nem estão completamente determinadas" (Santos, 2003a: 751). Se aquilo que existe não deve ser silenciado, também aquilo que se desenha como possibilidade não deve ser ignorado. De facto, o movimento ambientalista, quando considerado no quadro da sociedade portuguesa, tem demonstrado uma particular vocação para incluir no seu repertório de protesto o recurso ao direito e aos tribunais. Nessa medida, importa tentar responder à questão de partida mediante certas hipóteses de trabalho: **hipótese 1:** *A assunção das associações ambientalistas como sujeitos de direito tem obrigado a uma maior abertura por parte dos tribunais à cidadania e à participação cidadã;* **hipótese 2:** *O recurso ao direito por parte das associações ambientalistas faz-se no âmbito de um repertório de protesto mais vasto, em que conjugam acções legais e ilegais;* **hipótese 3:** *As associações ambientalistas usufruem de uma pluralidade de ordens jurídicas, facilitada pela integração de Portugal na União Europeia, no que se refere quer à produção de legislação ambiental, quer ao recurso a instâncias europeias para defesa e concretização dessa mesma legislação;* **hipótese 4:** *O uso do direito pelos movimentos ambientalistas comporta possibilidades de protecção ambiental e transformação que efectivamente se articulam com as lutas pela emergência de um paradigma societal.*

Para aferir da validade de cada uma destas opções, foi necessário proceder a determinadas opções metodológicas. Uma primeira dúvida prendeu-se com o rumo que deveria ser dado à investigação: esta deveria ter uma maior incidência no direito, questionando-se os seus operadores – juízes, magistrados do Ministério Público e advogados – acerca do acesso ao direito e à justiça por parte dos movimentos sociais; ou nos movimentos sociais, neste caso nas associações ambientalistas, convidando-as a reflectir sobre os seus próprios repertórios de protesto e sobre o papel que o direito assume nestes? Optei pelo segundo trilho, sem afastar completamente o primeiro. Com efeito, esta investigação pretende conhecer as possibilidades do direito para os movimentos emancipatórios e os seus constrangimentos; conhecer as razões daqueles que, num dado momento, invocam o direito e os tribunais para resolver um conflito a seu favor e saber que consequências isso traz para a própria configuração do movimento. Tal só poderia ser apurado ouvindo os activistas, percepcionando-se as potencialidades do direito numa perspectiva de baixo para cima.

Tendo-se optado pelo movimento ambientalista, surgiu a necessidade de uma outra precisão metodológica: sobre quem incidiriam as técnicas metodológicas? Os movimentos sociais são internamente muito diversos e constituídos por uma multiplicidade de actores: organizações não governamentais, associações, grupos informais de cidadãos, cidadãos individuais, etc., cuja participação tem diferentes níveis de intensidade. Optou-se por ouvir, sobretudo, as organizações não governamentais do ambiente (ONGA). Isto não significa que as ONGA esgotem o movimento ou, tampouco, que sejam qualquer expressão máxima do movimento ambientalista. A opção pelas ONGA prendeu-se com alguns critérios, entre eles, o facto de terem uma maior longevidade, contrariamente a alguns movimentos populares informais; lutarem pelo meio ambiente geralmente considerado ao mesmo tempo que não negligenciam os interesses locais; terem, na prática, uma função de coordenação do movimento, estando presentes em quase todas as lutas ambientalistas e ecológicas; estarem envolvidas simultaneamente em diferentes lutas; e serem de acesso mais fácil do que grupos dispersos de cidadãos sem formalização. Atente-se, contudo, que o universo das ONGA em Portugal é muito diverso, sendo constituído por associações com diferentes objectivos, âmbitos de actuação (local, regional e nacional), dimensão e localização, o que, à partida, veicula uma informação rica. Deste modo, as ONGA são a expressão mais visível do movimento ambientalista português.

Toda a investigação foi realizada no âmbito da minha dissertação de mestrado em Sociologia pela Faculdade de Economia da Universidade de Coimbra, cuja redacção terminou em Novembro de 2006.

No Capítulo I, dá-se conta do debate em torno do potencial emancipatório do direito e do seu actual e possível papel nas lutas contra-hegemónicas. No fundo, este capítulo procura responder à questão: *pode o direito ser emancipatório?* discutindo o lugar do direito nas agendas dos movimentos sociais. Para tal, são sintetizadas duas perspectivas. A primeira, mais céptica, procura alertar os movimentos sociais para os efeitos perniciosos que pode ter a mobilização do direito nas suas lutas. A segunda, engajada numa *perspectiva informada* que se documenta nas experiências empíricas, do Norte e do Sul, mostra como o direito pode ser usado com um sentido transformador.

No Capítulo II focalizo a investigação no movimento ambientalista. Enquadrando a emergência deste movimento na sua luta contra as promessas da modernidade, analisa-se a sua evolução desde a sua emergência na década de 1960, como novo movimento social. Numa análise que procura captar as especificidades do movimento, questionam-se as formas de acção que conduzem ao sucesso das lutas, quais as que se revelam contraproducentes e qual o papel do direito nas mesmas.

O Capítulo III fornece uma análise do movimento ambientalista português, tendo em conta a discussão teórica realizada no Capítulo II, à luz da dicotomia radicalismo *versus* institucionalização. Atendendo às especificidades sociopolíticas da sociedade portuguesa e ao modo como estas influenciaram a emergência dos novos movimentos sociais, retrato a evolução do movimento ambientalista em Portugal e evidencio alguns dos problemas e dilemas com os quais actualmente se confronta. Procura-se, neste capítulo, perceber como o movimento se pensa, que reflexão faz em termos de estratégias de acção e quais as suas percepções sobre o direito e sobre a arena legal enquanto espaço para desenvolver lutas contra-hegemónicas. No fundo, perceber que características e especificidades levam a que o movimento ambientalista, através das suas associações, ONG e grupos de cidadãos, recorra crescentemente ao direito e aos tribunais para a defesa do ambiente.

O Capítulo IV parte de duas abordagens. A primeira refere-se aos mecanismos do direito no sentido de proporcionar uma maior abertura à participação dos movimentos sociais através da legalização das suas reivindicações e mediante o recurso a tribunal para concretizar direitos adquiridos. Não seria possível estudar a mobilização do direito por parte dos movimentos sociais, propósito central deste trabalho, sem saber, previamente, as condições de acesso ao direito e à justiça que lhes são atribuídas. Deste modo, neste capítulo procede-se ao enquadramento legal do acesso ao direito por parte das ONGA a dois níveis: nacional e supranacional. Relata-se igualmente a experiência de acesso das associações ambientalistas ao direito e à justiça em alguns países europeus. A segunda indaga sobre a emergência dos movimentos sociais como titulares de direitos e como estes desafiam a rigidez formal do direito oficial e das suas instituições.

Finalmente, no Capítulo V é analisada a litigiosidade das associações ambientalistas, dá-se voz à experiência e às opiniões de diversos/as activistas acerca do direito e recorre-se a alguns estudos de caso de acções judiciais propostas por ONGA como forma de ilustrar as convicções e as vivências dos activistas face ao direito em geral e aos tribunais em particular.

O caminho percorrido que confluiu neste texto não foi solitário. Os/as companheiros/as de viagem merecem um especial agradecimento.

Em primeiro lugar, agradecer à Fundação para a Ciência e a Tecnologia pelo indispensável apoio que possibilitou a este projecto por via da bolsa que me foi atribuída.

Uma menção aos colegas do Centro de Estudos Sociais da Universidade de Coimbra pela disponibilidade, espírito crítico e partilha de angústias. Entre todos não posso deixar de destacar a Cecília M. Santos, cuja ajuda e experiência têm sido particularmente importantes no meu percurso académico, o João Arriscado Nunes, o Elísio Estanque, o José Manuel Mendes, o António Casimiro Ferreira, a Virgínia Ferreira e a Sílvia Portugal. À Conceição Gomes, e porque as relações profissionais também originam amizades, uma palavra de apreço pela aprendizagem que me facultou nos últimos anos no Observatório Permanente da Justiça. Pela agilidade, excelência e paciência, um agradecimento também à Lassalete Simões Paiva.

A minha gratidão para com muitos/as companheiros/as de licenciatura e de mestrado, os/as quais, nas discussões e nos convívios, me foram iluminando os caminhos pelos quais vale a pena lutar por um outro mundo possível.

São muitos os rostos daqueles que, com uma amizade inabalável, nunca me deixaram só neste percurso, mesmo quando mais tumultuoso. Gostaria de agradecer, em primeiro lugar, aos que tiveram uma intervenção mais directa na elaboração deste trabalho. São eles o Bruno Sena Martins, a Paula Fernando e a Élida Lauris. A estes nomes acrescento outros cujo apoio foi fundamental: o Hélder Vicente, a Aida Santos, a Ana Cristina Santos, o Tiago Ribeiro, o Fernando Fontes, a Catarina Medeiros, a Marina Henriques, a Carina Gomes, o Carlos Barradas, a Teresa Maneca, o João Paulo Dias, o Pedro Araújo, a Tânia

Costa, a Cristiana Gaspar Ralha, o Carlos Nolasco, a Ana Oliveira, a Ângela Neves e o Pedro Abreu. Sei que me acompanharão noutros trilhos.

À minha família, cujo espírito de entreajuda me continua a surpreender, devo aquilo que sou.

Um agradecimento, também, aos activistas que, na sede de transformação por um mundo ecológico, se mostraram sempre disponíveis e colaborantes.

Gostaria, por fim, de agradecer ao meu orientador, Boaventura de Sousa Santos, pela confiança que depositou em mim, pelos estímulos e sugestões críticas, nas vestes de desafios irrecusáveis, que me guiaram neste trabalho. Teria sempre de agradecer-lhe pela sua obra, móbil primeiro do livro aqui apresentado.

A todos/as, a minha profunda gratidão.

CAPÍTULO I

A MOBILIZAÇÃO DO DIREITO PELOS MOVIMENTOS SOCIAIS: MATRIZES TEÓRICAS

Introdução

Ao introduzir este capítulo acompanho o modo como Boaventura de Sousa Santos inicia a sua *Crítica da Razão Indolente*: com a metáfora dos espelhos. As sociedades são, nas suas palavras, "a imagem que têm de si vistas nos espelhos que constroem para reproduzir as identificações dominantes num dado momento histórico" (Santos, 2000: 45). São esses espelhos que permitem que sejam criadas rotinas que assegurem o funcionamento da sociedade. Um dos espelhos é, sem dúvida, o direito – isto é, as leis, as normas e as instituições jurídicas e judiciais –, que não só reflecte a sociedade como garante o seu funcionamento. Uma análise histórica do direito mostra precisamente como este tem sido crucial na gestão de conflitos sociais e na reprodução social do paradigma da modernidade.

A articulação da lógica económica da modernidade com o direito ocorre no século XIX, quando o capitalismo se torna no modo de produção dominante e a burguesia a classe que o move. A partir de então o direito fica intimamente intricado com a modernidade, devendo ser considerados três períodos: o período do capitalismo liberal, no século XIX; o período do capitalismo organizado, que compreende o espaço temporal entre o final do século XIX e as duas primeiras décadas do pós-segunda guerra mundial; e, por fim, o período do capitalismo desorganizado, o período em que nos encontramos, que tem início nos anos 1960 (Santos, 2002).

O primeiro período contém já elementos que evidenciam a improbabilidade do cumprimento de algumas das promessas[1] fundadoras da modernidade. Nesse sentido, foram sendo paulatinamente calibradas as eufóricas aspirações dos cidadãos àquelas promessas que se pudessem realizar de

---

[1] Como melhor se verá no Capítulo II, a respeito da constituição do movimento ambientalista, a modernidade trouxe consigo promessas ambiciosas: a promessa da paz perpétua, baseada no comércio, na racionalização científica dos processos de decisão e das instituições; a promessa de uma sociedade mais justa e livre assente na criação de riqueza tornada possível pela conversão da ciência em força produtiva; e a promessa da dominação da natureza e do seu uso para o benefício comum da humanidade (Santos, 2000: 54).

acordo com o estreitamento dos desígnios que viriam a caracterizar o Estado Liberal. As contradições do desenvolvimento capitalista confluem numa tensão fundamental entre regulação e emancipação,[2] sendo urgente deslegitimar as práticas emancipatórias. No entanto, a ênfase na matriz emancipatória do projecto moderno carregava o risco da dissolução daquilo que veio a ser a sua dramática vinculação ao capitalismo liberal. Razão porque o estreitamento das propostas presentes no projecto da modernidade ao encontro do capitalismo se deu a par de uma redução das possibilidades emancipatórias inicialmente forjadas.

A deslegitimação social da emancipação ocorre, entre outros domínios, no direito. As lutas populares que o criaram prenhe de possibilidades emancipatórias começaram a perder contacto com aquela que foi a sua cristalização de acordo com as prerrogativas liberais. O direito deixa de ser uma força emanada do povo para assumir-se essencialmente como uma força reguladora sob o domínio estatal. Com o intuito de ocultar e de legitimar a estatização do direito e a sua subordinação ao capitalismo liberal e aos interesses dominantes e, simultaneamente, conter a revolta popular que podia advir desta suspeita, escuda-se crescentemente o direito numa cientificidade positivista.

Neste processo, em que a dominação política passa a legitimar-se enquanto dominação técnico-jurídica, o positivismo surge, pois, como a "consciência filosófica do conhecimento-regulação" (Santos, 2000: 131). O direito torna-se, consequentemente, num espelho, fixo, num repositório das verdades acabadas sobre as quais poucas dúvidas podem existir.

Nos finais do século XIX e princípios do século XX, começa já a notar-se alguma contestação social face às promessas não cumpridas da modernidade. De facto, se no primeiro período o projecto da modernidade se desenhava ainda como pujantemente ambicioso, no segundo período a modernidade dava sinais claros que só algumas promessas seriam cumpridas. Consequentemente, o Estado e os seus mecanismos, o direito inclusive, começam a denotar alguma fragilidade. Esta ideia vai ao encontro do *Manifesto do Partido Comunista*, no qual o direito é visto como expressão das vontades da classe dominante cujo único objectivo é a reprodução da dominação social. Não tinha, portanto, qualquer utilidade combativa e de resistência por parte do

---

[2] Segundo Santos, o paradigma da modernidade assenta em dois pilares: o pilar da emancipação e o pilar da regulação. Para um melhor entendimento desta questão, ver Santos (1997; 2000).

movimento proletário, contribuindo apenas para o reforço da sua subordinação. Este período é marcado, pois, pela tentativa de minimizar os fracassos do paradigma moderno e camuflá-los perante a sociedade. Confrontadas com a crescente complexidade da economia, que conduzia a uma maior intervenção do Estado, e a ameaça do comunismo, com os sindicatos e os partidos operários a entrarem na cena política, até então ocupada exclusivamente pelos partidos oligárquicos e pelas organizações burguesas, as democracias liberais celebraram um pacto social entre o capital e o trabalho. Este conduziu a uma nova forma política, o Estado-Providência, que se viria a consolidar após a Segunda Guerra Mundial nos países capitalistas avançados e que funcionou como um imperativo de legitimação do Estado capitalista perante as classes trabalhadoras.

Esta nova forma política desenvolveu um conjunto de medidas, em primeiro lugar, a criação de serviços universais (como a saúde e a educação), em segundo, a criação de pleno emprego, e, em terceiro, a criação de uma rede de segurança social para agregados de baixos rendimentos e outros grupos vulneráveis (Mishra, 1995). Tais transformações tiveram impactos fortes no direito, quer alterando áreas tradicionais do direito, como no direito constitucional e no direito administrativo, quer desenvolvendo novos domínios, de que são exemplos o direito económico, o direito laboral e o direito social (Santos, 2000: 138-139).

O direito aproxima-se das pessoas através de uma juridicização da vida social sem precedentes, o que confere, aliás, uma maior visibilidade aos tribunais. Chamados cada vez mais a resolver conflitos sociais, os tribunais colocaram-se, neste período, perante um dilema. Por um lado, continuar a aceitar a omissão política que já vinha do período anterior. A opção por esta posição poderia ter como consequência a salvaguarda da independência dos tribunais, mas também o risco de se tornarem socialmente irrelevantes. Por outro, aceitar a sua quota-parte de responsabilização política na actuação promocional do Estado. A opção por esta segunda posição – que tendeu a ocorrer nos países com fortes movimentos sociais pela conquista de direitos – levou os tribunais a adoptarem posições mais pró-activas, a intervir no domínio da inconstitucionalidade por omissão, e à colectivização da litigiosidade (Santos *et al.*, 1996). O direito, ainda que permanecendo um direito do Estado, uma vez que o Estado intervém através dele, volta, portanto, a colocar-se no centro das lutas sociais como um instrumento privilegiado e aceite pelos movimentos contestatários que podiam, inclusive, usar o direito contra o Estado (Santos, 2000: 140). Tal não implica, no entanto, que o lugar do direito na "colonização do mundo da vida", de que fala Habermas, perdesse acuidade social. Não se pense, portanto, que, neste período, o Estado tentou integrar todas as forças emancipatórias; antes, seleccionou-as mediante a sua adaptação ao projecto regulatório.

No terceiro período, o período actual, torna-se evidente que certas promessas ainda não se cumpriram ou nunca se cumprirão; algumas não poderão ser cumpridas dentro do paradigma da modernidade; e outras foram cumpridas em excesso, conduzindo a défices irreparáveis. Neste período, o Estado enfraquece e a comunidade torna-se mais marginalizada do que nunca. Num período em que o Estado-Nação perde a sua força, quer à escala nacional, quer à escala mundial, com o sacrifício dos Estados periféricos e semiperiféricos, em que há um acentuar das desigualdades sociais, em que ocorrem transformações significativas nas práticas e estruturas de classe, em que há um declínio dos mecanismos corporativos e das organizações que os representam, em que há uma intensificação da transnacionalização das trocas económicas sob a égide neoliberal, dissemina-se a ideia de que o Estado-Providência é incapaz de garantir o bem-estar social que a sociedade necessita. A crise do Estado-Providência veio colocar em causa a ideia de que o crescimento do lucro se pode concertar com a permanência ou ampliação dos direitos sociais; nesse sentido verifica-se que "o capitalismo avançado que criou o Estado-Providência se distancia progressivamente desta sua criação" (Santos, 1995: 205). Se no período anterior as relações sociais estavam amplamente reguladas pelo direito, com a crise do Estado-Providência verifica-se que já nem todas as áreas são reguladas. Esta é, no entanto, uma desregulação que se deve menos à fraqueza do Estado do que às duas opções selectivas.

Contrariamente ao período anterior, onde o direito foi politizado exaustivamente, no período actual o direito é politizado até um certo limite, limite esse a ser calculado pelo Estado e de forma a proteger o Mercado, em detrimento da Comunidade e até de si próprio. Na prática, mais não faz do que

(...) fixar o quadro em que uma sociedade civil baseada no mercado funciona e floresce, cabendo ao poder judiciário garantir que o Estado de direito é amplamente aceite e aplicado com eficácia. Afinal, as necessidades jurídicas e judiciais do modelo de desenvolvimento assente no mercado são bastante simples: há que baixar os custos das transacções, definir com clareza e defender os direitos de propriedade, fazer aplicar as obrigações contratuais, e instituir um quadro jurídico minimalista (Santos, 2003b: 11).

Esta breve resenha histórica ilustra bem que o direito assumiu um papel central na reconstrução dos excessos e défices da modernidade ocidental, ou seja, sempre que a modernidade não cumpriu, ou cumpriu excessivamente as suas promessas, o direito foi o mecanismo de refreamento de velhas expectativas e de regulação de novas. Através do direito, o Estado moderno tornou-se "o principal garante da confiança em massa de que necessita a sociedade moderna" (Santos, 2000: 165). O direito foi, pois, inserido, desde o século XIX, num padrão hegemónico de transformação social que lhe permitia operar apenas mudanças sociais que não colocavam em causa o paradigma da modernidade, antes o reproduziam, e não verdadeiras reformas sociais ou mesmo aliar-se a um projecto revolucionário.

Estamos perante mudanças pontuais, fragmentadas e desprovidas de uma direcção global, que serão apropriadas pelos diferentes grupos sociais de modo distinto: para uns serão encaradas como uma mera repetição, para outros, como melhorias significativas.

Neste contexto, será legítimo procurar no direito direcções emancipatórias? Se esta é, no meu entender, uma questão, do ponto de vista da discussão histórica e epistemológica, fulcral para qualquer um, é-o mais ainda para os grupos que levam a cabo lutas contra-hegemónicas.[3]

1. Ainda a pergunta: pode o direito ser emancipatório?

A resposta à questão atrás deixada está longe de ser consensual. Alguns autores, nomeadamente os que se inserem no *movimento dos estudos críticos do direito* (*Critical Legal Studies*), consideram que o direito é hegemónico e serve os propósitos estatais, pelo que está longe de ser emancipatório. Um outro conjunto de autores (v. g., Scheingold, Galanter, McCann) analisa, historicamente, o papel do direito nas lutas sociais e considera que este tem constituído uma alavanca para diversas transformações sociais. Outros ainda, como Boaventura de Sousa Santos, posicionam-se entre a angústia de um direito enraizado no paradigma dominante, e que, por isso, dificilmente pode servir propósitos emancipatórios na constituição de um novo paradigma, e o reconhecimento das potencialidades emancipatórias do direito em lutas locais e translocais.

---

[3] As lutas são contra-hegemónicas "porque combatem as sequelas económicas, sociais e políticas da globalização hegemónica, mas também porque desafiam a concepção de interesse geral que lhe está subjacente e propõem uma concepção alternativa" (Santos, 2003b: 27).

1.1. *A perspectiva derrotista*

Começo pelos cépticos. O estado da arte sobre esta questão permite agrupar um conjunto de argumentos, muitos deles na esteira dos estudos críticos do direito, que sustentam a ineficácia do direito nas lutas contra-hegemónicas. Um primeiro argumento, enraizado historicamente e inspirado no pensamento marxista e na noção de hegemonia proposta por Gramsci,[4] é o de que o direito não só é hegemónico como serve propósitos hegemónicos. Ou seja, a construção de cima para baixo do direito sob a égide do Estado leva a que este tenha como fim exclusivo a legitimação estatal. Deste modo, um conjunto de autores questiona o direito como algo independente. Hoje, argumentam, o direito continua a ser usado sobretudo como um eficaz veículo de transmissão ideológica:

> O direito ajusta as nossas vidas em moldes raramente reconhecidos. Atribui-nos identidades e subjectividades, molda o mundo físico e material em que vivemos e estabelece, explicitamente, as regras e práticas das restantes instituições. Por fim, o direito (...) opera como uma arena na qual se travam os conflitos dialógicos. Mais importante é, no entanto, o facto de ele se apresentar nestas lutas como um árbitro, negando ser uma parte activa ou interessada nessas lutas. Deste modo, as decisões e os significados legais são ideológicos precisamente porque surgem como não ideológicos (Ewick, 2004: 85).

Estas opiniões vão no sentido de que o direito contribui para a legitimação das instituições e relações sociais dominantes, isto é, para que as pessoas vejam o mundo em que vivem como legítimo, correcto e o único possível. As estratégias de legitimação através das quais tal é conseguido obedecem a processos de racionalização, universalização e construção de narrativas (Ewick, 2004: 86-87). As lógicas de *racionalização*, isto é, de aplicação de uma epistemologia positivista ao direito, em que as leis, os operadores judiciários e as instituições judiciárias são "naturalizados" mediante regras e normas procedimentais precisas, levam a que as relações de poder apareçam como inevitáveis. A *universalização* garante que as situações beneficiadoras de uma classe

---

[4] Para Gramsci, o conceito de hegemonia pode ser definido como o processo que gera o consentimento "espontâneo" por parte das grandes massas populacionais às directrizes que o grupo dominante impõe à sociedade. A relação do conceito de hegemonia de Gramsci e a sua aplicação à análise da relação entre o direito e os movimentos sociais está particularmente bem conseguida em Hunt (1990).

específica surjam como vantajosas para todos os indivíduos e grupos. Por fim, a construção de *narrativas* contribui para a reprodução de estruturas de significados dominantes ao descreverem sequências fatalistas de eventos com reivindicações morais nos seus finais. Com este argumento, defendem que não só o direito é politicamente dependente como tende a confirmar as relações de poder existentes na esfera política e a preservar as desigualdades. Consequentemente, ao usarem o direito para confrontar o *status quo*, os movimentos sociais estão, de facto, a reforçar as condições que os oprimem.

A dependência política que se esconde por detrás de uma aparente neutralidade do direito e das suas instituições proporciona que, para vários autores, o direito seja tido como instável, ambíguo e manipulável, podendo ser utilizado para justificar quase qualquer decisão judicial (Tushnet, 1984). Paul Burstein afirma a este respeito que uma análise crítica às decisões judiciais denotará que nem todos os grupos de pessoas e minorias vêem os seus direitos protegidos de forma idêntica pelos tribunais; enquanto em alguns períodos as decisões judiciais tendem a ser mais favoráveis para os negros, noutros o grupo minoritário "privilegiado" parece ser o das mulheres (Burstein, 1991a: 1213). Como consequência, ainda que um grupo minoritário alcance múltiplas vitórias judiciais, tal não implica que o tribunal volte a decidir favoravelmente face a outro caso de discriminação. É assim que os direitos dos grupos minoritários, embora consagrados legalmente, oscilam no seu aprofundamento e concretização consoante a agenda política. A imprevisibilidade depende, pois, menos da consagração de direitos do que da definição de uma agenda política por parte do Estado, da qual o juiz é um dos principais interlocutores. O movimento ao recorrer a tribunal está, pois, a colocar o rumo das suas lutas nas mãos de um juiz, podendo a decisão deste ter consequências, intencionais ou não, nos objectivos do movimento a longo prazo (Olaf Vos, 1999: 4).

A aparente instabilidade do direito e a maleabilidade dos direitos são mais visíveis em contextos de instabilidade social, política e/ou económica. Andrés Ibáñez (2003), por exemplo, corrobora esta ideia ao considerar que a actual conjuntura sociopolítica abalou vários direitos que se pensavam mais sólidos: o trabalho recupera a sua condição de mercadoria; os Estados-Providência e o conjunto de direitos que acarretaram, os chamados direitos de segunda geração, esmorecem e conhecem retrocessos; também os direitos de primeira geração foram abalados na sequência do 11 de Setembro de 2001, ficando todas as garantias sob suspeita e criando-se legislação de emergência; por fim, salienta a proliferação de sujeitos que parecem isentos de qualquer atitude

MOVIMENTOS NA JUSTIÇA

repressiva ou preventiva legalmente, ainda que as suas acções sejam homicidas por negligência.[5]

Um outro argumento, directamente relacionado com este, prende-se com a sobejamente conhecida discrepância entre a *law in books* e a *law in action*, isto é, entre o direito escrito e o direito praticado. São várias as ópticas analíticas sobre esta disjunção. Uma primeira perspectiva tem que ver com a capacidade redistributiva do direito, isto é, com a (in)eficácia da efectivação de leis ou decisões judiciais pelas instituições judiciárias. De acordo com alguns autores, mesmo quando os desenhos legislativos são genuinamente concebidos ao encontro de agendas emancipatórias, a fraca capacidade das suas instituições para os impor frustra-os na sua concepção original. O mesmo sucede no que diz respeito às decisões judiciais. Os defensores de tal argumento sustentam que o recurso a tribunal não tem efeitos práticos concretos para o movimento social, ainda que a decisão lhe seja favorável, porque os tribunais não têm capacidade para implementar efectivamente decisões judiciais, e mesmo certas leis, isto é, para convencer as pessoas a aceitá-las, agir segundo os seus trâmites e disseminá-las pela sociedade (cf. Kessler, 1990; Rosenberg, 1991). Ou seja, como um tribunal não tem os meios coercivos necessários para fazer com que a decisão judicial seja cumprida por outras pessoas que não apenas os litigantes, há sempre lugar para uma evasão legal. Os autores que assim argumentam demonstram, por exemplo, como é que a vitória judicial de uma associação LGBT (lésbicas, gays, bissexuais e transgéneros) pela igualdade na protecção contra o assédio e a discriminação nas escolas públicas não foi traduzida numa protecção efectiva dos estudantes não heterossexuais (Levitsky, 2001). Um outro caso apontado para sustentar este argumento refere-se ao caso *Brown versus Board of Education*, de 1954, amplamente citado nos estudos norte-americanos sobre a mobilização do direito. Como defende Rosenberg, um dos mais proeminentes cépticos da mobilização dos tribunais, a vitória deste caso específico contra a discriminação racial nas escolas públicas por parte do movimento pelos direitos civis nos EUA não conseguiu ter a força vinculativa necessária para obrigar os Estados Federais a incluírem o respeito pelos direitos civis de uma forma mais abrangente (Rosenberg, 1991: 338).

---

[5] O autor refere como exemplos destes sujeitos o Banco Mundial e o Fundo Monetário Internacional através das suas políticas. Para esta impunidade contribui a escassa capacidade regulatória e sancionatória do Tribunal Penal Internacional e do Estatuto de Roma.

O autor, analisando este e outros casos, considera que a acção dos tribunais é débil como instrumento de transformação de opiniões ou mobilização de pessoas. Na sua opinião, os tribunais apenas podem produzir mudança social quando há um enquadramento jurídico normativo prévio progressista; há apoio por parte do sistema político e do poder executivo para essa mudança; não existe resistência por parte da opinião pública; e quando a relação custos/ benefícios é apresentada persuasivamente com vista à obtenção de consenso. Dada a exigência deste cenário, é grande o cepticismo de Rosenberg no que concerne ao potencial emancipatório dos tribunais. O autor conclui que os tribunais representam um esvaziamento da esperança por parte dos grupos minoritários. Fornece-lhes apenas pequenas vitórias simbólicas que acabam por drenar os seus recursos, apartando-os das reformas globais que perseguem. Em síntese, analisada segundo esta óptica, a distância entre a *law in action* e a *law in books* é justificada pela incapacidade e insuficiência dos mecanismos legais de implementação e defesa dos direitos instituídos.

Mas a discrepância entre o direito legislado e o direito exercido na prática pode também ter origem na agenda política que promove a criação de determinadas leis. Segundo esta óptica, entende-se que as leis fracassam em ser progressistas exactamente porque cumprem os desígnios com que foram criadas ou "consentidas" pelos poderes estabelecidos. Neste caso, a discrepância entre o direito escrito e o direito praticado mais não é do que um eufemismo para a concessão condicionada de direitos, um condicionamento que, na verdade, preside a muitas das transformações legislativas aparentemente emancipatórias. Ou seja, há direitos que só se permitem ser progressistas na sua gramática porque se sabe que não vão ser efectivados. De acordo com esta perspectiva, muitas vezes os avanços legislativos são, paradoxalmente, feitos na tentativa de simular uma transformação social e emudecer as reivindicações dos grupos, "empurrando" o direito escrito para a frente de práticas que não serão concretizadas. O direito do ambiente pode aqui ser apresentado como exemplo. Efectivamente, segundo algumas opiniões, o processo de adequação da acção legislativa de vários Estados-Membros da UE ao direito comunitário move-se não tanto por genuínas preocupações ambientais, mas, numa primeira linha, por motivações de ordem político-formal: a necessidade de cumprir a obrigação de transpor as directivas para poderem aceder aos fundos comunitários disponíveis (Gonçalves, 2001: 359-360). Na sequência deste raciocínio, as reivindicações dos movimentos sociais pelos direitos na arena legal têm conhecido um sucesso mais cabal na produção de nova legislação do que propriamente na capacitação e implementação da mesma.

Isso mesmo têm vindo a demonstrar, uma vez mais, os movimentos ambientalistas ao denunciar, por exemplo, o modo como alguns Estados nacionais se comprometeram com o Protocolo de Quioto, o primeiro documento internacional a impor metas concretas no combate às alterações climáticas, criando legislação nacional sem qualquer investimento sério na sua implementação.[6]

Em concordância com esta interpretação seguem muitos daqueles que viram surgir com desconfiança o quadro normativo dos direitos humanos, cuja história se revela particularmente instrutiva. Para um conjunto de autores, a história da criação dos direitos humanos é ironicamente distinta do percurso que tem conduzido aos seus usos emancipatórios. Basta, aliás, ver-se que a Declaração Universal dos Direitos Humanos foi subscrita num momento em que era mais do que evidente a contradição entre as normas subscritas e os padrões de comportamento levados a cabo pelos Estados, de que os domínios coloniais eram sem dúvida uma das melhores expressões. Disso mesmo nos dá conta Richard Falk (2000), em *Human Rights Horizons*. Nesse livro, o autor mostra como o surgimento e aceitação da normatividade dos direitos humanos por parte dos Estados se deveu a um conjunto muito particular de circunstâncias: o espectro do holocausto e um alargado desejo de "nunca mais", o uso do discurso dos direitos humanos como retórica política entre os dois blocos que se formaram após a Segunda Guerra Mundial, e, finalmente, a convicção de que a subscrição das normatividades dali emanadas em nada comprometeria os Estados a conformarem-se com os valores que então ratificavam. Este último elemento mostra ser relevante para que se perceba como determinados quadros legislativos podem surgir enquanto discursividades que os poderes usam na persuasão de que não vão ser chamados a prestar contas pelo seu incumprimento ou pela ausência de uma actuação que leve à implementação do legislado (Martins, 2006). Ou seja, a história da criação dos direitos humanos é exemplar de como a emergência de quadros legislativos progressistas pode ser frequentemente usada pelos poderes e grupos dominantes com cinismo, com intuito retórico e com a convicção de que em nada se comprometem com a lei feita para não ser outra coisa que letra morta. O grande perigo de se confiar a defesa ou protecção dos direitos

---

[6] Os 30 países que ratificaram o Protocolo estão obrigados a cumprir até 2012 uma redução de cinco por cento das emissões de gases com efeito de estufa em relação a 1990. No entanto, a avaliar pelas actuais emissões, e segundo contas da própria ONU, tal objectivo dificilmente será alcançado. Dados actuais mostram que os países industrializados vão estar, dentro de seis anos, 10 por cento acima dos valores de 1990.

humanos ao direito e às suas instituições é, portanto, de que absolutamente nada aconteça,[7] o que resulta amiúde da inexistência de qualquer acção pró-activa por parte dos poderes estabelecidos no sentido da sua protecção efectiva (Woodiwiss, 2006: 34). A base deste argumento é, em síntese, que, não obstante avanços legislativos teoricamente progressistas, persistem as relações de opressão.

Uma outra razão apresentada contra a mobilização do direito por parte dos movimentos sociais relaciona-se com o facto de aquele aniquilar a diferença, o que, como consequência, fragiliza as identidades de grupo e atenta contra as "bandeiras" dos novos movimentos sociais. A lei transforma os cidadãos em sujeitos de direitos e deveres, uniformizando-os, na medida em que todos são iguais *perante* a lei, e naturalizando-os, considerando que todos eram iguais *antes* da lei (Kapur, 2006: 104). Isso mesmo problematiza Boaventura de Sousa Santos quando assinala a tensão entre os direitos consagrados pela democracia liberal, ligados a uma cidadania reguladora que pressupõe a igualdade formal de todos perante a lei, e as diferenças inerentes à subjectividade, às histórias pessoais, à sexualidade, etc.:

> Ao consistir em direitos e deveres, a cidadania enriquece a subjectividade e abre-lhe novos horizontes de auto-realização, mas, por outro lado, ao fazê-lo por via de direitos e deveres gerais e abstractos que reduzem a individualidade ao que nela há de universal, transforma os sujeitos em unidades iguais e intercambiáveis no interior de administrações burocráticas públicas e privadas, receptáculos passivos de estratégias de produção, enquanto força de trabalho, de estratégias de consumo, enquanto consumidores, e de estratégias de dominação, enquanto cidadãos da democracia de massas (Santos, 1997: 207).

A atenção à possibilidade do direito instituir uma igual injustiça convoca a ideia de que um regime de igualdade de oportunidades e expectativas não se constrói sem um pensamento social atento às diferenças e à necessidade de tratamentos diferenciados numa lógica pró-activa. Mesmo quando o direito consagra as diferenças, outro perigo resulta se essa diferença é universalizada e os sujeitos entendidos de forma parcial. É assim que as

---

[7] Considera-se, por exemplo, que os tribunais não estão preparados para lidar com a violação dos direitos humanos já que não entendem que as violações pressupõem não apenas a punição do violador, mas também a análise das causas da violação (Freeman, 2006; Donnelly, 2006).

mulheres são apenas parcialmente constituídas como sujeitos de direitos. O direito ou procede a um entendimento parcial da identidade da mulher com base na diferença entre os sexos, inscrevendo essas diferenças nos textos legais, ou/e universaliza a mulher, inserindo-a numa categoria homogénea (sem raça, etnia, religião, orientação sexual, etc.), omitindo as suas diferenças dos textos legais e, consequentemente, caindo num essencialismo cultural (Kapur, 2006: 104).[8] E é assim, igualmente, que a crítica ao essencialismo cultural do direito tem sido vorazmente dirigida ao conteúdo dos direitos humanos que é tido como ocidental e hegemónico.[9] Como refere An-na'im (1995), a cultura dos direitos humanos não pode partir de uma negação da centralidade política e social da religião islâmica, tendo que se articular com as comunidades de crença, isto é, com os valores e as culturas locais, para uma construção selectiva e progressista dos próprios fundamentos da fé. Enquanto tal não acontecer, os movimentos sociais ao reivindicarem a legalização e a protecção efectiva dos direitos humanos não estarão totalmente embrenhados numa luta emancipatória.

A despolitização do movimento social como consequência do recurso ao direito é um dos argumentos mais referidos neste debate. Se, por um lado, o direito e especificamente os tribunais são altamente politizados e as suas agendas levam a que os processos tidos como prioritários sejam aqueles que vão ao encontro dos interesses dos grupos dominantes, por outro, o recurso ao direito tende a esvaziar as pretensões políticas das questões que movem os grupos emergentes. As razões para tal são inúmeras.

O facto de muitos movimentos verem as transformações legais como um fim em si mesmo contribui para que percam noção dos objectivos que levaram, originalmente, à sua politização. Agregando algumas opiniões, pode dizer-se que o frustrar das pretensões políticas pelo recurso ao direito assenta

---

[8] Os estudos feministas pós-coloniais têm vindo a chamar a atenção para o problema da universalização dos direitos humanos. De acordo com esta visão, a apresentação de soluções legais universais para os problemas das mulheres ignora o embate da posição colonial da mulher num mundo pós-colonial e o facto de as suas lutas por direitos estarem sujeitas a esse embate (Kapur, 2006: 103).

[9] Paradigmático é o recente apoio por parte do Tribunal Europeu dos Direitos Humanos à legislação adoptada em França proibitiva do uso de símbolos religiosos, mais especificamente o véu ou *hijab*, das escolas francesas. A nova lei assenta no pressuposto de que o véu é um símbolo opressivo dos direitos das mulheres, mas acaba por retirar o poder de escolha dessas mesmas mulheres, reforçando a dicotomia Nós/Elas e obrigando as mulheres islâmicas a escolher entre a sua identidade de género e a sua identidade religiosa.

em duas vertentes. De acordo com a primeira, tal acontece devido ao desequilíbrio entre o direito processual e o direito substantivo, ou seja, entre as normas procedimentais e os conteúdos dos direitos, colocando-se o último numa posição subalternizada. Diversos estudos sobre a justiça processual têm vindo a demonstrar precisamente que as pessoas tendem a aceitar as decisões judiciais, independentemente de lhes serem ou não vantajosas, quando estas mostram ter sido tomadas mediante as normas processuais definidas que, nas suas opiniões, garantem que todos são tratados de igual forma perante a lei (Tyler, 2004: 441). Assim acontece, por exemplo, quando uma associação se conforma perante uma decisão que, apesar de reconhecer validade aos fundamentos da sua queixa, lhe retira razão por não ter seguido os procedimentos legais exigidos. Quando assim é, esvazia-se o conteúdo político da luta e reduz-se o embate de valores aos labirintos processuais do jogo fechado em que o direito se pode tornar.

Numa segunda vertente, a despolitização ocorre na sequência da individualização dos direitos. Olhando para o movimento ambientalista, Harris e Milkis afirmam que a estratégia de acção baseada no direito reduz as suas lutas à protecção do indivíduo contra acções ambientalmente danosas por parte de empresas ou do Estado, ao invés de combater essas mesmas instituições (Harris e Milkis *apud* Olaf Vos, 1999: 36). Essa individualização é tida como peremptória no recurso aos tribunais. Pense-se o processo de constituição de um conflito como passando por três fases: a percepção da ofensa (*naming*), a atribuição da culpa por essa situação injuriosa a um determinado indivíduo ou entidade (*blaming*) e a reivindicação de reparação pela injúria sofrida (*claiming*) (Felsteiner *et al.*, 1980-81). Ora, é na passagem do *blaming* para o *claiming* que uma injúria, podendo ser uma experiência colectiva, é transformada numa reclamação individual, perdendo-se parte do impacto político desejável. Os tribunais têm, assim, o poder de transformar e despolitizar os conflitos ao individualizar as suas soluções.

Acresce que a formalização e burocratização do direito levam à própria formalização do movimento. Em primeiro lugar, o formalismo e a concentração de recursos – humanos e materiais – que a litigação judicial exige, bem como a morosidade que lhe é inerente, impedem a expansão do movimento ou, então, moldam-no em termos semelhantes aos de uma firma de advogados e consultores jurídicos. Esta é uma crítica frequente ao movimento ambientalista, que, focando-se na resolução legal de casos específicos, não consegue transpor a vitória judicial para a disseminação de uma efectiva consciência ambientalista generalizada.[10] Em segundo lugar, um processo em tribunal permite ao Estado condicionar a acção do movimento. Os activistas começam a usar uma linguagem que é imposta e definida pelo Estado (a linguagem dos direitos) e os tempos do movimento são os tempos definidos pelo andamento do processo em tribunal (Tushnet, 1984). Sem que se dêem conta, os activistas fecham a sua acção na legitimidade política consentida pelo Estado e desenvolvem um discurso de titulares passivos de direitos fazendo com que o Estado se torne numa ilusão pacificadora, numa alucinação que estabelece a pressuposta legitimidade política do *status quo* (Levitsky, 2001: 7). O recurso ao direito e à litigação judicial leva, portanto, a que haja uma moderação nas acções complementares a serem adoptadas, estreitando-se o repertório de protesto ao dispor do movimento.

Alguns autores entendem, ainda, que o recurso a tribunal por parte de um movimento social pode contribuir para a constituição de um contra-movimento forte que utilize igualmente a mobilização dos tribunais como táctica (Burstein, 1991b). O caso da luta pela despenalização do aborto é, a este ponto, paradigmático. O recurso a tribunal para que a lei seja menos restritiva tem levado à criação de movimentos conservadores que reivindi-cam um maior estreitamento da lei (Duarte, 2004a). Neste caso, e uma vez que os oponentes dos movimentos sociais, por alinharem com os interesses dominantes, usualmente mobilizam recursos financeiros e recursos huma-nos, como peritos e advogados especializados, com maior facilidade, há a forte possibilidade de saírem vitoriosos (Krieger, 2003). A situação será tanto mais grave se essa vitória por parte do contramovimento se der nos tribunais superiores, podendo conduzir à criação de jurisprudência, o que dificultaria a prossecução dos objectivos do movimento. Tal pode levar à completa desmo-ralização e desmobilização das pessoas e à descredibilização da causa.

Um argumento final é o de que, muitas vezes, o direito actua sobre as lutas emancipatórias, criminalizando-as. Steven E. Barkan (2006) refere que as investigações criminais e os julgamentos de activistas surgem como acon-tecimentos rotineiros no ciclo de um protesto, tendo uma influência con-siderável na posição do movimento social e do seu oponente no conflito.[11]

---

[10] Esta crítica será explorada no Capítulo V.

[11] Num outro local, o mesmo autor demonstra como a tendência para condicionar e criminalizar a acção dos activistas é tanto mais eficaz quanto mais sóbria for a actuação do seu oponente. Assim, recorrendo ao movimento dos direitos civis, o autor demonstra como, no Sul dos EUA, o Estado e as autoridades conseguiram alcançar uma vantagem

A MOBILIZAÇÃO DO DIREITO PELOS MOVIMENTOS SOCIAIS: MATRIZES TEÓRICAS   35

O direito parece ter uma considerável falta de percepção do conflito como necessário à mudança social, o que acaba por levar a que a sua intervenção seja no sentido da criminalização do próprio conflito. É paradigmática a criminalização das acções dos diversos movimentos ambientalistas na Europa. Tal criminalização, quase sempre mediática, contribui para desqualificar a acção dos movimentos.

Sintetizando a perspectiva aqui apresentada, não é possível provocar verdadeiras mudanças na sociedade através do direito e das suas instituições porque este é essencialmente regulatório, servindo os interesses hegemónicos do Estado. Um dos críticos do potencial reformista do direito, Gerald Rosenberg, termina o seu *The Hollow Hope* com uma frase que julgo sintetizar bem os argumentos até agora expostos:

> [Os tribunais n]ão são instituições todas-poderosas. Eles foram criados com sérias limitações e colocados num sistema político com divisão de poderes. Pedir-lhes que produzam reformas sociais significativas é esquecer a sua história e ignorar os seus constrangimentos. É obscurecer a nossa visão com uma crença ingénua e romântica do triunfo dos direitos sobre as políticas (Rosenberg, 1991: 341).

Se o direito não tem a capacidade para sustentar, ou para viabilizar, projectos de transformação social que caminhem em trilhos emancipatórios, então a mobilização do direito pelos movimentos sociais é, senão prejudicial, pelo menos insuficiente. Estes são, no meu entender, os argumentos de uma *perspectiva derrotista*, ou seja, de uma perspectiva que tende a desvalorizar as experiências que dão conta das possibilidades emancipatórias do direito, uma perspectiva que se sustenta primordialmente na ideia do direito como instrumento de poder pelos grupos dominantes e nas práticas do exercício do direito, tendentes que são a reiterar o *status quo*. Nesse sentido, pode dizer-se que a *perspectiva derrotista* tem afinidades com o cepticismo com que Michel Foucault lê as possibilidades de acção emancipatória na modernidade e, em particular, com o lugar que o filósofo adscreve ao direito na modernidade.

---

considerável sobre o movimento precisamente por recorrerem a meios legais para o enfraquecerem, designadamente através da criminalização dos activistas e abstendo-se do recurso à violência (Barkan, 1984).

36 MOVIMENTOS NA JUSTIÇA

Na verdade, Michel Foucault recusa o que diz ser a armadilha marxista de situar o poder no *apparatus* do Estado. Consequentemente, a sua análise do poder disciplinar da modernidade dirige-se para o modo como a dominação se exerce de forma reticular pelo corpo social aliada a uma prolixidade de saberes onde pontifica o prestígio da ciência moderna. No entanto, apesar de relativizar a centralidade das emanações da soberania nos Estados modernos, Michel Foucault (1980: 95) não deixa de apontar como sendo matricial, desde a Idade Média, a vocação do direito para escoltar o exercício do poder. Nesse sentido, pode entender-se porque Foucault confere pouco espaço para que se possam conceber usos do direito fora do exercício da dominação. Portanto, nalguma medida, a negação de uma *perspectiva derrotista* é também a negação da dominação moderna e dos seus instrumentos enquanto inescapáveis. Por isso mesmo, Boaventura Sousa Santos (1997) afirma que Foucault exagera ao inscrever um excesso de regulação no paradigma da modernidade. Embora concordando com a deriva regulatória do projecto moderno, a leitura do sociólogo procura atentar à tensão imanente na modernidade entre o pilar da regulação e o pilar da emancipação. No que ao direito diz respeito, a perspectiva do sociólogo instiga a uma atenção ao pluralismo jurídico – outros direitos para além do estatal – e para o modo como os usos do direito e as suas reformulações podem constituir-se como garantes de interesses emergentes. No encalço das experiências e possibilidades assim enfatizadas, julgo necessária uma outra perspectiva que não siga num monólogo envolto no poder regulatório do direito. Ou seja, que olhe para o direito nas suas potencialidades, não esquecendo que ele tem limites. Considero que esta é uma *perspectiva informada*. Tal definição não surge por negação, ou seja, porque a *perspectiva derrotista* é desinformada, mas porque se nutre de diálogo entre emancipação e regulação, um diálogo primordialmente informado pelas experiências e desígnios das lutas contra-hegemónicas. Portanto, no que concerne aos usos do direito, a *perspectiva informada*, na acepção que lhe atribuo, informa-se de experiências, tanto quanto de vontades. Dá-se conta dessa perspectiva no ponto seguinte.

1.2. *A perspectiva informada*

A *perspectiva informada* responde à questão "pode o direito ser emancipatório?" jogando com a noção de hegemonia e contra-hegemonia e vendo no direito e nos direitos eixos passíveis de serem utilizados em lutas progressistas. Isto sem, no entanto, embarcar em ilusões teóricas acerca do "mito dos direitos". Esta perspectiva parte daquilo a que Boaventura de Sousa Santos (2002; 2003b) chama o "des-pensar o direito", ou seja, o re-inventar do direito por forma a adequar-se às reivindicações normativas dos grupos sociais subalternos e dos seus movimentos, bem como das organizações que lutam por alternativas à globalização neoliberal (Santos, 2003b: 12).

Este exercício compreende a definição de uma "legalidade cosmopolita subalterna", isto é, a legalidade que aprofunda a globalização contra-hegemónica (Santos, 2003b). Boaventura de Sousa Santos constrói este conceito no âmbito da sua teoria sobre o "cosmopolitismo subalterno". Segundo ele, a forma hegemónica de globalização, a globalização neoliberal, não é a única que existe, uma vez que por todo o mundo se tem assistido a movimentos de tipo local, nacional e transnacional que procuram combater a globalização neoliberal, ao mesmo tempo que apresentam modelos alternativos sob o lema "um outro mundo é possível".

Neste contexto, o cosmopolitismo subalterno é, precisamente, "o nome dos projectos emancipatórios cujas reivindicações e critérios de inclusão social se projectam para além dos horizontes do capitalismo global" (Santos, 2003b: 29). Ora, a legalidade cosmopolita subalterna é aquela que pressupõe olhar para o direito nas suas potencialidades e aplicá-las na procura desses projectos emancipatórios. A legalidade cosmopolita, actuando em diferentes escalas, designadamente na local, não é uma construção utópica. Antes implica um conjunto de pressupostos, a debater ao longo deste texto em articulação com as propostas de outros autores, que obrigam a olhar a legalidade nas suas potencialidades.

Como se viu na resenha histórica introdutória do presente capítulo, o Estado Liberal assumiu o monopólio exclusivo do direito reduzindo-o ao direito estatal e os direitos à esfera individual, a única concordante com o capitalismo neoliberal. É a partir desta concepção que muitos dos argumentos atrás enunciados assentam. De acordo com esses argumentos, entende-se que, "por ser quem produz e garante, o Estado detém o monopólio sobre a declaração de legalidade ou ilegalidade, do certo (direito) ou do errado (não--direito)" (Santos, 2003b: 37). Ou, como afirma Habermas, que o direito é algo formal – o que não é proibido é permitido –, individualista – o sujeito de direitos é, por excelência, o indivíduo e não os grupos sociais – e justificável somente a partir de critérios racionais discursivos. No entanto, há aqui três considerações a ter em conta. Desde logo, os direitos não se restringem à esfera individual. O direito tem vindo progressivamente a reconhecer, ainda que persistam obstáculos, a existência de direitos colectivos e difusos cuja titularidade e demanda não pode ser individualizada (ver Noleto, 1998).

MOVIMENTOS NA JUSTIÇA

A legalidade cosmopolita proposta por Boaventura de Sousa Santos vai, aliás, nesse sentido, procurando ir além dos direitos individuais. Tal não significa que estes sejam secundarizados; eles permanecem fundamentais na luta contra a exclusão provocada pelo neoliberalismo. No entanto, o uso do direito e dos direitos nas lutas contra-hegemónicas exige uma articulação dos direitos individuais com direitos colectivos que ultrapassem o individualismo neoliberal e encetem processos de compreensões solidárias (Santos, 2002: 15-16).

Um segundo aspecto contesta a formalidade imputada ao direito que baliza as acções individuais e dos grupos sociais através do que é permitido e do que não é proibido legalmente. Como questiona Herrera Flores (2003), se estivéssemos unicamente perante direitos formais que moldam a nossa acção, permitindo o que não está expressamente proibido, então como surge a resistência a certas inovações técnicas que podem ser perniciosas para a humanidade e que avançam muito mais rapidamente do que qualquer reforma jurídica? É assim que Ewick e Silbey (1998) consideram que perante o direito podem ser desenvolvidas pelo menos três narrativas. As narrativas *before-the-law*, que traduzem uma consciência hegemónica do direito já que enfatizam a proeminência do direito, considerando inapropriado questioná-lo. As narrativas *against-the-law*, que, ao encararem o direito como expressão de dominação social e de injustiça, desenvolvem uma consciência que pressupõe resistência e subversão. E as narrativas *with the law*, que consideram que o direito está engajado na vida quotidiana e se insere em lógicas de acção estratégica. Embora comporte os perigos de qualquer categorização, esta proposta é útil para demonstrar que, de facto, perante o direito várias acções são possíveis. Creio bem, no entanto, que o melhor entendimento desta contestação à formalidade castradora do direito se faz nas palavras de Roberto Lyra Filho,

> Direito é, antes de tudo, liberdade militante, a firmar-se evolutivamente, nos padrões conscientizados de justiça histórica, dentro da convivência social de indivíduos, grupos, classes e povos – e isto quer dizer que o direito é então, em substância, processo e modelo de liberdade conscientizada ou conscientização libertadora, na/para *praxis* transformativa do mundo; e não ordem social (que procure encerrá-lo e detê-lo), nem norma (quem bem ou mal pretenda veicular), nem princípio abstracto (que o desvincule das lutas sociais e concretas), nem apenas luta social e concreta (que desconhece os limites jurídicos de uma *praxis* transformativa do mundo e reivindicadora de direitos sonegados (Lyra Filho *apud* Gorsdorf, 2005: 11).

Esta definição vai ao encontro da terceira consideração que confunde a visão essencialista do direito por parte do movimento dos estudos críticos perguntando-lhe em que direito se baseia. A resposta a esta questão exige que se pense que não só o direito oficial é muito diverso, e, por vezes, mesmo contraditório, como nem todo o direito se reduz efectivamente ao direito estatal, embora fosse esse o propósito do Estado Liberal. Como inclusive defende Boaventura de Sousa Santos, o Estado nunca deteve o monopólio do direito: não só emergiu um direito supra-estatal, mas também subsistiram ou surgiram formas diversas de direito infra-estatal (Santos, 2000: 158).

Com efeito, o pluralismo jurídico tem vindo a interrogar a centralidade do direito estatal e a sua exigência de exclusividade no ordenamento normativo da vida social, pois demonstra que há uma multiplicidade de actores, arenas, métodos e formas de produção de direito que não o estatal. Como exemplos das formas de produção de direito supra-estatais há o direito internacional, os ordenamentos e regimes jurídicos supranacionais, convenções, tratados, protocolos e acordos bilaterais e multilaterais, etc. O direito indígena, o direito comunitário e o direito popular são exemplos de formas de direito infra--estatais.[12] O reconhecimento deste pluralismo jurídico implica aceitar que existem zonas de contacto, isto é, "campos sociais em que diferentes mundos da vida normativos se encontram e defrontam", e que o combate jurídico "travado na zona de contacto é uma luta pluralista pela igualdade transcultural ou intercultural das diferenças" (Santos, 2003b: 43-45).[13] Alguns estudos têm demonstrado precisamente que as lutas contra-hegemónicas dos movimentos sociais surgem cada vez mais nestas zonas de contacto, pelo recurso a múltiplas fontes de direito e pela concorrência feroz entre elas. Tal traduz-se num caleidoscópio legal que, na esteira de Santos e García-Villegas (2001), é usado pelo movimento quer ao nível discursivo, quer no recurso aos tribunais judiciais nacionais.[14] Manifesta-se igualmente no recurso crescente por parte dos

---

[12] Ver a este respeito dois estudos particularmente interessantes sobre o pluralismo jurídico, um realizado em Moçambique (Santos e Trindade, 2003) e outro na Colômbia (Santos e García-Villegas, 2001).

[13] Um adensamento teórico das zonas de contacto pode ser encontrado em Santos (2002 e 2003b).

[14] Vários exemplos da utilização destas constelações jurídicas podem ser dados. Noutro local (Duarte, 2007) falei do modo como a ONG holandesa *Women on Waves* insere a sua acção nestas zonas de contacto, articulando o direito holandês com o direito estatal de alguns países, com o direito comunitário e com o direito internacional. Procurando ajudar

movimentos sociais a instâncias regionais e internacionais de resolução de conflitos locais, falando alguns autores de "activismo legal internacional".[15]

De entre as fontes de direito, encontram-se as próprias ONG e movimentos sociais. Para alguns autores, os movimentos sociais têm uma presença criadora no espaço da política, contribuindo para a constituição de novos direitos, mobilizados numa perspectiva de pluralismo jurídico e pelo impulso solidário dos direitos humanos. A título ilustrativo refira-se o Movimento dos Sem Terra, que tem vindo a agir nesta arena, resultando da sua acção a criação de novos direitos, como o direito à terra e o direito à moradia. Ao agir desta forma o Movimento dos Sem Terra tornou visível a sua identidade como sujeito colectivo capaz de criar direitos (Sousa Junior, 2003). Os movimentos sociais e as ONG intervêm, desta forma, na sociedade, não apenas através dos direitos vigentes, clamando pela sua protecção efectiva, mas, na esteira de uma sociologia da libertação, como titulares de direitos e como sujeitos criadores de novos direitos.

---

as mulheres que pretendem interromper a sua gravidez nos países onde tal é penalizado pela lei, esta ONG ruma até esses países num barco com uma clínica ginecológica a bordo onde se propõe realizar abortos. Tal é possível porque, em cada Estado, a lei em vigor só é válida dentro dos seus limites territoriais, pelo que em águas de jurisdição internacional prevalece o direito da bandeira do barco, neste caso o direito holandês, através do qual esta ONG está autorizada, desde 2001, a interromper a gravidez de mulheres que o escolham voluntariamente até um prazo máximo de 6 semanas e meia, através da pílula abortiva.

César Rodríguez-Garavito (2005) também nos dá conta de como o movimento anti--sweatshop, que luta pela justiça social na economia global, despertando a consciência dos consumidores para a violação constante dos direitos dos trabalhadores nas dependências das multinacionais em território offshore, tem vindo a articular na sua luta, sobretudo nos países da América Latina, o direito laboral nacional com normas e convenções internacionais, códigos de conduta e normas corporativas, cláusulas sociais em acordos de âmbito global ou regional e tratados legais alternativos produzidos pelas ONG. Outros exemplos podem ser encontrados em Shalini Randeria (2004) e Heinz Klug (2005).

[15] Ver, a este respeito, Cecília M. Santos (2007), que, seguindo na esteira do "cosmopolitismo subalterno" e da "legalidade cosmopolita", nos apresenta o conceito de "activismo legal internacional" (transnational legal activism) como contributo para a reflexão sobre as estratégias das ONG envolvidas em lutas pela defesa dos direitos humanos, que passam por apresentar os casos ao Tribunal Inter-Americano de Direitos Humanos. A globalização potenciou não apenas a globalização das instituições judiciais, mas também o activismo em rede para a defesa de direitos. Ao recorrer aos sistemas internacionais de direitos humanos, as ONG têm a possibilidade de repolitizar o direito e relegalizar as políticas.

Quando se fala em crise do direito deve-se, pois, ter consciência de que se fala do direito estatal e que tal crise, como afirma Alfaro (2004), surge num espaço específico, o do *imaginário jurídico*, um lugar que tem tanto de privilegiado, por estar sob a alçada do Estado, como de oculto, por ignorar outras formas de direito, e onde o direito se produz e reproduz numa acepção altamente regulatória e pouco emancipatória. Não se pense, contudo, que as formas de produção alternativas infra e supra-estatais são necessariamente contra-hegemónicas. Umas serão, outras não. O que esta perspectiva defende é que, ainda que hegemónicas, as diferentes formas de direito, nas quais se inclui o direito estatal, podem ser usadas para prosseguir objectivos não-hegemónicos, dependendo, portanto, do uso específico que lhes é dado pelos grupos sociais:

> o direito não pode ser nem emancipatório, nem não-emancipatório, porque emancipatórios e não-emancipatórios são os movimentos, as organizações e os grupos cosmopolitas subalternos que recorrem à lei para levar as suas lutas por diante (Santos, 2003b: 71).

Estas três considerações gerais, que contestam o primeiro grande argumento daqueles que consideram que o direito não tem fins emancipatórios, seriam, por si só, suficientes para abalar os alicerces da fundamentação da primeira perspectiva apresentada. No entanto, há outros contra-argumentos mais específicos e que são igualmente importantes.

Algumas das críticas apontadas pela *perspectiva derrotista*, como já se viu, vão também no sentido de afirmar que o direito ceifa a diferença, desvaloriza-a e, quando a valoriza, fá-lo através de um modo de perpetuação da hegemonia. Como consequência, segundo essa perspectiva, o recurso ao direito mais facilmente fragiliza a identidade de um grupo do que a reforça. A questão em causa é que a concepção que informa a *perspectiva derrotista* é a teoria jurídico-política liberal que a modernidade consagrou. Ora, como sabemos, uma tal concepção do direito supõe a universalidade dos sujeitos perante a lei, elidindo as suas diferenças. Portanto, a *perspectiva informada* argumenta que os limites existentes na defesa dos direitos grupais através do direito não são fatais, mas têm que ver, isso sim, com uma concepção do direito da teoria política liberal cuja superação pode fazer do direito um valoroso instrumento ao serviço da diferença. Para Uprimny e García-Villegas (2003: 270-271), as decisões dos tribunais superiores, quando progressistas, podem mesmo contribuir para criar ou fortalecer a identidade do sujeito político, o que "é especialmente claro quando se trata dos chamados novos movimentos sociais que reivindicam reconhecimentos de género, de culturas ou de opiniões". De acordo com o estudo realizado por estes autores sobre a actuação do tribunal constitucional na Colômbia,

> (...) o impacto destas vitórias judiciais parece ainda ter transcendido o campo jurídico, na medida em que veio fortalecer a própria identidade e auto-respeito dos homossexuais, uma vez que a linguagem das sentenças e o próprio facto desses assuntos serem abertamente abordados pelo Supremo Tribunal Constitucional contribuiu para que o tema deixasse de ser tabu (Uprimny e García-Villegas, 2003: 266).

Neste sentido, o direito pode até ser um instrumento bastante radical (Kapur, 2006: 110).

Nesta sequência, alguns autores chamam a atenção para o papel que o direito tem tido na protecção dos interesses dos excluídos da acção política. Aqueles cujos direitos são violados e que são persistentemente excluídos da arena política e do centro de poder, como os negros, os economicamente desfavorecidos, as mulheres, as pessoas com deficiência, as minorias religiosas e os homossexuais, podem recorrer aos tribunais para obter uma reparação pela violação dos seus direitos e a decisão judicial pode vir a ser usada como uma declaração de direitos que contribui para a realização dos mesmos. Neste processo, os direitos surgem com uma legitimidade simbólica e, dessa forma, servem propósitos redistributivos (Scheingold, 2004: 531). É assim que, muitas vezes, a confirmação judicial de direitos concorre para criar esperanças de protecção efectiva de direitos e, consequentemente, para uma maior mobilização de pessoas em torno das lutas encetadas. Scheingold (1974) vai mais longe nesta assunção, crendo que os tribunais, ao garantirem o acesso a grupos sem influência na arena política e ao decidirem favoravelmente sobre os direitos desses grupos, assumem um papel de correctores das desigualdades sociais, levando a um reequilíbrio entre as diferentes classes e grupos sociais. Neste processo, que viria a ficar conhecido pelo movimento dos estudos críticos do direito como "o mito dos direitos", uma vez que parece envolto num optimismo quase ingénuo, o autor defende que a transformação social provocada pelo direito é inevitável. É sob o efeito da ilusão provocada por este mito que muitos activistas recorrem a tribunal e abandonam outras tácticas julgando-as desnecessárias. Mas a *perspectiva informada* também não pode fundar-se nessa mistificação do direito.

Com efeito, a *perspectiva informada* considera que nem sempre as novas leis são efectivadas e que as decisões judiciais frequentemente falham na sua componente redistributiva. Sabe-se bem que uma vez que o direito e a sociedade se constroem mutuamente, a revogação de uma lei não implica a imediata revogação das relações sociais que regia: "a revogação jurídica não significa erradicação social" (Santos, 2000: 185). É, aliás, constante a oposição do *status quo* cultural às transformações legais. Tal pode dever-se a vários factores, nomeadamente porque a transformação legislativa resultou de um paternalismo político e não de uma vontade política comprometida com a sua efectivação ou porque foi originada por fontes de direito não-estatais. Mas também não é menos verdade que os valores que o direito exprime não estão necessariamente fixados para sempre e que é função de cada lei encorajar as normas sociais a caminhar em certas direcções. São processos engajados, umas vezes seguem as normas à frente dos valores, noutras são estes os pioneiros. Por estas razões, o "mito dos direitos" não é sustentável empiricamente. O que a *perspectiva informada* defende é que a mobilização legal por parte dos movimentos sociais implica sempre a mudança dos termos legais das relações sociais existentes, mas pode ter objectivos distintos.

A complexa relação entre os intentos transformativos das leis e o *status quo* (seja expresso no texto legislativo, nos valores culturais ou nas formas de organização cultural vigentes) é apreendida com particular pertinência por Linda Krieger (2003). A autora formula uma distinção entre *leis normais, leis transformativas* e *leis capturadas*. Nessa leitura, as leis normais são aquelas que se baseiam nas normas sociais existentes tanto quanto as sustentam. Perante este tipo de leis, a mobilização legal encetada pelos movimentos sociais forja-se no sentido de promover a transformação legislativa. As leis transformativas são aquelas cujo texto, pelo seu carácter inovador face aos textos sociais correntes ou dominantes, implica uma transformação das lógicas e das relações sociais hegemonicamente vigentes. Perante as leis normais, a mobilização do direito nas lutas contra-hegemónicas elabora-se no sentido de propor mudanças legislativas que desafiem as lógicas sociais dominantes e criem espaços para a substanciação legal das agendas emergentes e marginalizadas. As leis transformativas podem, contudo, encontrar uma forte e bem-sucedida oposição por parte das relações sociais tradicionais e dominantes – que podem mesmo vir a constituir-se em contramovimentos – aos valores e ideias que estão na base dessas leis. Neste caso, as leis transformativas tornam-se leis capturadas, assim frustrando a luta dos movimentos sociais que têm de definir novos caminhos para desafiar essas

MOVIMENTOS NA JUSTIÇA

mesmas relações sociais e estabelecer uma agenda orientadora de políticas inovadoras. O esvaziamento das leis transformativas em leis capturadas, que de algum modo remete para a diferença entre a *law in books* e a *law in action*, ocorre, conforme nos diz Krieger, por diversas razões: devido aos operadores de justiça estarem imbuídos de preconceitos; pelo modo como, por vezes, os movimentos sociais repousam excessivamente na transformação legislativa, não se dedicando a fazer acompanhar essa mudança com transformações nos valores culturais; porque, não raras vezes, cessam esforços e vigilâncias após a transformação legislativa; e devido ao facto de as leis transformativas serem frequentemente redigidas com ambiguidades que vulnerabilizam os seus propósitos emancipatórios.

A distinção que nos propõe Linda Krieger (2003) permite também pensar o modo dilemático como, num determinado momento, os grupos sociais poderão ter que optar entre investirem na implementação de quadros legislativos – ainda que estes estejam aquém das suas pretensões – ou dedicarem-se a transformar a lei ao encontro dos seus ensejos mais progressistas. Pode entender-se como mais eficaz a curto prazo zelar pela concretização efectiva das leis definidas pelo direito estatal do que lutar pela transformação do *status quo* jurídico (Santos, 2003b: 40). A saída:

> reside numa forte mobilização política do direito que use o excesso de sentido do direito para transformar uma luta pelo *status quo* numa luta por mudanças sociais profundas, e o seu défice de desempenho para transformar uma luta por mudanças sociais numa luta pelo *status quo* (Santos, 2003b: 41).

De facto, se é verdade, como se mencionou acima – por alusão ilustrativa à história dos direitos humanos –, que muitas leis são implementadas com cinismo, indiferença ou como forma de legitimação política dos poderes sem que haja da parte destes um verdadeiro intento na sua aplicação, também é verdade que determinados *status quo* legislativos, criados desse modo, podem tornar-se parte de agendas progressistas. Os próprios direitos humanos são disso expressão. O mesmo Richard Falk (2000), referido no âmbito da *perspectiva derrotista*, reflecte no modo como a história dos direitos humanos se fez de uma surpreendente apropriação por parte de movimentos e de agentes sociais de uma normatividade que, de outro modo, era uma normatividade morta ou ao serviço dos interesses geopolíticos dos Estados. A *perspectiva informada* atenta, portanto, nos termos em que, por todo o mundo, inúmeros movimentos, pessoas e ONG recorrem nas suas lutas ao argumentário dos direitos humanos para desafiar e contestar despotismos políticos e económicos discriminatórios e atentatórios da dignidade humana.[16] De facto, se a história dos direitos humanos compreende não só a criação desses direitos como a não concretização dos mesmos, o activismo em torno do reforço e da protecção efectiva dos direitos humanos tem sido a resposta a essa ineficácia. Os movimentos sociais têm pegado naquela que seria, para muitos, a letra morta dos direitos humanos tornando-a viva.

A perspectiva informada frisa, portanto, nesta linha, como determinadas lutas apoiadas em "presentes legislativos" consagrados podem: a) dirimir o fosso entre *law in books* e *law in action*; e b) transformar determinado *status quo* legislativo em parte de uma agenda transformativa.

No que se refere ao fraco poder de implementação das decisões judiciais, a *perspectiva informada* enfatiza que, em primeiro lugar, há importantes conquistas que foram efectivamente alcançadas pelo recurso a tribunal. Mas entende também que, mais do que as vitórias judiciais e a sua componente redistributiva, é necessário ter-se em conta as funções simbólicas dos tribunais,[17] ou seja, deve atender-se aos efeitos indirectos – "centrífugos" e "radiantes" – do recurso ao tribunal (Galanter, 1983). Como referem Santos *et al.* (1996), a garantia da tutela dos direitos por parte dos tribunais tem geralmente um poderoso efeito de confirmação simbólica. Em primeiro lugar, a mobilização dos tribunais por parte dos cidadãos "implica sempre a consciência de direitos e a afirmação da capacidade para os reivindicar e neste sentido é uma forma de exercício da cidadania e da participação política"[18] (Santos *et al.*,

---

[16] Não obstante, uma *perspectiva informada* não pode deixar de reconhecer como a linguagem dos direitos humanos tem servido falsas lutas progressistas e sido sacrificada em nome dos objectivos do desenvolvimento da globalização hegemónica. Esse reconhecimento tem conduzido a propostas para que os direitos humanos sejam envolvidos num diálogo entre culturas que implique troca de saberes, de culturas e de universos de significados, abandonando-se a ideia da sua universalização. Boaventura Sousa Santos (1997) esboça mesmo os contornos de uma proposta para um guião emancipatório para os direitos humanos que assentaria numa relação equilibrada entre a competência global e a legitimidade local e coloca em diálogo, através de uma hermenêutica diatópica, o *topos* dos direitos humanos na cultura ocidental, o *topos* do *dharma* na cultura hindu e o *topos* da *umma* na cultura islâmica.

[17] De acordo com Santos *et al.* (1996: 51-56), os tribunais têm a seu cargo funções instrumentais, funções políticas e funções simbólicas.

[18] No entanto, a maior ou menor eficácia simbólica dos tribunais depende também da sua própria imparcialidade, da igualdade formal, dos direitos processuais, da possibilidade de recurso e do garantismo processual (Santos *et al.*, 1996: 55-56).

1996: 54). Louis Henkin (1990) vê mesmo o século XX como a era dos direitos, não porque considere que este século tenha conhecido uma vitória para a consolidação e desenvolvimento dos direitos mas, sim, porque a existência de direitos teve uma enorme influência simbólica nas expectativas e lutas das pessoas e grupos um pouco por todo o mundo.

Em segundo lugar, as funções do direito extravasam a resolução concreta de conflitos, devendo o direito ser entendido como uma concepção de poder, isto é, como um conjunto de recursos e meios cujo controlo e mobilização geram e exacerbam conflitos mais do que os resolvem (Turk, 1976). A emergência de conflitos judiciais numa determinada área pode, consequentemente, ser um sintoma da futura resolução dos mesmos, ainda que as vitórias judiciais não se verifiquem ou pareçam pouco expressivas (Turk, 1976: 295). Um caso interessante a este respeito é o da luta pela igualdade salarial nos EUA. Depois de uma série de derrotas nos tribunais durante a década de 1970, o movimento alcançou uma pequena vitória no Supremo Tribunal de Justiça. Em torno desta e de outras pequenas vitórias, foi feita uma enorme campanha publicitária e seguiram-se inúmeros outros casos colocados em tribunal. Embora não haja evidência de que as vitórias de alguns destes casos tenham contribuído directamente para que as mulheres ganhassem consciência da sua posição de subordinação e, consequentemente, a combatessem, certo é que muitos empregadores, receando os recursos financeiros despendidos nesses casos, começaram a implementar nas suas empresas sistemas mais igualitários de remuneração (McCann, 2004: 512-513). Acresce que essas mulheres declararam que a litigação judicial e as vitórias alcançadas levaram a que elas se sentissem mais "cidadãs" no seu local de trabalho, mais fortes para lutar contra qualquer forma de discriminação de género que sofressem e adquirissem a consciência de outros direitos, como o direito à maternidade, melhores condições de trabalho, etc. (McCann, 2004: 518).

Por fim, o enfoque deve ser, não na efectiva aplicação da decisão judicial de um caso concreto mas, sim, no uso do direito como um recurso estratégico na luta global do movimento (cf. Galanter, 1983; McCann, 2004). Estes autores referem, a título de exemplo, a atenção que os meios de comunicação dão ao movimento durante o processo em tribunal, o apoio do público para a reivindicação de novos direitos e a forma como, depois do caso ser resolvido, ele pode ser utilizado pelo movimento social e pelas diferentes associações que o integram para educar o público, consciencializá-lo dos seus direitos, mobilizar mais pessoas e ser usado como dissuasor de formas de discriminação semelhantes. Assim, se Rosenberg (1991) considerou, como antes mencionei, que a vitória judicial no caso *Brown* versus *Board of Education* não fortaleceu a luta pelos direitos civis, outros autores, como McCann (2004) e Riddell (2004), argumentam que esta contribuiu para o desenvolvimento do movimento pelos direitos civis nos EUA ao dotar de legitimidade as reivindicações pela efectivação dos direitos civis; ao alargar os contornos políticos e sociais das mesmas; ao alterar as percepções dos adversários e/ou do público; ao conferir ao movimento um maior poder negocial; e ao atrair as pessoas negras em torno do programa de acção e dos objectivos do movimento.

Ainda que uma vitória judicial não consiga, pois, por si só, levar a conquistas significativas na luta global do movimento,[19] é necessário não esquecer que esta é apenas um meio numa luta mais ampla que é política.

A *perspectiva informada* contesta, nesse sentido, que a mobilização do direito obscureça inevitavelmente o verdadeiro rumo da luta política e, por essa via, desagregue os membros do movimento social; antes defende que a estratégia jurídica deve ser sempre desenvolvida em benefício de outras acções, não se excluindo a possibilidade de que o direito se revele uma ferramenta eficaz para atingir práticas emancipatórias. O risco da despolitização só estará iminente se a luta se legalizar antes de se politizar, isto é, se os grupos recorrerem apenas a estratégias jurídicas e judiciais:

> Usados como instrumentos de acção social exclusivos e autónomos, eles fazem, de facto, parte daquilo que é a política de cima para baixo. São instáveis, contingentes, manipuláveis, e confirmam as estruturas de poder que deveriam alterar (Santos, 2003b: 37).

É necessário, portanto, empreender em simultâneo uma mobilização política inovadora, quer para impedir a despolitização da luta na sequência de uma derrota judicial, quer para rentabilizar uma possível vitória. O movimento ambientalista, por exemplo, tem vindo a demonstrar que possui um amplo e diversificado repertório de protesto do qual selecciona, a cada momento, a estratégia que considera ser a mais adequada para alcançar o objectivo específico de luta (Hilson, 2002: 241).

---

[19] Embora esta questão seja aqui tratada de um modo abrangente, Kessler tem razão ao afirmar que é fundamental ter em atenção que os ganhos para os grupos divergem consoante o tribunal considerado. Assim, os ganhos simbólicos obtidos através de um tribunal superior não são semelhantes aos obtidos nos tribunais de primeira instância, sendo estes, essencialmente, de ordem material (Kessler, 1990: 140).

48 MOVIMENTOS NA JUSTIÇA

Se o sucesso da luta do movimento não estiver apenas dependente do direito ou do recurso a tribunal, atenua-se o risco enunciado pela *perspectiva derrotista*, de que aquele deixa de ter controlo sobre os tempos da acção – ele está necessariamente condicionado pelos tempos requeridos pelo processo judicial. Tal constrangimento pode, inclusive, ser convertido numa vantagem para o movimento, uma vez que o curso do processo judicial, necessariamente longo, oferece periodicamente ao movimento social oportunidades para revitalizar o processo com novas acções, captando a atenção da opinião pública e impedindo que o motivo do protesto saia da agenda política (Smulovitz, 2003: 22). Ademais, a articulação do recurso a tribunal com outras vias de acção torna uma derrota judicial menos perniciosa para os objectivos do movimento e dificilmente implicará a sua desmobilização. Essas outras acções a desenvolver podem ser convencionais, como o *lobbying* e comunicados de imprensa, mas também comportar acções mais radicais de confronto, como greves, manifestações de rua, encenações dirigidas aos média, e mesmo ilegais, como a desobediência civil (Santos, 2005).[20]

O risco do direito estatal funcionar como condicionante da acção destes grupos, podendo mesmo criminalizá-la, é real e tem estado presente um pouco por todo o mundo. Apesar disso, alguns estudos indicam que certos sectores do judiciário têm vindo a realizar uma aprendizagem no sentido de olhar para estes conflitos de um outro modo que não implique necessariamente a sua criminalização. É assim que vários magistrados e advogados se reorganizam em novas entidades[21] que prosseguem numa crítica ao formalismo e ao modelo epistemológico conformista do ensino jurídico e numa exigência de redefinição da sua função social, permitindo que daí sejam extraídas energias emancipatórias que animem internamente o próprio Judiciário (Sousa Júnior, 2003).

Vejam-se, por exemplo, as experiências que têm sido dadas a conhecer com o crescente número de advogados populares, ou "defensores de causas", especializados na protecção de direitos fundamentais, que se colocam ao serviço dos movimentos sociais. Não obstante as críticas que lhes são imputadas por controlarem a acção dos movimentos (ver Olaf Vos, 1999: 38), estes

---

[20] No Capítulo IV discutem-se as razões que levam à opção por um conjunto de acções em detrimento de outras.

[21] Alguns exemplos, no Brasil, são a "Associação Juízes para a Democracia", o "Ministério Público Democrático", os "Juízes para um Direito Alternativo" e a "Associação de Advogados das Lutas Populares".

advogados actuam com sucesso em causas emergentes em África, na Ásia e na América Latina. No Brasil, por exemplo, a Rede Nacional de Advogados e Advogadas Populares (RENAP) tem tido um papel muito importante nas lutas de alguns movimentos sociais, designadamente do Movimento dos Sem Terra, do movimento das mulheres trabalhadoras rurais, do movimento nacional de luta pela moradia, de grupos de direitos humanos, entre outros, ultrapassando em larga medida os serviços tradicionais prestados por um qualquer gabinete jurídico. Estes advogados actuam, frequentemente, com a "militância na cabeça, direitos humanos no coração e os pés no sistema" (Von Mandach, 2005: 71), ou seja, combatem o sistema, actuando no seu interior e conhecendo bem as regras pelas quais se rege.

É neste processo que também os tribunais judiciais podem funcionar cada vez mais como um dos suportes de lutas contra-hegemónicas. Uprimny e García-Villegas (2003) mostram como, nos últimos anos, o Tribunal Constitucional colombiano teve um protagonismo considerável na vida política deste país, em particular na protecção dos direitos das pessoas e das minorias, denotando alguma orientação progressista. Como consequência, o Tribunal Constitucional ganhou prestígio em sectores e grupos sociais que, tradicionalmente, são muito críticos em relação a outros organismos do Estado. O poder judicial actua, assim, em espaços deixados vazios pelo poder político e essa actuação é vista como legítima, porque é progressista e efectiva. De acordo com a *perspectiva informada*, o recurso crescente ao sistema judicial por parte dos movimentos sociais e ONG nas suas lutas contra-hegemónicas conduz à progressiva transformação daquele. A cidadania activa pressupõe que todos os níveis formais de poder – Legislativo, Judicial e Executivo –, os processos, os mecanismos e as instituições se moldem e se adaptem às formas de participação popular, incluindo a de novos sujeitos que reclamam por direitos e que atribuem a si próprios novos direitos. É assim que, em vários países, os movimentos sociais têm vindo a reivindicar um efectivo acesso ao direito e à justiça e uma justiça independente e imparcial (McCann, 2004). Estes novos actores têm vindo, portanto, a permear o campo jurídico, na linha do conceito de campo social definido por Pierre Bourdieu, reduzindo a distância entre o conhecimento científico do direito e o conhecimento informado pelas práticas sociais.

CAPÍTULO II

O MOVIMENTO AMBIENTALISTA: TRAJECTÓRIAS E ESTRATÉGIAS

We will either find a way or make one

ANÍBAL

Introdução

O debate sobre o potencial emancipatório do direito nas lutas dos movimentos sociais obriga a uma outra discussão sobre os moldes da acção política dos movimentos sociais, nomeadamente se deve esta enveredar por uma via institucional ou restringir-se à acção directa, autónoma de qualquer instância jurídica e judicial e, acima de tudo, independente do Estado. Por outras palavras, é necessário analisar o modo como o recurso ao direito surge no repertório de determinado movimento social. Este é um debate que obriga a um enfoque numa realidade empírica específica, uma vez que os movimentos sociais, não obstante algumas semelhanças, são muito diferentes, quer na sua organização interna, quer nas formas de acção colectiva que privilegiam. Ainda que consciente da incontornável riqueza que a análise de diversos movimentos permitiria elaborar, optei por me centrar neste texto no movimento ambientalista.

O movimento ambientalista tem sido descrito por alguns autores como o movimento social mais influente das últimas décadas (Castells, 1997: 67; Nisbet, 1982: 101). Para além disso, é frequentemente percepcionado como o verdadeiro movimento global, não só porque o ambiente é, ele próprio, um recurso global, mas também porque tem vindo a constituir-se em redes nacionais e internacionais que, apesar de evidenciarem diversas fraquezas, apresentam, em última análise, alguma eficácia.

O movimento ambientalista eclodiu nas sociedades ocidentais na década de 1960 inserido na vaga dos chamados novos movimentos sociais. No entanto, a história do ambientalismo é menos recente. Segundo a cronologia proposta por Rucht (1989) e Rootes (2004), a história do activismo ambientalista compreende a sucessão do conservacionismo, ambientalismo e ecologia.

Até aos anos 1960, predominava uma perspectiva conservacionista que, para alguns, teve início nos séculos XVII e XVIII com o aperfeiçoamento e desenvolvimento de métodos de silvicultura. Uma outra abordagem considera que teve início na caça, actividade que, em diversos países, foi uma base importante para a conservação da natureza. Os caçadores desenvolveram conhecimentos de conservação e preservação da natureza de modo a manterem as reservas naturais com determinadas espécies animais protegidas do avanço da urbanização e industrialização. Tal como outros ambientalistas, os caçadores consideravam que as florestas deviam ser protegidas, pelo que, já no século XX, assiste-se à coexistência em diversas associações ambientalistas de grupos anticaça e grupos pró-caça. A preservação e o conservacionismo, influenciados pelas ideias do movimento romântico que perpassava na Europa desde o século XIX, revelaram-se eficazes na protecção da vida selvagem. Apesar disso, rapidamente se tornaram visíveis os limites do discurso e da acção destes grupos. O recurso a estratégias convencionais e pragmáticas, essencialmente estabelecidas a curto prazo e dirigidas para objectivos sectoriais, não conseguiu provocar verdadeiras mudanças sociais na relação do ser humano com a natureza. Havia uma iminente dificuldade na politização da preservação ambiental.

Surge, então, nos finais do século XIX e princípios do século XX, sobretudo nos EUA, Europa e Austrália, uma nova vaga, o "ambientalismo". Através de campanhas para a limpeza da água, ar limpo e saúde pública nas sociedades ocidentais, o ambientalismo reconhecia que a humanidade é parte integrante da natureza e que a saúde dos seres humanos depende, também, do estado dos ecossistemas (Rootes, 2004: 612-613). Para tal contribuíram as preocupações ambientais resultantes da crescente industrialização. De referir que é já neste período que os ambientalistas começam a olhar para além das suas fronteiras nacionais, em particular para os países vizinhos e para as colónias[22] (McCormick, 1999: 57).

Ainda assim, esta vaga não conseguiu constituir-se como um movimento coerente, mas antes como diversos grupos sectoriais que defendiam aspectos diferentes daquilo que parecia ser um bem comum. Essa coerência foi sendo obtida com os avanços científicos e com o desenvolvimento da ecologia como disciplina. A ciência e a degradação ambiental experienciada pelos indivíduos levaram a fortes reivindicações ambientais e, mesmo antes da recuperação económica da Europa no pós-guerra, foram tomadas medidas para melhorar

---

[22] Na Inglaterra é criada, em 1903, a primeira ONG de conservação da natureza internacional – *Society for the Preservation of the Fauna of the Empire* –, que visava a preservação da vida selvagem nas colónias britânicas.

as condições ambientais e, consequentemente, preservar a saúde pública.[23] Aliás, é no período do pós-guerra que se multiplicam as Organizações Não Governamentais (ONG) ambientais com âmbito transnacional.[24] Apesar do recurso à cientificidade dos argumentos retardar uma procura das origens sociais dos problemas ambientais, o desenvolvimento do conhecimento científico sobre os impactos ambientais e a expansão da educação contribuiu para uma maior consciência, senão ambiental, pelo menos dos problemas ambientais, e possibilitou um desenvolvimento mais marcado do movimento ambientalista durante e desde a década de 1960.

É apenas na década de 1960 que o movimento ambientalista, quebrando com a tradição conservacionista e apolítica que até então vigorava, surge como um novo movimento social que procede a uma intervenção social e política mais ampla, começando a falar-se de ecologia.

Neste capítulo procede-se a uma caracterização geral do movimento ambientalista a partir da sua emergência como um novo movimento social nos anos 1960. Analisam-se as transformações que conheceu a partir dos finais da década de 1970, designadamente a sua progressiva institucionalização e crescente abandono de formas de acção directa, que levam a que um conjunto de actores questione hoje a catalogação do movimento ambientalista como um novo movimento social. Numa análise que procura captar as especificidades do movimento, questionam-se as formas de acção que conduzem ao sucesso das lutas, quais delas se revelam contraproducentes e qual o papel do direito nas mesmas.

1. O despertar nos anos 1960: a defesa da natureza como crítica à modernidade

Em meados da década de 60 do século XX, começou a surgir na Europa um conjunto de formas de mobilização colectiva que colocava em causa o paradigma tradicional marxista, bem como os esquemas baseados na lógica racional e estratégica dos actores. Um conjunto de autores, designadamente

---

[23] Como refere Rootes (2003: 613), na Inglaterra, o *Clean Air Act* de 1956 foi uma resposta directa às cerca de 4000 mortes atribuídas ao nevoeiro causado pela poluição que se fez sentir em Dezembro de 1952.

[24] A primeira ONG ambiental de âmbito internacional, a *International Union for the Protection of Nature*, foi criada em 1947, tendo mais tarde alterado o seu nome para *International Union for the Conservation of Nature* (IUCN). Foi esta a associação precursora do *World Wildlife Fund* (WWF), criado em 1961 com fundos da IUCN.

Touraine, Offe, Melucci, Laclau e Mouffe, criaram novos esquemas interpretativos para essas mobilizações colectivas que pareciam assumir contornos diferentes dos movimentos sociais que até então se conheciam. Um primeiro aspecto desses novos esquemas refere-se a uma perda de primordialidade da consciência de classe no paradigma de análise dos novos movimentos sociais, que se assumem como transclassistas. A identidade destes novos actores, como argumenta Offe, já não é construída com base nos códigos políticos binários tradicionais (direita/esquerda, liberal/conservador, etc.), nem tão pouco com recurso a categorias socioeconómicas (operariado/burguesia, pobres/ricos, população urbana/rural, etc.). As novas categorias identitárias são criadas de acordo com os próprios interesses representados nas lutas dos novos movimentos sociais (Offe, 1985: 831), pelo que esses actores sociais não são somente trabalhadores, mas também, numa fusão entre o pessoal e o político, mulheres, ecologistas, jovens, negros, pacifistas, etc.

Um segundo aspecto está relacionado com a centralidade que a política adquire na análise destes movimentos, conhecendo uma nova roupagem: "deixa de ser um nível numa escala em que há hierarquias e determinações e passa a ser uma dimensão da vida social, abarcando todas as práticas sociais" (Gohn, 2002: 123). O poder não está mais confinado às esferas estatais e passa a surgir igualmente na esfera pública da sociedade civil. Deste modo, temas antes tidos como não políticos, de que é exemplo a defesa do ambiente, são agora politizados.

Um terceiro e fundamental eixo distintivo destes novos movimentos prende-se com a sua emergência como reacção ao curso da modernidade e a alguns dos seus fundamentos paradigmáticos. A modernidade emergiu enquanto realidade sociocultural capaz de definir os seus subalternos (as mulheres, os selvagens e a natureza) e enquanto projecto socioeconómico de exploração capitalista: o sistema mundo de Immanuel Wallerstein. Novos movimentos sociais, como o ambientalista, quando surgem, inserem, pois, a sua luta numa crítica mais ampla dos termos em que a modernidade ocidental se constituiu, bem como da sua articulação com o imperialismo e o patriarcado. A emergência dos novos movimentos sociais enquanto oposição ao curso da modernidade é bem sintetizada por Boaventura Sousa Santos:

> A novidade maior dos NMSs reside em que constituem tanto uma crítica da regulação social capitalista, como uma crítica da emancipação social socialista como ela foi definida pelo marxismo. Ao identificar novas formas de opressão que extravasam as relações de produção e nem sequer são específicas delas, como sejam a

O MOVIMENTO AMBIENTALISTA: TRAJECTÓRIAS E ESTRATÉGIAS

guerra, a poluição, o machismo, o racismo ou o produtivismo, ao advogar um novo paradigma social menos assente na riqueza e no bem-estar material do que na cultura e na qualidade de vida, os NMSs denunciam, com uma radicalidade sem precedentes, os excessos da regulação da modernidade. Tais excessos atingem não só o modo como se trabalha e produz, mas também o modo como se descansa e vive; a pobreza e as assimetrias das relações sociais são a outra face da alienação e do desequilíbrio interior dos indivíduos; e, finalmente, essas formas de opressão não atingem especificamente uma classe social e sim grupos sociais transclassistas ou mesmo a sociedade no seu todo (Santos, 1997: 222).

Os novos movimentos sociais surgem como "um colectivo difuso, não-hierarquizado, em luta contra as discriminações de acesso aos bens da modernidade e, ao mesmo tempo, crítico de seus efeitos nocivos" (Gohn, 2002: 122-123).

Importa, neste quadro, trazer para a discussão perspectivas em que o ambientalismo é pensado como parte de uma leitura oposicionista sobre o estatuto que a natureza adquiriu no projecto da modernidade.

A modernidade trouxe consigo promessas ambiciosas: a promessa da paz perpétua, baseada no comércio, na racionalização científica dos processos de decisão e das instituições; a promessa de uma sociedade mais justa e livre assente na criação de riqueza tornada possível pela conversão da ciência em força produtiva; e a promessa da dominação da natureza, e do seu uso para o benefício comum da humanidade (Santos, 2000: 54). A modernidade lidou com essas promessas de três modos diferentes. Certas promessas ainda não se cumpriram ou nunca se cumprirão; algumas não poderão ser cumpridas dentro do paradigma da modernidade; e outras promessas foram cumpridas em excesso.

Vou agora abordar a primeira promessa: a dominação da natureza. A promessa da dominação da natureza conduziu "a uma exploração excessiva e despreocupada dos recursos naturais, à catástrofe ecológica, à ameaça nuclear, à destruição da camada do ozono, e à emergência da biotecnologia, da engenharia genética e da consequente conversão do corpo humano em mercadoria última" (Santos, 2000: 54). Considero que esta foi uma promessa cumprida em excesso (Santos, 1997; 2000). Ou seja, a acção da modernidade ao provocar um excesso de dominação da natureza acaba por ser, por todos os efeitos não controlados e temidos a longo prazo, uma forma de não dominação, visível, por exemplo, nas calamidades ambientais hoje discutidas como produto do aquecimento global, expressão emblemática deste excesso. Outros exemplos são a desflorestação e a falta de água.

Paradoxalmente, este excesso tem, na verdade, um efeito mais perverso do que o não cumprimento da promessa. As tecnologias de controlo da natureza foram, em muitos casos, as tecnologias para a sua degradação, uma expressão de como o uso da ciência desvinculado de uma decisão democrática atenta ao bem-estar pode surtir efeitos que escapam fortemente a uma acção emancipatória. Ganha aqui incontornável pertinência a defesa de que o conhecimento não deve ser reduzido à prática acrítica da ciência (tida enquanto verdade desvinculada das consequências sociais da sua aplicação), nem tampouco deve estar ao serviço da ideia moderna abstracta de progresso. Pode dizer-se que o impacto moderno e das tecnologias de dominação sobre a natureza se desvincula dramaticamente daquilo que Boaventura de Sousa Santos propõe quando reivindica a necessidade de "um conhecimento prudente para uma vida decente" (2000: 197, 2003a, 2003c).

Pode, pois, reafirmar-se que a contestação social em defesa do ambiente emerge como sintoma do cumprimento excessivo da modernidade na dominação da natureza. Na sua postura anti-sistémica de crítica à modernidade e à sociedade de mercado, a crítica ambiental surgida na década de 1960 veio articular-se mais marcadamente com uma crítica paradigmática, na medida em que a questão da protecção ambiental surge vinculada à construção de uma sociedade alternativa ao curso da modernidade marcada pelo capitalismo e por um uso pouco prudente do conhecimento (de que as bombas que atingiram Hiroxima e Nagasáqui são provavelmente a mais portentosa expressão). O movimento ambientalista surge, desde logo, a combater a proliferação nuclear e o compromisso industrial-militar do desenvolvimento científico-tecnológico presentes no paradigma da modernidade.[25] Altamente politizado, e aproveitando um novo espaço político possibilitado quer pela revolta estudantil, quer pela emergência de uma nova esquerda, o movimento ambientalista começa a ser fortemente influenciado pela ideologia da nova esquerda, pelos ideais estudantis, pela crítica ao capitalismo e pelas clivagens

---

[25] Um episódio é ilustrativo desta crítica à ciência moderna por parte do movimento ambientalista que então emergia. Em 1969, na Universidade de Copenhaga, durante um seminário sobre história natural que reunia alguns dos mais proeminentes cientistas, um grupo de estudantes invadiu o seminário e trancou as portas. Os estudantes gritaram palavras de ordem contra a poluição, queimaram lixo que traziam com eles e borrifaram água de um lago poluído sobre os participantes, enquanto seguravam um pato sujo de petróleo. As palavras dirigidas aos cientistas eram: "Venham e salvem-no. Se falam de poluição, porque não fazem nada contra ela?" (Guha, 2000: 79).

que atravessaram as sociedades ocidentais modernas (por exemplo, a clivagem entre os valores materialistas, típicos da modernidade, e os valores pós-materialistas, como o ambiente, característicos das sociedades pós-modernas).

O movimento ambientalista começa, consequentemente, a conquistar um espaço na esfera pública que pretende manter. Estabelecendo, aliás, um paralelismo com o movimento sindicalista, Alain Touraine viu no movimento ambientalista das décadas de 1960 e 70, o potencial de transformação social para a sociedade pós-industrial que tinha identificado no movimento sindicalista para a sociedade industrial (Touraine *et al.*, 1983). Nesta esteira, Rucht (1999: 204) considera que, assim como o movimento sindical trouxe, na segunda metade do século XIX e início do século XX, para a agenda política a "questão laboral", o movimento ambientalista conseguiu fazê-lo com a "questão ambiental" nas últimas décadas do século XX.[26] A relevância da crítica ambientalista na crítica societal sobre a dominação do paradigma capital-expansionista também é expressa por Boaventura Sousa Santos quando assinala o eco-socialismo como o paradigma emergente, formulação a um tempo analítica e proposicional, em que a natureza é eleita como a segunda natureza da sociedade (1997: 289).

Mas a crítica ambientalista não emergiu simultânea e homogeneamente em todo o globo. É necessário sublinhar que a promessa da dominação da natureza não só não foi cumprida para benefício comum da humanidade, como o seu cumprimento em excesso conduziu e agravou processos de exclusão social à escala local e global. O trabalho de diversos autores, entre eles Vandana Shiva, tem mostrado precisamente que os frutos da modernidade, entre os quais se contam a pobreza e a degradação ambiental, são distribuídos de modo desigual.

O modelo de desenvolvimento da modernidade foi, com efeito, o modelo do Norte, tido como um modelo de "bem-estar", cabendo aos países pobres do Sul, aos pobres do Norte, aos camponeses, aos indígenas e às mulheres[27]

---

[26] Curiosa a similitude da catalogação dos dois movimentos com cores. Os sindicalistas, associados ao socialismo, eram denominados de *Os Vermelhos*; os activistas ambientais de *Os Verdes*.

[27] Vandana Shiva (1989; Mies e Shiva, 1993) sublinha que as mulheres e o ambiente são ambos subalternos do cumprimento por excelência do cumprimento por excesso e do não cumprimento das promessas da modernidade. Segundo a autora, "recentemente (...) o terceiro mundo e a sabedoria feminista começaram a reconhecer que este sistema dominante [ciência moderna] emergiu como uma força dominante, não para a humanidade

58 MOVIMENTOS NA JUSTIÇA

seguir este modelo para alcançar esse "bem-estar". Este modelo pode ser chamado de *catching-up* (Mies e Shiva, 1993: 77) ou, recorrendo ao ondulante jogo de palavras de Mia Couto, *desenvolvimentês*, "convidando a pensar o que já está pensado por outros" (Mia Couto, 2005: 17). Em vez do "bem-estar" esperado, este modelo de desenvolvimento trouxe pobreza, degradação ambiental e uma utilização de recursos naturais nociva para os países do Sul e, nas palavras de Boaventura de Sousa Santos (2000), para os "Terceiros Mundos Interiores", ou seja, o Sul dentro do Norte. Se, como nos diz o autor, o global e o local são duas faces da mesma moeda, não havendo global sem local, então é possível dizer-se que a degradação ambiental global tem efeitos locais muito sentidos. É assim, por exemplo, que a construção de centrais nucleares com o frágil argumento da produção de energia para os países do Norte é planeada para locais de populações pobres. É também deste modo que a crise da água contribui para a morte de um número inacreditável de crianças do Sul. É, ainda, assim que os testes nucleares são feitos longe dos países do Norte.[28]

Nesse sentido, a crítica ambiental inscreve-se numa epistemologia do Sul através da qual se aprende que existe o Sul, se aprende a ir para o Sul, e se aprende com o Sul (Santos, 1997; 2000); uma proposta que procura superar o modo como a experiência da modernidade tem sido empreendida a partir do Norte. Esta proposta permite reconhecer nos subalternos criados pela modernidade uma riqueza crítica informada pelo outro lado da experiência

---

como um todo mas como uma projecção ocidental, de orientação masculina e patriarcal que, necessariamente, impõe a subjugação quer da natureza quer da mulher" (Mies e Shiva, 1993: 37). Esta crítica, que veio a confluir na emergência, em finais da década de 1970, princípios de 80, no Ecofeminismo, percepciona a degradação ambiental provocada pelo ser humano como assente numa lógica imperialista, mas também patriarcal, pelo que considera que há uma afinidade entre o papel das mulheres na sociedade e o seu interesse na protecção do ambiente.

[28] Vejamos, por exemplo, a questão da biodiversidade. A destruição da biodiversidade por este modelo de desenvolvimento tem conduzido não só à subnutrição e a várias doenças em diversas comunidades locais, contribuindo para a morte de indígenas, mas também à dessacralização do seu lar, isto é, à perda de laços simbólicos e identitários em relação ao meio de vivência. Se atentarmos que a palavra ecologia deriva de *oikos, lar*, rapidamente intuímos como tal etimologia traduz em que medida a destruição ambiental é, para vários povos, a destruição do seu lar (Mies e Shiva, 1993: 141). Este modelo que impõe um bioimperialismo (Escobar e Pardo, 2004) com base na ciência moderna e nas necessidades capitalistas, evidencia uma forte incompreensão da natureza e um desejo incessante de a dominar (Menezes, 2003: 685).

da dominação e do colonialismo, uma riqueza que foi longamente silenciada e que urge colocar no centro das experiências de crítica societal e paradigmática. O aprender com o Sul cumpre o desígnio de eleger o ambiente como um dos subalternos da experiência moderna, por um lado, e, por outro, de valorizar as populações do Sul (incluindo os terceiros mundos interiores) como aquelas que mais fortemente sentiram as nefastas consequências da exploração intensiva do capital e da continuada degradação ambiental.

Tal aprendizagem implica a difusão de um sistema de conhecimento alternativo que traga consigo esta crítica ambiental. Os movimentos sociais podem, efectivamente, comportar essa crítica e produzir um conhecimento não predatório (Escobar, 2003). É isso que têm vindo a fazer diversos movimentos ambientalistas ancorados no Sul Global. Estes

> propuseram uma ampla variedade de alternativas, que vão desde a imposição de limites ao desenvolvimento capitalista até à rejeição da própria ideia de desenvolvimento económico e a adopção de estratégias antidesenvolvimentistas, assentes na subsistência e no respeito da natureza e da produção tradicional (...) As propostas que advogam a superação do paradigma do desenvolvimento são hoje uma das mais dinâmicas e prometedoras fontes de alternativas de produção não capitalistas. Nelas participa um caleidoscópio de organizações e movimentos de todo o mundo, envolvidos em lutas muito diversas. Estas lutas incluem a resistência de grupos indígenas de todo o mundo contra os projectos de desenvolvimento económico que põem em perigo a sua cultura e, com ela, a sua sobrevivência física, como a luta do povo U'wa, na Colômbia, contra a exploração de petróleo, por parte da *Occidental*, nos seus territórios ancestrais (Santos e Rodríguez, 2004: 47-48).

Estas lutas com base local actuam, não raras vezes, numa combinação entre activismo local e redes de activismo global e, entre outros aspectos, diferenciam-se do ambientalismo do Norte ao advogarem a protecção ambiental em simultâneo com lutas pela afirmação cultural.

2. As transformações após a década de 1970

A sua actuação nos anos 60 do século XX, pautada pela informalidade, confronto, espontaneidade e debate político, vai ter como consequência a expansão e consolidação do movimento ambientalista nos finais da década de 1970 e durante a década de 80 em termos de mobilização de pessoas, de divulgação, peso social e político e de transnacionalização. A Conferência de Estocolmo, em 1972, é um marco fundamental na criação de redes transnacionais de protecção ambiental.[29] Por essa altura, a Organização das Nações Unidas (ONU), vendo que a Conferência estava a ser altamente politizada pelas ONG ambientalistas, possibilitou a emergência de um fórum alternativo de ONG e associações ambientalistas. O fórum não só deu uma visibilidade importante ao movimento como lançou as bases para o estabelecimento de diálogos, sinergias e contactos futuros entre ONG de diferentes países do Norte e do Sul.[30] Desde Estocolmo que as ONG realizam fóruns paralelos aos organizados pela ONU, procurando mudar o rumo global da sociedade e ganhar influência junto das instituições mais determinantes.

Para além deste evento, outros factores são importantes na história da globalização do movimento. Os acidentes de Chernobyl e Bhopal, a descoberta de um buraco na camada de ozono e o consenso científico em torno do perigo resultante dos gases CO_2, que as pessoas usavam quotidianamente, vieram mostrar não só que o combate aos atentados ambientais tinha de travar-se em redes transnacionais, como também desenharam um contexto possibilitador do reforço do movimento ambientalista. Por um lado, contribuíram para despertar a atenção dos média em torno da questão ambiental; por outro, sensibilizaram a opinião pública para a necessidade de uma maior consciência ecológica. O resultado foi o aumento considerável dos membros das associações ambientalistas, sobretudo nos EUA. A maior mobilização em torno das questões ambientais, os contactos prévios estabelecidos em Estocolmo e o desenvolvimento tecnológico associado aos computadores e à Internet foram algumas das bases para um movimento que ambicionava ser global (Keck e Sikkink, 1998: 128). As novas associações que emergiam e cresciam vinham já com uma ambição que extravasava a escala nacional, como a *Greenpeace* e a *Friends of the Earth* (FoE).[31]

---

[29] O movimento ambientalista, na sua génese, surgiu já com uma componente internacional, com os naturalistas a promoverem convenções para proteger as aves migratórias.

[30] Para além destas consequências, outras duas são de realçar: o despertar para a especificidade dos problemas ambientais no Sul; e a criação, em 1973, do Programa Ambiental das Nações Unidas.

[31] A *Greenpeace*, fundada em 1971, em Vancouver, dirigiu os seus protestos para o combate à caça da baleia e para a contestação aos ensaios nucleares, enviando barcos de protesto quer para os locais onde se realizavam testes nucleares dos EUA e da França, quer para um confronto directo com os barcos japoneses de caça à baleia. Em 1985, quando um dos seus barcos foi abatido pelos serviços secretos franceses na Nova Zelândia, a Greenpeace tinha já delegações em 17 países e 1,2 milhões de membros. Hoje a Greenpeace tem 2,7 milhões de apoiantes e está representada em 38 países. Também a FoE foi criada já como uma ONG

O MOVIMENTO AMBIENTALISTA: TRAJECTÓRIAS E ESTRATÉGIAS 61

Esta expansão foi igualmente sentida, embora mais timidamente, fora do Norte. Na América Latina, a democratização de diversos países durante a década de 1980 possibilitou a emergência de vários movimentos sociais que até então existiam na clandestinidade. As associações de conservação da natureza começaram a alargar o seu âmbito de actuação colaborando com, ou mesmo integrando, grupos que traziam outras preocupações relacionadas com o ambiente, como a questão da terra. Na Ásia, as ONG do ambiente emergiram na sequência, e seguindo a tradição, das associações locais que trabalhavam com as comunidades mais pobres (Keck e Sikkink, 1998: 130).

Em meados da década de 1970, a frustração com os resultados alcançados e com as adversidades encontradas levou a que muitas ONG do Sul expandissem a sua escala de actuação e tentassem capacitar estas comunidades, reivindicando os seus direitos e propondo definições alternativas de desenvolvimento em fóruns internacionais. Muitas das campanhas destas organizações eram noticiadas nos meios de comunicação do Norte mais críticos da actuação do capitalismo neoliberal.

No processo de consolidação local e global da mobilização pela defesa do ambiente, assistiu-se, no entanto, a um abandono progressivo da criatividade e do radicalismo das acções de protesto, adquirindo as ONG uma maior institucionalização e profissionalização.

2.1. *Ao encontro do sistema: as vias institucionais*[32] *do movimento*

A expansão do movimento ambientalista é acompanhada por uma progressiva timidez política e conservadorismo social das associações ambientalistas já estabelecidas. É assim que mesmo a *Greenpeace* ou a FoE, que surgem como protagonistas de uma ecologia radical que percepciona o ambiente como uma questão efectivamente global e política, acabam por assumir estratégias

---

internacional, tendo hoje representação em 71 países, através de delegações suas ou de parcerias com grupos nacionais, e agregando cerca de 1,5 milhões de pessoas. Para mais informações, ver <http://www.foei.org/publications/ar/2004/know.html> e <http://www. greenpeace.org/international/>.

[32] A institucionalização é aqui entendida como o processo pelo qual as formas de luta promovidas por agendas contra-hegemónicas paulatinamente abandonam as possibilidades de contestação activa no espaço público, entendido em sentido lado, e dirigem crescentemente os seus esforços para o espaço público definido pelo Estado, num processo que é, ao mesmo tempo, uma convergência com a racionalidade burocrática de que fala Max Weber ou a sociedade administrada de Adorno.

convencionais e por definir uma agenda moderada. Os ideais emancipatórios que levaram à emergência do movimento ambientalista, e que compreendiam lutas mais amplas de indignação e reivindicação face às promessas da modernidade, foram restringidas à defesa da natureza entendida no seu sentido restrito e sectorizadas pelo recurso crescente à ciência. Creio bem que a hipercientifização que se nota no pilar da emancipação, como nos diz Boaventura Sousa Santos, crescentemente a partir da década de 1970, marcou, sem fatalismos, o movimento ambientalista nas décadas seguintes e nos dias de hoje.

Neste cenário, nem todos os movimentos sociais têm conseguido produzir um conhecimento com base no senso comum, ou pelo menos servir de veículo da sua difusão.[33] Face às consequências temidas e já visíveis da crise ecológica, o movimento ambientalista recorre cada vez mais à ciência moderna como um novo messianismo, pelo que acaba por ser traçado um percurso marcado pela sectorização, especialização, institucionalização e crescente abandono da crítica social. Tais características são sentidas quer no seu discurso, quer nas suas formas de acção.

No que se refere ao primeiro aspecto, verifica-se que o discurso ecológico reivindicativo de mudanças estruturais e profundas na sociedade é progressivamente substituído por temas sectoriais específicos. A identidade colectiva que antes englobava movimentos como o feminista, o da defesa da paz, o da defesa do Terceiro Mundo, etc. assenta agora num movimento fechado em si mesmo. O caso mais evidente a este respeito são os grupos de base que se constituem apenas para resolver um determinado problema que os afecta, mas também determinados sectores do movimento ambientalista. Mas outros exemplos podem ser dados, como o do agricultor que hoje se assume como um fervoroso ambientalista na luta contra a construção de uma auto-estrada e amanhã é, ele próprio, um poluidor empregando pesticidas e poluindo as águas do rio. Como consequência, as associações ambientalistas estão constantemente a encontrar novos parceiros e oponentes (Mol, 2000: 49). E, mais facilmente uma determinada associação se identifica com as restantes associações que se debruçam sobre o mesmo tema, do que com o movimento ambientalista como um todo.

Dessa sectorização e especialização resulta o abandono de um discurso assente na defesa do ambiente como algo mais abrangente, como uma questão efectivamente social. O discurso negativo que caracterizou muito

---

[33] Ver ponto 1.1. do presente Capítulo.

do ambientalismo nos anos 1960 e 70, ilustrado em *punch lines* como "Vota não", "Diz não ao Capital" ou "Stop energia nuclear", deu lugar a uma retórica positiva de desenvolvimento sustentável, traduzível em mensagens como "Consumo amigo do ambiente" ou "Adaptação ecológica". Não diria que este discurso é despolitizado, mas que a sectorização e profissionalização têm inibido o discurso ambientalista nas suas imensas potencialidades contra, por exemplo, a globalização neoliberal.

Quanto às formas de acção, parece predominar uma lógica de acção instrumental em que as decisões são tomadas por um número restrito de actores, não havendo grande espaço para decisões horizontais; por uma crescente debilidade da solidariedade no movimento, agindo as associações cada vez mais isoladamente; e por uma moderação e invisibilidade mediáticas nos repertórios de acção. Com efeito, um estudo coordenado por Christopher Rootes (2003),[34] mostra que, em países como a Itália, Espanha, Grécia e Suécia, mais de 40% dos protestos ambientais registados (entre 1988 e 1997) recorreram a vias de acção moderadas e convencionais, como, por exemplo, o recurso a tribunal, reuniões públicas, petições, apresentação de queixas, etc. Obviamente que estes números oscilam ao longo da década considerada, mas, ainda assim, o estudo considera que se pode falar de tendências significativas.

A institucionalização que parece desenhar-se em finais da década de 1970, princípios de 80, segundo Jamison (1999) não surge por acaso. Antes compreende seis fases marcadas por estratégias políticas e objectivos específicos. Na sequência dos debates e das acções da década de 1960, que, como já se referiu, marcou o despertar do movimento ambientalista, a década seguinte, mais concretamente de 1969 a 1974, é marcada pela sectorização com a emergência de novos activistas e associações. A estratégia neste período é, então, a de constituição e consolidação de associações ambientalistas e, também, de instituições estatais de protecção ambiental. O ambiente começa a assumir-se como um tema importante nas agendas políticas e, quando a questão da energia começa a ser relegada para segundo plano, deixando de ser uma preocupação política, outras questões ambientais permanecem. Como resultado, na década de 1980 começa a haver uma progressiva profissionalização do movimento com um recurso cada vez maior à peritagem e ao conhecimento científico. Estes novos grupos profissionais articulam-se melhor em

---

[34] O estudo incide em sete países, a saber: Grã-Bretanha, Alemanha, França, Itália, Grécia, Espanha e Suécia.

rede, tendo alguns delegações em vários países, o que possibilita uma certa internacionalização do movimento a partir de meados de 80, mais concretamente, segundo o autor, de 1987 a 1992.

A partir de 1993, assiste-se a uma estabilização do movimento e à sua adaptação ao já alcançado. O activismo ambiental que, nas décadas de 1960 e 1970, se assumia como um modo de vida alternativo, baseado numa visão ecológica do mundo, foi amplamente substituído por ONG e associações ambientalistas, muitas de alcance internacional, burocratizadas e com agendas aparentemente individuais (Jamison, 2001: 159-160). Na Europa, dois factores influenciaram, em certa medida, o processo de institucionalização do ambientalismo: a criação e consolidação dos Partidos Verdes e a constituição da Comunidade Económica Europeia (CEE) (mais tarde União Europeia).

O movimento pela constituição de Partidos Verdes começou a desenhar-se na década de 1970, mais fortemente nos anos 80, com base em quatro grandes princípios – ecologia, justiça, democracia e paz – definidos originalmente pelo movimento na Europa. Se, inicialmente, o objectivo era a formação de alianças com o movimento ambientalista, sobretudo com os grupos antinucleares, no sentido de exercer influência directa sobre o Estado para este criar novas políticas ou dotar de maior eficácia as já existentes, as relações vieram a tornar-se mais complexas. Embora tenham conseguido representação em vários parlamentos, certo é que, com a excepção de um número reduzido de países, nunca alcançaram o peso político e eleitoral desejado. Os temas ecológicos não conseguem, por si só, embora sejam importantes e transversais, esgotar o programa de um partido político, nem tão pouco aproximar-se dos problemas sentidos pelos eleitores. E, apesar de os Verdes terem caminhado no sentido das alianças políticas e de se pronunciarem sobre todos os temas em discussão, esta ideia está ainda presente no eleitorado. Deste modo, nos países em que os Partidos Verdes tiveram uma fraca expressão, certas associações ambientalistas começaram a assumir o seu papel, exercendo, elas próprias, *lobby* político. Nos países em que os Verdes assumiram, ao longo dos anos, uma posição forte, como é o caso da Alemanha, Grã-Bretanha e Suécia, o movimento ambientalista começou a recear ser ensombrado e enfraquecido, tornando-se necessário uma maior visibilidade, especialização e profissionalização para que não perdesse acesso ao poder formal e à tomada de decisões, e para que as pessoas não sentissem que bastava o partido representar os seus interesses e protagonizar as suas reivindicações ambientalistas (Rootes, 2004: 623).

A criação da União Europeia (UE) é também um marco a ter em atenção já que os contextos políticos constrangem não só as políticas, como também o activismo. Podem identificar-se duas influências gerais da UE no movimento ambientalista europeu. Uma, mais positiva, refere-se ao financiamento europeu e à criação de oportunidades políticas para uma maior consolidação dos grupos ambientalistas. Com efeito, ao defender a implementação em todos os Estados-membros de directivas referentes à transparência, acesso à informação e à justiça, a UE permitiu que a nível nacional as associações ambientalistas tivessem um maior poder e um maior acesso aos centros de decisão política. Outra, mais tortuosa, prende-se com a imposição de uma agenda ambiental europeia, que nem sempre coincide com a nacional, e com o condicionamento da organização e acção dos grupos ambientalistas. Em primeiro lugar, os movimentos começam a dar uma maior atenção às questões trazidas pela UE e a dirigirem os seus recursos para as mesmas, seja para as contestar, seja para as implementar.[35] Como o acesso à União Europeia, e sobretudo à Comissão Europeia, por parte dos movimentos sociais é, sobretudo, não oficial,[36] têm mais êxito os grupos profissionalizados, com recursos financeiros para assegurar viagens a Bruxelas ou para lá manter uma delegação, com uma linguagem técnico-científica tida como legítima e com uma influência política considerável (Hallstrom, 2004).

Em segundo lugar, o financiamento europeu pode ser pernicioso. Por um lado, prevalece numa facção do movimento ambientalista a ideia de que se as organizações ambientalistas influenciaram e influenciam a política ambiental comunitária, então também a UE acaba por condicionar o modo de actuação daquelas pelas oportunidades que oferece e apoios que concede. Das três associações com maior poder de *lobby* junto da Comissão Europeia – *European Coordination of Friends of the Earth*, *World Wide Fund for Nature* (WWF) e

---

[35] De referir, no entanto, que, cientes da importância da UE no desenvolvimento de políticas ambientais, as associações ambientalistas criaram, em 1974, o *European Environmental Bureau* (EEB), que se assume como uma federação democrática de ONG e que pretende, precisamente, influenciar as políticas ambientais da UE. Para mais informação, ver Wijen *et al.*, 2005.

[36] Este acesso tem vindo a ser restringido, uma vez que há o receio de que as associações ambientalistas se tornem demasiado poderosas. O *American Enterprise Institute*, por exemplo, recolhe sistematicamente informação sobre ONG para certificar a legitimidade destas. Como consequência deste receio, a Comissão Europeia tem vindo a definir um conjunto de critérios mais específicos para candidaturas de ONG a financiamentos (Hontelez, 2005: 411-412).

Greenpeace –, apenas a *Greenpeace* não aceitou os fundos cedidos pela UE. Para alguns activistas, se tais fundos não levam necessariamente a que a forte reivindicação por uma protecção ambiental mais eficaz desapareça, já que as associações continuam a ter de responder aos seus sócios de base e não podem ignorar as questões levantadas por associações mais radicais, contribuem, pelo menos, para a moderação das acções contestatárias (Rootes, 2003: 14). Diversas ONG desenvolveram um perfil mais institucionalizado e moderado para se adequarem ao exigido por certos projectos da UE, acabando por incidir a maior parte das suas actividades na implementação e desenvolvimento nacionais desses projectos (Hicks, 2004).

O movimento ambientalista dos dias de hoje está, assim, de forma mais ou menos intensa, marcado por uma institucionalização em que as acções e discursos tidos como mais radicais e alternativos parecem ter sofrido um processo de tradução para moldes mais "aceitáveis", convencionais e moderados. Estamos, nas palavras de Jamison (2001), perante um "ambientalismo profissional",[37] que reúne um conjunto de características gerais que muitas das organizações ambientalistas parecem partilhar. Desde logo, têm um cada vez maior número de profissionais entre os seus quadros, cujo objectivo primordial é a produção de conhecimento científico com vista à obtenção de uma maior credibilidade junto da opinião pública (Jamison, 2001: 160-161). Obviamente que continuam a procurar mobilizar o maior número possível de pessoas e a atrair voluntários e amadores sem os quais dificilmente sobreviveriam, mas o seu objectivo é a produção de conhecimento. Como consequência, há uma significativa homogeneidade dos activistas envolvidos nas associações que, como diversos estudos têm vindo a mostrar, têm habilitações escolares elevadas, muitos são professores, e fazem parte da classe média-alta (Rootes, 2004: 617).

Directamente relacionada com esta, encontra-se uma outra característica: o enfoque na peritagem e especialização. Múltiplas ONG especializam-se num determinado tipo de competência – legal, administrativa, educacional, científica, etc. – e a sua identidade é construída em torno dessa especialização, através da qual contribuem, na sua opinião, para a melhoria das políticas ambientais. Alguns destes *green experts* – peritos do activismo ambiental – estão ligados a centros de investigação e universidades e acabam por fornecer informação e

---

[37] Jamison fala de quatro tipos de ambientalismo: comunitário, profissional, militante e pessoal.

treinar vários activistas de associações locais e com menos recursos. O conhecimento científico produzido por tais ONG leva a que actuem como peritas ou consultoras em agências estatais, na elaboração de programas educacionais, na preparação de legislação e de programas governamentais, estando mesmo inseridas em grandes projectos internacionais (Jamison, 2001). Algumas têm, inclusive, acesso formal a órgãos de governo e a procedimentos como audiências em comissões parlamentares. Com efeito, um aspecto fulcral na institucionalização do movimento ambientalista é o crescente envolvimento das associações ambientalistas nos processos de definição de políticas ambientais, o que tem sido visível em diversos países da Europa, como a Alemanha ou a Holanda. Mesmo na Grã-Bretanha, onde esse envolvimento e acesso são mais débeis, organizações como a *Greenpeace*, antes tida como essencialmente radical, tornaram-se peritos não oficiais na produção de política ambiental (Rootes, 2003). O mesmo tem vindo a acontecer, até com maior incidência, em países como a Suécia e a Alemanha (Jamison, 2001).

Ao procurar uma maior credibilidade junto da opinião pública, que facilmente advém do recurso ao discurso científico, as ONG ambicionam manter-se vivas ao longo do tempo, pelo que os seus modos de acção são seleccionados de acordo com uma estratégia que visa a sobrevivência e o crescimento da influência junto da opinião pública.

3. O que resta do novo movimento social?

A novidade dos movimentos sociais emergentes na década de 1960 trazia consigo, para além dos factores enunciados, uma acção política que tinha lugar fora da esfera institucional, quer internamente, quer externamente. Claus Offe, entre outros, considera que internamente os novos movimentos funcionam numa base informal, sendo a sua acção despida de qualquer elemento típico das organizações formais: membros oficiais, programas, empregados, quotas, etc. (Offe, 1985; Ferreira *et al.*, 1995: 475). A acção destes movimentos sociais é, pois, baseada no voluntariado dos activistas, que participam nas campanhas e constituem redes de informação, e nos seus donativos. No que se refere à modalidade externa da acção, esta assenta na diversidade das formas de acção, na mobilização de massas, na presença física e na conquista da opinião pública. Pressupõe-se que, uma vez que os movimentos procuram mudar as estruturas e as instituições da sociedade, não recorrem a estas para agir. As características enunciadas no ponto anterior dificultam, no entanto, este entendimento, daí que alguns autores questionem a novidade do movimento ambientalista.

Diani e Donati (1999) têm vindo a caracterizar o activismo ambientalista na Europa como uma transição de movimentos de protesto para *lobbies* de interesse público. Já Eder (1996a) e Jamison (1999) defendem que o percurso do movimento ambientalista marca a passagem de um movimento para uma instituição que se afasta cada vez mais da política e se tende a aproximar da academia, ou seja, meramente da produção de conhecimento e da esfera institucional. Como consequência, é cada vez maior a distância entre o movimento ambientalista e a novidade dos novos movimentos sociais da década de 1960 que emergiram na esfera não institucional contra o poder instituído. Vários estudos sobre movimentos sociais mostram, precisamente, que movimento e instituição/organização são conceitos distintos. Os movimentos sociais são mais do que organizações, pela sua informalidade, ausência de burocracia e porque oferecem oportunidades para a acção colectiva a actores que podem não estar relacionados com associações específicas. Também são menos do que as organizações, já que não podem pressupor uma continuidade temporal nem assegurar a longevidade das suas decisões. Para vários autores, torna-se, portanto, complexo continuar a falar em movimento ambientalista (Eyerman e Jamison, 1991; Bosso, 2000; Jamison, 1999).

Ainda assim, tem-se vindo a contornar este facto com definições conceptuais que permitam uma análise do movimento ambientalista sem o condenar, desde logo, à sua não-existência. Alguns autores propõem que a definição parta de uma análise específica às vias de acção privilegiadas do movimento. Doherty (2002), por exemplo, considera que se pode falar de movimento ambientalista se este recorrer, sobretudo, a formas de acção directa, pelo que as associações ambientalistas institucionalizadas que optam por acções mais convencionais ficam de fora do movimento ambientalista. Esta é, no entanto, uma definição demasiado restrita porque se cinge às manifestações mais visíveis do movimento, deixando de fora aspectos importantes como o de identidade ou actuação em rede.

A proposta de Rucht (1999: 205) tenta ser mais abrangente ao definir o movimento ambientalista como a rede de organizações não governamentais que procuram, através de uma intervenção social e política – que passa, também, por formas de protesto colectivo –, proteger os recursos naturais da exploração e degradação. Esta definição é mais cuidada ao mostrar que o movimento ambientalista não passa pela identificação com uma ou outra forma de protesto ou com uma ou outra associação ambientalista, mas com a inserção destas em rede, da qual resultará a acção colectiva. Tal definição, contudo, ao contemplar apenas as organizações e grupos não governamentais, acaba por secundarizar a questão da identidade ambiental que vai além da organização formal.

A definição de movimento social proposta por Diani (1995: 5; 2003) colmata algumas destas insuficiências ao percepcioná-lo como uma rede informal e não institucional de interacções que tanto pode incluir indivíduos sem qualquer filiação organizacional como associações com vários graus de formalização, que se ligam entre si por uma identidade ambiental comum e que agem colectivamente. Ao contemplar a noção de rede, identidade partilhada e acção colectiva, esta definição assume-se, na linguagem weberiana, como um tipo ideal a ser, obviamente, testado empiricamente, tendo em conta as coordenadas sociais e políticas consideradas.

3.1. *Alguns diferentes, muitos iguais: a categorização do activismo ambientalista*
A definição atrás adoptada denuncia precisamente a heterogeneidade do movimento. Como refere Melucci, o movimento social é um "fenómeno heterogéneo e fragmentado contendo, internamente, uma multiplicidade de significações, formas de acção e modos de organização e que, frequentemente, consome grande parte da sua energia procurando unir essas diferenças" (1999: 13). De facto, os movimentos sociais devem ser reconhecidos, acima de tudo, pela sua heterogeneidade, pelo que várias tipologias têm vindo a ser propostas para, na medida do possível, dar conta de alguma dessa diversidade e do movimento pendular do activismo ambientalista entre a profissionalização e o voluntariado, entre o convencional e o confronto. Com a ressalva de que estas tipologias não são mais do que categorias teóricas, abordo aqui algumas delas.

Bron Szerszynski (1997) considera que se pode falar, no seio do movimento ambientalista, de grupos sectoriais, paroquiais, monásticos e populares. Os *grupos sectoriais* optam por formas de acção contraculturais e direccionadas para fins específicos, como é o caso da alteração de decisões políticas. Os seus repertórios de protesto são, assim, constituídos, em grande parte, por formas de acção directa e disruptiva. São exemplos destes grupos os que nascem para se opor à construção de uma incineradora industrial ou auto-estrada. O autor fala, também, de *grupos paroquiais*, como a *Greenpeace* ou a WWF, que tendem a combinar formas de acção orientadas para fins específicos com acções convencionais. A participação, aqui, é feita mediante a ligação a uma associação profissionalizada, uma *igreja verde*. Há, também, os *grupos monásticos*, cuja acção é contracultural e orientada para a mudança de valores ou princípios. Os grupos monásticos tendem a ser fechados, criando-se mesmo comunidades, e a

70 MOVIMENTOS NA JUSTIÇA

desenvolver um estilo de vida pautado por um "viver ecológico". Finalmente, Szerszynski fala dos *grupos populares*, típicos das grandes sociedades de consumo, que orientam a sua acção, sobretudo convencional, para a mudança de valores e princípios. O activismo nestes grupos, embora muito flexível, é marcado pelo voluntariado a tempo parcial.

Mário Diani (1989) faz uma distinção entre os *conservacionistas*, que têm posições mais moderadas e que assentam, sobretudo, em lógicas de voluntariado, os *ecologistas politizados* (como, por exemplo, os grupos antinucleares e ecopacifistas dos anos 60 e 80 do século XX) e os *autênticos ambientalistas* (muito presentes em certas organizações italianas e que conjugam o pragmatismo político com o radicalismo libertário).

De acordo com Diani e Donati (1999), os grupos ambientalistas podem ser catalogados segundo a sua mobilização de recursos e os seus repertórios de acção. No que se refere à mobilização de recursos, os grupos ambientalistas podem optar pela mobilização de recursos financeiros para contratar pessoal profissional e especializado; ou, antes, podem enveredar pela mobilização de tempo dos seus constituintes (activismo). Quanto aos repertórios de acção, os grupos podem preferir a acção convencional ou a acção disruptiva. A combinação destes dois eixos resulta, para os autores, em quatro tipos organizacionais dos grupos ambientalistas.[38] O primeiro, lobby *de interesse público (public interest lobby)*, consiste numa organização gerida por pessoal profissionalizado, com fraca cultura participativa e com uma forte inclinação para modos de acção convencionais de pressão e *lobby*. Um outro tipo é a *organização de protesto participativa (participatory protest organization)* que, como o nome indica, assenta num modelo de participação interna e descentralizado. A ênfase é dada às formas de protesto disruptivas. Diani e Donati falam, ainda, de organizações profissionais de protesto *(professional protest organization)*, que, tal como o *lobby* de interesse público, recorrem, sobretudo, ao activismo profissional e à mobilização de recursos financeiros. No entanto, no seu repertório de protesto, estes grupos incluem não apenas tácticas convencionais, mas também de confronto. Finalmente, os *grupos de pressão participativos (participatory pressure groups)* envolvem igualmente os seus membros e simpatizantes na vida da organização, mas centram-se nas técnicas de *lobby* (Diani e Donati, 1999: 16-17).

---

[38] Optei, aqui, pela tradução literal dos tipos organizacionais definidos pelos autores para permitir conservar o enfoque que eles pretendiam ao defini-los.

Como se pode ver, a diferença básica entre as organizações participativas e não participativas diz respeito à relação que a ONG, e a sua direcção, tem com os seus membros. As participativas tendem a envolver os seus membros nas actividades e mesmo na tomada de decisões. As segundas recrutam novos membros com o claro intuito de obter mais recursos financeiros mediante o pagamento de quotas, e o seu envolvimento na vida da organização é feito, essencialmente, mediante o envio de *e-mails*, boletins de informação, actividades realizadas nos tempos livres, etc. Na prática, verifica-se que a maior parte das organizações ambientalistas conjuga estes dois eixos.

Mela, Belloni e Davico (2001: 92) também oferecem um quadro sinóptico dos movimentos ambientalistas segundo o qual se pode distinguir entre movimentos alternativos, moderados e fundamentalistas. Os alternativos, ligados à nova esquerda e ao radicalismo político, têm como objectivos a crítica às sociedades industriais, a superação do capitalismo e transformações sociais profundas. A sua forma de acção privilegiada é a acção directa, mas também o microempreendimento ecologista. É aqui que se encontram grupos ligados ao ecopacifismo e ao ecofeminismo. Os movimentos moderados localizam-se na democracia liberal e visam o proteccionismo ambiental, a conservação dos bens ecológicos, o desenvolvimento sustentável e a estabilidade social. Nos seus repertórios de protesto encontra-se a acção político--institucional, como a actividade parlamentar, campanhas informativas, *lobby*, sensibilização de empresas, etc. Por fim, há os movimentos fundamentalistas ligados ao ecofundamentalismo, ao ecofascismo, ao integralismo religioso e ao tradicionalismo nostálgico. Estes movimentos assentam numa profunda crítica ao antropocentrismo. A ecopedagogia, a recuperação de tradições e a autogestão em microcomunidades são algumas das vias de acção eleitas.

Obviamente que todas as categorias aqui indicadas como exemplos são tipos ideais, pelo que várias associações ambientalistas se encaixam em mais do que uma categoria, podendo mesmo, ao longo do seu tempo de existência, ir alterando o seu perfil de acordo com os objectivos definidos e com o contexto político.

4. O radicalismo no bolso?

A discussão iniciada no ponto anterior sugere que a institucionalização do movimento ambientalista deve ser analisada com cautela. Della Porta e Rucht alertam para o facto de as interpretações no sentido da institucionalização serem, sobretudo, resultado da opção por uma determinada perspectiva de análise no movimento ambientalista. Se, como explicam, as características inovadoras atribuídas inicialmente ao movimento ambientalista se prenderam, em regra, com a oposição, em alguns países, de grupos contra a construção de centrais nucleares, a sua institucionalização está sobretudo ligada à atenção dirigida para as grandes associações ambientalistas que, ao longo dos anos, se formalizaram e para o aparecimento e consolidação dos Partidos Verdes (Della Porta e Rucht, 2002: 1). Do mesmo modo, assiste-se hoje a uma corrente de estudos que tende a considerar que o movimento ambientalista está a conhecer uma revitalização assente em formas de protesto mais confrontacionais e de acção directa porque analisa, basicamente, os chamados movimentos NIMBY (*Not In My Back Yard*) que têm um carácter local e paroquial e que dificilmente são expressão única do movimento ambientalista geralmente considerado.

Nesta esteira, Diani (2000) refere que a evolução do movimento ambientalista, generalizadamente considerado, pode ser analisada mediante, pelo menos, duas hipóteses analíticas. A primeira pressupõe uma evolução cíclica na qual, a partir da década de 1980, sobretudo com o desastre de Chernobyl e com o esmorecimento dos protestos antinucleares, se caminha em direcção a uma progressiva institucionalização do movimento, que apresenta formas de acção cada vez mais rotinizadas e convencionais, em que os grupos informais e de base tendem a desaparecer, e com uma reduzida cooperação entre as várias associações que constituem o movimento (Diani, 2000: 7-8). A segunda hipótese sugere que, mais do que uma evolução cíclica, está a assistir-se a uma permanente e recorrente tensão entre institucionalização e radicalismo (Diani, 2000; Melucci, 1985). De acordo com esta abordagem, não há uma tendência unidireccional para a institucionalização, mas antes a convivência da institucionalização preconizada por alguns actores, sobretudo ONG ambientalistas nacionais, com formas de acção mais visíveis e de confronto levadas a cabo por novos actores informais, espontâneos e de base. Os estudos realizados em diversos países sugerem que a segunda hipótese é mais credível ao mostrarem que a institucionalização, embora se faça sentir consideravelmente, não levou ao abandono completo do protesto radical nem da crítica política. Os diferentes contextos sociais e políticos devem ser trazidos para esta análise.

4.1. *As diferenças entre o Sul e o Norte*
No que se refere à politização do discurso, se, por um lado, a maioria dos movimentos ambientalistas orienta hoje os seus objectivos no sentido da protecção dos habitats naturais, dos bens culturais e ambientais e do desenvolvimento sustentável, por outro, permanecem grupos radicais que consideram que a questão ecológica não se pode encerrar em si mesma, pois faz

parte de uma estrutura geral e, consequentemente, comporta a necessidade de superação do sistema capitalista. Isto é desde logo verdade para os movimentos ambientalistas nos países do Sul, onde as questões ambientais estão muito ligadas às questões económicas e à distribuição de recursos económicos, sociais e políticos. Importa ter presente que nesses países os movimentos ambientalistas assumiram, desde sempre, a luta pela democratização, pelo que as questões ambientalistas estão intimamente relacionadas com outras – como a da sobrevivência económica, dos direitos das mulheres, dos direitos civis, da manutenção da paz, etc. – e incorporam uma crítica mais ampla que não se confina à conservação da natureza. Nas palavras de Hugo Blanco, activista peruano,

> Os ambientalistas ou conservacionistas são simpáticos, um pouco loucos, e o seu objectivo na vida é evitar a extinção da baleia azul ou do panda. As pessoas comuns têm mais em que pensar, como, por exemplo, conseguir o seu pão diário. (...) No entanto, há no Peru muitas pessoas que são ambientalistas. (...) Não é a Vila de Bambamarca, que lutou valentemente contra a poluição das suas águas pelas minas, verdadeiramente ambientalista? Não são verdadeiramente ambientalistas a cidade de Ilo e as aldeias circundantes que estão a ser poluídas pela *Southern Peru Copper Corporation*? Não é ambientalista a aldeia de Tambo Grande quando se levanta com o punho fechado e está pronta a morrer para impedir que a extracção mineira destrua o seu vale? E, também, as pessoas do Vale Mantaro que viram as suas pequenas ovelhas morrerem devido ao fumo da Siderurgia de La Oroya? E a população da Amazónia, que é completamente ambientalista, e morre a defender as suas florestas da destruição. Também as pessoas pobres de Lima, quando se queixam da poluição das águas das suas praias, são ambientalistas (*in* Guha, 2000: 104).

Em muitas das comunidades do Sul, a luta contra a destruição da floresta, a poluição das águas, a extracção mineira, etc. é tanto uma luta ambiental, como uma luta pela sobrevivência e gestão dos seus recursos (Escobar e Pardo, 2004). Mas, na mesma lógica, essa luta pela sobrevivência e gestão dos recursos pode não ir ao encontro de uma luta ambiental. Um exemplo a este nível refere-se às queimadas que são tidas como necessárias para a agricultura e que, apesar de não serem uma prática ambientalista, pelo contrário, serão menos nocivas do que a produção provocada pelo crescimento industrial do Norte no Sul. Assim, se no Norte a construção de um aterro sanitário pode desembocar numa luta significativa sobre o tratamento de resíduos, para os activistas do Sul tal questão pode ser entendida como um pequeno luxo

(Della Porta e Rucht, 2002: 7). As dificuldades de tradução entre estes grupos do Sul e as ONG do Norte pode levar mesmo a que, quer na luta desenfreada do capitalismo pelo lucro, quer na convicção "salvadora" das ONG do Norte, as comunidades locais do Sul saiam com mazelas, tornando-se o que Anna Tsing chama de *out-of-the-way-places* (Tsing *apud* Keck e Sikkink, 1998: 161). Os condicionamentos ao discurso adoptado pelo movimento são determinantes, também, das vias de acção.

As formas de acção das ONG nesses países dependem em grande medida do apoio dado pelas ONG ambientalistas dos países do Norte. O perigo é que, numa lógica neocolonizadora, tal apoio implique, também, a imposição de uma agenda do Norte, distante dos seus verdadeiros problemas e que, consequentemente, afaste os movimentos da população. Não é, pois, de estranhar que os casos de maior sucesso se reportem aos grupos ambientalistas cuja acção primordial passa pelo trabalho com a população indígena (Della Porta e Rucht, 2002).

Em relação ao Norte, também não há uma linearidade na evolução do radicalismo para a moderação, do politizado para o acrítico. Em múltiplos países europeus e nos EUA tem-se verificado uma consciência crescente de que a protecção do ambiente não pode estar confinada a um sector político ou a uma área técnico-científica isolada, com o risco do objectivo final sair amplamente gorado; e que o combate à crise ecológica e a diminuição de problemas ambientais só podem, por isso, ser feitos através de mudanças incisivas em outras esferas socioeconómicas. Têm, assim, emergido vários grupos que associam as questões ambientais a outras preocupações sociais e políticas, recuperando a crítica ao capitalismo, imperialismo e patriarcado como aspectos diferentes da conservação da natureza. São exemplo disso mesmo o movimento pela justiça ambiental, o ecofeminismo, o ecorracismo e a ecoteologia, que têm vindo a constituir vozes alternativas ao ambientalismo *mainstream* nos EUA.[39]

No que se refere aos repertórios de acção, embora na maior parte dos países ditos ocidentais haja uma clara predominância de formas de acção convencionais e moderadas que não implicam confronto, há, ainda, acções disruptivas que ocupam um lugar importante na visibilidade do movimento ambientalista.

---

[39] A evolução e caracterização destas diferentes correntes nos EUA podem ser encontradas em Brulle, 2000.

Vários estudos sobre o movimento ambientalista na Europa vão nesse sentido. Ainda que a título exemplificativo, dá-se aqui conta de alguns deles. Se na Alemanha, Suécia e Holanda o movimento ambientalista se encontra altamente institucionalizado, em países como a Espanha, Itália e Grécia essa institucionalização está ainda numa fase inicial, continuando a registar-se inúmeras acções de protesto mais radicais (mesmo que com menos cidadãos envolvidos). Apesar de toda a evidência que aponta para a institucionalização do movimento ambientalista, nestes e noutros países, pode constatar-se que ele não perdeu a sua capacidade mobilizadora e que o protesto ambientalista, mesmo o de tipo mais confrontacional, persiste.

Na Alemanha, o movimento ambientalista é organizacionalmente diverso, coexistindo grupos ambientalistas criados em várias épocas: no século XIX, após a Segunda Guerra Mundial, nas décadas de 1960 e 70 e, por fim, criados depois da queda do regime comunista.[40] O movimento apresenta-se significativamente institucionalizado, o que pode resultar, em parte, do sucesso do Partido Verde alemão, o mais bem-sucedido na Europa. Neste país, a institucionalização tem contribuído para que várias organizações ambientalistas actuem em parceria com algumas empresas, para uma certa estabilização e para um aumento dos recursos. Ainda assim, alguns estudos referentes à década de 1990 constataram, neste país, um número significativo (cerca de um terço) de protestos radicais (Rootes, 2004: 620).

A Suécia, a par da Dinamarca e da Noruega, foi dos primeiros países europeus a manifestar-se contra a crise ambiental que se fez sentir nos anos 1960.[41] Hoje, o movimento ambientalista, apesar dos numerosos protestos na década de 1990 em torno da construção da ponte entre Malmö e Copenhaga e de novas estradas em Estocolmo, é tido como um dos mais institucionalizados na Europa, fruto de uma cultura política altamente corporativista,[42] intervindo na definição e implementação de políticas ambientais. Os activistas têm vindo a ser rapidamente cooptados como peritos em avaliação de políticas ambientais e, também, para cargos oficiais e governamentais, para partidos políticos, grandes empresas, etc. (Rootes, 2003: 12-13). Hoje são, sem dúvida,

---

[40] Nos finais dos anos 1990, existiam cerca de 120 associações de âmbito nacional e mais de 9000 grupos locais (Rootes, 2004: 628).

[41] Tal pode dever-se ao facto de, neste país, o movimento ambientalista se ter começado a desenhar como um novo movimento social logo nos anos 1950, quando vários jovens organizaram acções de protesto contra a poluição.

[42] Sobre este aspecto, ver Jamison e Ring, 2000.

as grandes associações ambientalistas – *Swedish Society for Nature Conservation* (SNF), *Greenpeace* e WWF –, com perfis mais profissionais, técnico-científicos e com uma acção orientada para resultados específicos, que apresentam um maior sucesso e um número considerável de membros: em conjunto, agregam mais de 450 000 membros, cerca de 5% da população sueca (Jamison e Ring, 2000: 12). Estas e outras associações de âmbito nacional acabam por competir pela angariação de membros, o que encoraja uma crescente divisão de trabalho. É assim que, enquanto a SNF tem como forma de acção privilegiada o *lobbying*, a *Greenpeace* opta por outras formas de protesto mais mediáticas. Não obstante este cenário, está-se também perante a emergência de uma nova vaga de ambientalismo na Suécia que traz consigo uma crítica à sociedade como um todo, que opta por acções directas e radicais, algumas com violência (Rootes, 2004: 621) e que interagem em redes horizontais.

A Holanda é conhecida não só pela sofisticação das suas políticas ambientais, como pelo grau elevado de institucionalização e de mobilização do seu movimento ambientalista.[43] A maior parte dos 96 grupos tem a seu cargo acções convencionais, como o *lobby*. Na segunda metade dos anos 1990, começaram, contudo, a emergir acções radicais ligadas a uma nova vaga do ambientalismo. As várias ameaças de bomba em restaurantes McDonalds reivindicadas pela *The Earth Liberation Front* e o fogo posto em quintas pela *Animal Liberation Front* são exemplos disso mesmo.

A forte institucionalização do movimento ambientalista nos três países enunciados não é indiferente às oportunidades que o contexto político oferece. O facto de estes países possuírem um Estado forte e centralizado leva a que, mesmo sem acesso formal ao centro de tomada de decisões, os grupos ambientalistas tenham um acesso significativo através do *lobby*, que é, em última análise, um canal relativamente formalizado de acção política. Como activistas e membros do governo interagem frequentemente e com alguma intensidade, há uma tendência significativa para se adaptarem mutuamente ao nível da organização, discurso e estratégias de acção.

Já em França, que também tem um Estado forte, a participação do público em formas de protesto nas diferentes arenas sociais não se tem reflectido no protesto ambiental. Embora haja uma propensão para acções confrontacio-

---

[43] Durante a década de 1990, o número total de associações ambientalistas com mais de 100 membros aumentou de 47 para 96, sendo o número total de associados 3 700 000. A maior parte dos associados está concentrada nas três grandes associações do país: *Greenpeace*, WWF e *Natuurmonumenten* (van der Heijden, 2000).

O MOVIMENTO AMBIENTALISTA: TRAJECTÓRIAS E ESTRATÉGIAS   77

nais e mesmo violentas, a descentralização do Estado tem possibilitado ao movimento oportunidades de institucionalização, promovendo parcerias com organizações estatais (Rootes, 2003: 10).

O movimento ambientalista na Grã-Bretanha tem vindo, igualmente, a ser apontado como altamente institucionalizado, havendo um pequeno número de associações ambientalistas nacionais, como a WWF, a FoE ou a *Greenpeace*, que detém um poder significativo.[44] A crescente consolidação de grande parte dessas associações e o seu acesso, ainda que nem sempre formal, aos centros de decisão conduziram a um tal comodismo que dificilmente se poderia prever a emergência de acções radicais. Contudo, no início da década de 1990, surgiu uma vaga de acção directa levada a cabo por grupos descontentes com a actuação apática dessas associações. Além do mais, se algumas associações tenderam para a institucionalização e moderação do seu repertório de protesto, como a FoE, outras têm vindo a alargar o seu espectro político de actuação (Rootes *et al.*, 2000: 18).

Noutros países, como já se referiu, a institucionalização não é uma característica marcante do movimento ambientalista. Em Itália, como na maior parte dos países, o movimento conheceu uma grande expansão na década de 1980.[45] O mesmo se verificou com o número de protestos de massa nesse período. No entanto, a década de 1990 trouxe consigo uma decrescente capacidade de mobilização, visível no resultado dos dois referendos realizados em 1990 sobre o uso limitado dos pesticidas e a abolição da caça. Apesar do apoio sentido relativamente aos dois temas, o resultado não foi vinculativo, com menos de 50% dos eleitores a votar, saindo vitoriosas as associações de caçadores e de empresários agrícolas. Nos últimos anos, o movimento ambientalista, ainda que permaneça fortemente politizado, tem passado por um processo de institucionalização crescente cujos traços mais marcantes são a divisão do trabalho entre as grandes associações e o recurso maioritário a formas de acção convencionais, como o *lobby*, a litigação judicial e as conferências de imprensa (Diani, 2000). De sublinhar que, embora registe uma percentagem

---

[44] O número de membros das associações ambientalistas duplicou após 1991 e continuou em crescimento durante a década de 1990 (Rootes, 2004: 628). Em 1998, quase 20% dos britânicos afirmavam ser membros de pelo menos uma associação ambientalista (Rootes *et al.*, 2000).

[45] Entre 1983 e 1988, os membros das seis maiores associações italianas – *Legambiente, Itália Nostra*, WWF, *Lega Italiana Protezione Uccelli, Liga per l'abolizione della caccia* e *Lega Anti Vivisezione* – aumentaram 250% (Diani, 2000: 2).

significativa de acções violentas, a Itália é o caso mais evidente de domesticação do radicalismo ambiental. Os protestos ambientais a nível nacional começaram a ser controlados por grupos bastante institucionalizados na sua forma de agir e os casos de protesto com violência não aparecem associados a nenhuma das grandes ONG. Mas, se as associações mais importantes definem a agenda do movimento, não o controlam totalmente, havendo espaço para a actuação de grupos autónomos com um perfil de actuação mais radical.

O movimento ambientalista em Espanha, tal como aconteceu em Portugal,[46] tardou a aparecer devido à longa ditadura de Franco (1939-1977). Mas a sua actuação na década de 1980 levou a que rapidamente se afirmasse como interlocutor legítimo para o ambiente e ganhasse alguma influência política. Como resultado, durante a década de 1990 assistiu-se à proliferação de novos grupos ambientalistas e de associados. Não obstante, ao contrário de outros países da Europa Ocidental, o aumento de associados[47] não teve grande expressão no movimento como um todo, faltando-lhe, por isso, os recursos para consolidar e expandir a sua presença na esfera social e política (Jiménez, 2000). No movimento ambientalista deste país tem-se verificado uma crescente especialização e divisão de trabalho entre as diferentes associações ambientalistas, bem como protestos mais moderados. Na década de 1990, a maioria das acções levadas a cabo pelos grupos ambientalistas foi dirigida para os média, seguindo-se a participação em processos administrativos, políticos e judiciais (Jiménez, 2000: 22).[48] Ainda assim, o recurso maioritário ao voluntariado, a emergência de inúmeros grupos ambientalistas locais, com um carácter mais informal e espontâneo, e os avanços e retrocessos na abertura do Estado ao movimento ambientalista têm evitado a institucionalização do movimento.

Os países da Europa Central e do Leste apresentam algumas especificidades interessantes no que concerne ao movimento ambientalista. Muitos dos grupos ambientalistas existentes já estavam activos antes de 1989, inclusive em países mais repressivos como a Bulgária ou a Roménia, e pretendiam, sob a capa da conservação da natureza, mudanças políticas profundas. Com a queda

---

[46] Ver Capítulo III.

[47] Em 1993, apenas 35% da população adulta em Espanha afirmava pertencer a algum tipo de associação (Jiménez, 2000: 11).

[48] Ao olharmos, por exemplo, para a *Greenpeace* em Espanha, verificamos que, no período entre 1988 e 1991, a percentagem de protestos disruptivos em que esta associação esteve envolvida decresceu 60% (Jiménez, 2000: 23).

do regime comunista, o movimento ambientalista tornou-se mais diversificado e autónomo, sem preocupações de camuflar as suas reais preocupações. Durante o colapso do regime comunista, os grupos ambientalistas e as lutas que personificavam conseguiram uma forte adesão da população, já que eram vistos como expressão de democracia e de participação-cidadã. Tal traduziu-se num crescimento e desenvolvimento do movimento. Aproximando-se mais, quer no seu discurso, quer nas suas tácticas, do movimento ambientalista ocidental, as associações dos países da Europa Central e de Leste deixaram de se fazer sentir apenas pelas suas demonstrações de massa nas ruas, para começar, com alguma eficácia, a dialogar e a exercer pressão junto do governo, indústria e comunidade (Bell, 2004).[49] Alguns autores alertam, no entanto, para que aquilo que aparenta ser uma tendência crescente para a institucionalização do movimento dever ser analisado mediante uma óptica que não a utilizada nos países da Europa Ocidental.

Nestes países, o abandono do radicalismo e o recurso a acções mais convencionais, que se sentiram no início da década de 1990, não foi sinal de um maior acesso das associações e ONG ambientalistas aos canais de decisão política. Pelo contrário, a falta de recursos e de apoio político afastava-as dessa esfera. Após a exaltação no período pós-revolucionário e de transição, o ambiente deixou de ser uma prioridade para o governo e para a população. Entre 1992 e 1996, sentia-se, para além da falta de recursos e de uma certa marginalização política, um forte desinteresse dos cidadãos para com as questões ambientais devido, possivelmente, a uma sociedade civil fraca marcada ainda pelo domínio comunista (Fagin, 2000: 148-149). Ora, tal agravou consideravelmente a falta de financiamento, sendo necessário combater este problema em várias frentes: através da ligação de associações nacionais com ONG internacionais, como a FoE, a *Greenpeace* ou a WWF; mediante o recurso aos donativos dos contribuintes através dos impostos que pagam; ou pela prestação de serviços, para o governo, indústria ou mesmo União Europeia (Bell, 2004: 197-198).

O recurso a acções mais convencionais neste período prende-se, igualmente, com o receio da população em relação ao radicalismo, legado de quarenta anos de repressão comunista sobre as atitudes e valores políticos.

---

[49] A autora dá como exemplo um pequeno grupo ambientalista eslovaco que tem tido muito sucesso na pressão que exerce junto do Parlamento, tendo já apresentado vários casos no Tribunal Constitucional.

MOVIMENTOS NA JUSTIÇA

Verifica-se, hoje, que várias destas ONG adquiriram um certo grau de profissionalização e têm já uma maior influência e acesso aos processos políticos. Muitas são dirigidas por uma elite de peritos altamente qualificados e bem preparados para interagir com o poder e já não por inexperientes estudantes com aspirações ideológicas e utópicas (Fagin, 2000). Parece, contudo, haver ainda espaço para o radicalismo no protesto. Como o caso da República Checa mostra, tem havido uma tendência, ainda que lenta, para as ONG ambientalistas começarem a combinar, nos seus repertórios de protesto, acções mais convencionais com acções radicais[50] (Fagin, 2000: 125).

4.2 *ONG, grupos populares de base e radicalismo*

Os diversos estudos empíricos consultados indicam, como se pôde ver, que a institucionalização sobre a qual tanto se escreve não é completa nem tão pouco incontestada. Enquanto na década de 1990 uma parte significativa do movimento ambientalista ocidental se tornou convencional, afastando-se das características de um novo movimento social, uma nova vaga de ambientalismo mais radical que começa a emergir afasta-se das características desse convencionalismo. Uma explicação centra-se no progressivo abandono por parte dos activistas mais radicais da passividade inerente ao movimento ambientalista. À medida que deixou de recorrer a métodos mais radicais e até violentos de acção e se deslocou para a mesa de negociações com o poder, o movimento ambientalista deixou livre uma parte do espaço público que ocupava e que foi sendo, progressivamente, preenchida por grupos mais radicais cujas vias de acção escapam à familiaridade e que defendem o retorno ao seu passado de confronto.[51] Como Dave Foreman, fundador da *Earth First!*, dizia:

> Demasiados ambientalistas vieram a parecer-se com burocratas – pálidos devido a muita luz artificial; fracos por estarem sentados tanto tempo atrás das secretárias; cooptados por demasiados políticos. (...) Chegou o tempo de traduzirmos

---

[50] Uma campanha da *Greenpeace* na República Checa contra a fábrica *Syntesia*, em Pardubice, que conseguiu um enorme apoio por parte dos cidadãos, passou por uma visita guiada ao rio, na qual foi servida à população, em copos de vinho, a água poluída devido às descargas dessa fábrica, para que todos a pudessem cheirar (Fagin, 2000: 152).

[51] Esta corrente no interior do movimento ambientalista, que se desenhou inicialmente nos EUA, é entendida por muitos como um novo movimento religioso no qual a natureza é percepcionada como o sagrado, sendo qualquer acção que atente contra o ambiente um acto profano (Taylor, 1998: 1).

os métodos não-violentos de Gandhi e de Martin Luther King para o movimento ambientalista. Temos de colocar os nossos corpos entre as escavadoras e as florestas tropicais; permanecer lá como parte da natureza na sua defesa; entupir as engrenagens das máquinas poluentes; e, com coragem, opormo-nos à destruição da vida (*in* Guha, 2000: 83-84).

Apesar de a ideia inicial ser, como se viu, o recurso a métodos pacíficos, muitos grupos recorrem progressivamente a actos marcados por alguma violência, como é o caso da *Earth Liberation Front*, criada como reacção à decisão da *Earth First!*, em meados da década de 1990, de renunciar a acções violentas. Embora sejam raros os casos que envolvem atentados à vida humana, as acções mais radicais protagonizadas por estes e outros grupos, como ameaças de bomba, cortes de estrada, agressões físicas individuais e sabotagens fabris, têm levado a que estes colectivos sejam temidos, quer pelos governos, quer pelas empresas. A apreensão de vários manuais de sabotagem e panfletos ameaçadores aos perpetradores destas acções de grupos ambientais, bem como as declarações simpatizantes relativamente a estes grupos por aquele que ficou conhecido como *Unabomber*,[52] contribuíram para catalogar a sua acção como ecoterrorismo. Com a crescente deterioração ambiental e desresponsabilização estatal, prevê-se um aumento considerável destes grupos e das suas acções, já que consideram que a defesa do ambiente tem de ser célere, imponente e violenta, tal como a sua degradação tem sido. Esta seria, portanto, uma reacção à institucionalização de um amplo sector do movimento ambientalista.

Uma outra explicação para a emergência de focos de radicalismo prende-se com a emergência de grupos locais que se mobilizam para resistir à imposição de medidas que ameacem a sua qualidade de vida ou, mesmo, saúde. Estes grupos tendem a ser inseridos no ecologismo dito NIMBY, acrónimo da expressão *Not in my backyard – no meu quintal, não*. Durante a década de 1970, nos EUA, e, mais tarde, nas de 1980 e 1990, um pouco por todo o mundo, observou-se o aparecimento de diversos grupos de protesto locais independentes ou, pelo menos, com uma ligação fluida às organizações ambientalistas, que incidiram sobre um leque abrangente de temas. Estes grupos são, não raras vezes, percepcionados negativamente pois considera-se que

---

[52] Durante a sua audiência, Theodore Kaczynski, o *Unabomber*, disse que "qualquer um que leia os jornais dos ambientalistas radicais e anarquistas irá ver que a oposição ao sistema industrial e tecnológico está disseminada e em crescimento" (Taylor, 1998: 1).

reduzem o ambientalismo à sua defesa local. Certo é que os NIMBY surgem, frequentemente, na sequência de uma decisão tida como perigosa e/ou injusta, como tratamentos de resíduos tóxicos ou centrais nucleares, e, por isso, têm fomentado a ligação do ambiente a outras questões, desde logo com a saúde pública, com a justiça social[53] e com o sistema económico, contribuindo para uma maior consciência ecológica.

Jamison (2001) considera que as mobilizações populares locais se inserem num "ambientalismo comunitário", uma expressão dos primeiros grupos ambientalistas que emergiram na década de 1960 e 70, antes da sua expansão e consolidação, e que levaram a que, um pouco por todo o lado, fosse possível começar a falar-se em movimento ambientalista. Segundo o autor, é possível definir um conjunto de aspectos comuns às formas de protesto deste tipo de ambientalismo. Um deles é o facto de mobilizarem muitas pessoas cujo único contacto com a política e com a participação se reduz, em regra, às eleições. Como consequência, a sua constituição é mais heterogénea do que muitas associações ambientalistas, em especial as de âmbito nacional, que, já se referiu, acabam por recrutar voluntários com um determinado perfil socioeconómico. Um segundo aspecto concerne à sua especificidade: focam-se em casos específicos de degradação ambiental e são, geralmente, informais e efémeros. Obviamente que o protesto pode ser revitalizado, deslocando-se para outra questão ou retornando à mesma questão e pode, do mesmo modo, surgir a formalização do grupo e a sua institucionalização. No entanto, em regra, estes grupos dissipam-se com a resolução do problema e raramente transcendem o seu carácter paroquial, pelo que não provocam mudanças profundas no plano das relações sociais. São formas de protesto locais que não têm a força necessária para introduzir modificações duráveis nas relações sociais e que têm apenas a duração do protesto, não podendo ser, para alguns autores, verdadeiramente chamadas de movimentos sociais (Goodwin e Jasper, 2003: 3).[54] Um terceiro aspecto prende-se com a necessidade de articulação entre conhecimento local e conhecimento global, embora o primeiro seja, na grande maioria das vezes, canibalizado pelo segundo:

---

[53] Em alguns países, como nos EUA, estes grupos constituíram-se mesmo como uma corrente alternativa no movimento ambientalista, inserindo-se no que ficou conhecido por movimento de justiça ambiental.

[54] O que acontece em alguns casos é que muitas formas de protesto colectivo mais espontâneas e alguns NIMBY são cooptados por ONG que os aconselham e ajudam na definição de uma acção mais estruturada e continuada.

A diferenciação entre estes dois tipos de conhecimento, encarados como «rivais», assenta no pressuposto de que existem formas de saber que, pela forma como são construídas, são independentes das contingências e das limitações associadas às formas locais de conhecimento, sendo assim considerados como conhecimentos de carácter universal, globalmente impostos às restantes formas de conhecimento. Esta separação, fortemente associada a uma concepção moderna de conhecimento, assente na separação entre ciência e senso comum, permite a desvalorização dos conhecimentos locais, disfarçando-os de manifestações pontuais, pelo que, em contextos de confronto de conhecimentos, estes tendam a ser considerados como formas não legítimas de saber (Matias, 2004).

Por fim, os repertórios de protesto tendem a ser mais radicais, dirigidos contra o Estado e a ocorrer fora da esfera institucional, direccionando a sua luta para os média com vista à obtenção de legitimidade no espaço público (Nave, 2003: 210).

Parece, assim, que à medida que determinado sector do movimento ambientalista sai de cena enquanto actor político, um conjunto de novos actores emerge no mundo da política ambiental trazendo consigo uma capacidade de crítica radical ambiental que se julgava perdida e colocando desafios constantes às arenas políticas convencionais.

5. Por onde poderá seguir o activismo ambientalista?

O movimento ambientalista tem-se consolidado como um dos mais importantes movimentos sociais, o grande sobrevivente dos movimentos sociais que surgiram nos anos 1960. Para alguns autores, aliás, este movimento não apresenta, ao contrário de outros, sinais de debilidade:

> O movimento ambientalista é uma criança dos anos 1960 que se manteve no seu curso (...). O movimento ambientalista recusou desaparecer e, alguns dirão, recusou crescer, mantendo o vigor e a intensidade, mas também a impaciência e intolerância de um movimento sempre jovem (Guha, 2000: 1).

O sucesso do movimento é difícil de aferir,[55] mas há vários factores que contribuem para a imagem de sucesso do movimento ambientalista, em

---

[55] É necessário ter em conta que o sucesso do movimento ambientalista é difícil de medir, talvez mais do que em relação a qualquer outro movimento. Desde logo, porque

84 MOVIMENTOS NA JUSTIÇA

particular a protecção de florestas e áreas selvagens; a criação de políticas e legislação ambiental eficazes; o crescimento do número de associados e simpatizantes de grande parte das associações ambientalistas; a multiplicação de grupos ambientalistas; a aquisição de conhecimento científico e a inserção de peritos nos quadros da associação; o apoio e a simpatia da opinião pública para com o ambiente, que tem vindo a contribuir, em diversos países, para que surjam mais leis de protecção ambiental ou para que as existentes sejam efectivamente cumpridas; e, finalmente, a transnacionalização do movimento, através da formação de alianças e redes, considerando muitos que este é o movimento social que melhor actua em rede (Keck e Sikkink, 1998; Guha, 2000; Wapner, 2003).

Mas se o movimento ambientalista tem tido algum sucesso no seu crescimento e consolidação, na contribuição para a efectivação de políticas ambientais e para a imposição das questões ambientais na agenda política, o seu objectivo final, evitar a degradação ambiental, tem saído gorado. Basta olhar à nossa volta para facilmente se constatar que a degradação ambiental persiste e se agrava a cada dia: a destruição das florestas tropicais, o buraco da camada de ozono, a contaminação da água em vários países do Sul, o aquecimento global, a destruição de habitats e a extinção de espécies, os resíduos e as descargas ambientais, as chuvas ácidas, etc. No que se refere ao Sul, importa ainda ter em atenção que, não obstante batalhas ambientais ganhas, a ideia de sucesso terá de ser relativizada já que, em vários destes países, as preocupações ambientalistas pelo planeta são, muitas vezes, sentidas como uma estratégia que visa a continuação da heterodeterminação do Sul e reafirma os direitos de soberania internacional sobre as riquezas e recursos dos países em vias de desenvolvimento, garantindo, assim, o bem-estar económico do Norte (Mela *et al.*, 2001: 98-99).

Deste modo, se algum sucesso alcançado pelo movimento ambientalista criou um clima de optimismo em relação à protecção do ambiente e à criação de uma consciência ecológica, tais vitórias, por serem residuais, localizadas e esporádicas, acabaram por ter um efeito mais simbólico do que, propria-

---

qualquer política ambiental só tem efeitos visíveis a longo prazo. E, depois, porque a degradação ambiental esconde pequenas conquistas em torno da defesa do ambiente que são muito significativas e que não existiriam se não fosse pelas actividades do movimento. É, também, complicado, senão impossível, abraçarmos quaisquer dados estatísticos que comprovem a qualidade do ambiente e a sua relação com a acção do movimento (Rucht, 1999).

mente, a transformação social e a emancipação social desejadas. São, sobretudo, microconquistas que apenas são formas de emancipação no imaginário das pessoas e grupos (Carvalho, 2004: 203).

Pode, pois, afirmar-se que o sucesso do movimento tem de ser balizado em termos da clivagem entre reforma e revolução:

> É a clivagem entre os que pensam que um outro mundo é possível através da transformação gradual do mundo injusto em que vivemos, mediante reformas legais e mecanismos de democracia representativa, e os que pensam que o mundo em que vivemos é um mundo capitalista que nunca tolerará reformas capazes de questionar ou de perturbar a sua lógica de funcionamento (Santos, 2005: 89).

Ou seja, para aqueles grupos que consideram que o sucesso depende da alteração completa do sistema económico e sociopolítico em que vivemos, será difícil medir as vitórias alcançadas. Esta clivagem tem influência em todo o percurso do movimento e na escolha das suas estratégias e tácticas.

5.1. *A escolha das tácticas: entre o radicalismo e a institucionalização*

Este ponto não tem como objectivo fornecer qualquer fórmula de sucesso para o movimento ambientalista, mas tão-somente analisar criticamente a discussão que tem vindo a ser feita na literatura sobre as vantagens da institucionalização e os benefícios do radicalismo. Pretendo, pois, com esta discussão chegar ao meu objectivo primeiro: enquadrar o recurso ao direito na luta do movimento ambientalista.

O esquema seguinte[56,57] esboça uma proposta do impacto que o movimento ambientalista pretende ter e dos factores que condicionam as suas tácticas.

---

[56] Embora inspirado num esquema proposto por Rucht (1999: 214), este incorpora componentes e fluxos não previstos inicialmente por aquele autor.

[57] Este esquema refere-se mais à actividade global do movimento ambientalista do que a campanhas específicas com objectivos pontuais.

86 MOVIMENTOS NA JUSTIÇA

FIGURA II.1. Impactos do movimento ambientalista

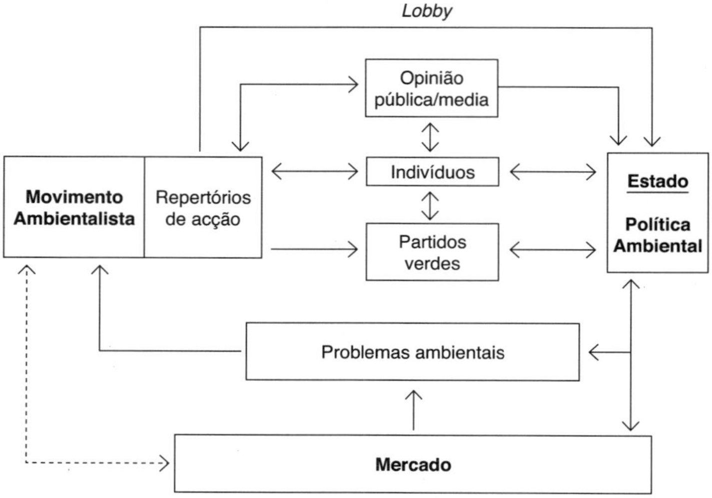

O ponto de partida e o de chegada do modelo são os problemas ambientais (respectivamente, a sua percepção e a sua resolução ou diminuição). Os problemas ambientais têm de ser percepcionados e avaliados pelo movimento, sendo aqui fundamental o recurso ao conhecimento científico, amplamente considerado. O estado das políticas ambientais, o seu número e a sua efectiva concretização, constrangem, à partida, a emergência desses problemas, minimizando-os ou não. As mesmas políticas podem, com maior ou menor eficácia, influenciar a actuação do Mercado, através do comportamento das suas empresas e indústrias, o que, por sua vez, vai ter um impacto nos problemas ambientais (veja-se, por exemplo, o princípio do poluidor-pagador). O movimento ambientalista vai, então, directamente através do *lobby*, e/ou indirectamente através dos partidos verdes, da opinião pública e dos indivíduos exercer influência sobre o Estado de modo a que este defina e desenvolva novas políticas ou torne mais eficazes as já existentes. Esta luta pode ser nacional ou global. Se bem que o movimento ambientalista seja tido como um movimento que tem feito um percurso importante no sentido da sua internacionalização, de que é exemplo máximo a *Greenpeace*, muitas das lutas acabam por assumir uma dimensão mais nacional ou local do que verdadeiramente global. Com efeito, embora alguns grupos considerem que as lutas devem ser globais, uma vez que o Estado é ele próprio transnacional, outros defendem que apenas as lutas locais e nacionais têm resultados reais (Santos, 2005: 93). As campanhas ambientais globais são complexas porque o problema é global, mas há culpados específicos em cada uma delas e apontar o dedo ao capitalismo neoliberal acaba por ser uma luta contra um inimigo que, por ter muitos rostos, se torna invisível. Certo é que actualmente é complexo considerar as duas escalas separadamente. É assim que uma luta nacional pode implicar o recurso à União Europeia ou influenciar a política levada a cabo pelo Banco Mundial.[58]

São muitas as dificuldades quando se procura influenciar o Estado e as instituições que vão ao encontro da governação global. Já no que se refere aos partidos Verdes, as relações são mais intensas pois foram criados no âmbito do movimento ambientalista e encontram-se no domínio do Estado. Quanto aos média, esta é uma relação instrumental que dependerá, em larga medida, do assunto tratado, da visibilidade das formas de protesto e da intensidade das relações entre ambos. O movimento ambientalista também exerce influência directa sobre os cidadãos, ao tentar que estes adquiram uma maior consciência ambiental, e, em alguns casos, sobre o mercado, através da prestação de serviços, da realização de protocolos que tornem as empresas menos poluentes ou, ainda, através da criação de um mercado verde em que as próprias associações ambientalistas comercializam produtos. Contudo, é conhecida a dificuldade em se mobilizarem e em se sensibilizarem para as questões ambientais quando estas parecem não os afectar directamente. Praticamente todos os actores aqui representados irão ter uma influência na organização do movimento e no seu repertório de protesto, designadamente através da filiação dos indivíduos nas associações ou na criação de oportunidades políticas de participação nas tomadas de decisão.

Os fluxos e o sucesso da influência exercida dependerão significativamente do repertório de protesto do movimento. Desse repertório fazem parte várias tácticas, entre elas o trabalho e a articulação, através do *lobby* ou da peritagem, com burocratas, decisores políticos e legisladores; angariação de fundos e a sua canalização para actividades de conservação da natureza e grupos locais;

---

[58] Algumas redes transnacionais ambientalistas têm vindo precisamente a adoptar como estratégia a aproximação e a obtenção de influência junto de actores e instituições cujas decisões são fundamentais. Uma dessas estratégias é a criação de documentos científicos próprios. Se tal não lhes dá um poder incontestável junto de Estados ou organizações multilaterais, como o Banco Mundial, estas entidades também não podem pura e simplesmente ignorá-los (Keck e Sikkink, 1998).

organização de campanhas de alerta e educação ambiental; protestos públicos; promoção de cobertura mediática sobre questões ambientais; litigação judicial; monitorização da implementação de leis ambientais; disseminação de informação; desenvolvimento de projectos científicos; aquisição de propriedades e sua gestão ambiental; trabalho no terreno com populações locais; manifestações; acções violentas; greves; e boicotes.

A sua escolha, longe da irracionalidade defendida pelas teorias da multidão, é determinada por vários factores. Na esteira da teoria da mobilização de recursos, Charles Tilly (1995) considera que os movimentos sociais têm ao seu dispor, em cada momento da história, um conjunto limitado de tácticas, inseridas no que ele chama repertório de protesto. Os activistas escolhem as tácticas de entre esse conjunto limitado predefinido e fazem-no de acordo com o seu *know-how* e especialização. Segundo esta definição, uma ONG opta pelo recurso a tribunal se algum dos seus membros já teve previamente alguma experiência bem-sucedida a esse nível, explicando-se o porquê de grandes associações como a *Greenpeace*, que usam frequentemente os tribunais, terem os seus próprios advogados. Mas, se o à-vontade dos activistas com determinadas formas de acção é uma dimensão que não pode ser ignorada,[59] esta não é exclusiva. Desde logo, porque os repertórios variam consoante o objecto de luta. Como defende Rootes (2004), os protestos mais disruptivos estão relacionados com problemas que implicam uma resolução urgente como, por exemplo, a construção de centrais nucleares. Estes assumem-se como jogos de soma zero em que não pode haver compromisso possível: ou é construída ou não é; não há soluções intermédias. A conservação da natureza *per se* acaba por mobilizar um repertório de protesto menos disruptivo e mais moderado.

Também o tipo de Estado influencia a constituição do movimento e a sua força. É assim que embora os Estados autoritários tenham sempre sido mais condescendentes com o movimento ambientalista do que com qualquer outro, certo é que este movimento tende a desenvolver uma crítica politizada ao ambiente apenas em Estados democráticos. Mesmo nas democracias, é nos Estados mais fortes que se encontra um leque mais amplo de oportunidades

---

[59] Saul D. Alinsky (2003), ao definir 13 regras fundamentais para a escolha de qualquer táctica, considera que não só o movimento deve evitar recorrer a tácticas que não sejam familiares aos seus membros, porque tal leva à confusão e consequente ineficácia, como também não deve recorrer a tácticas em relação às quais os oponentes tenham mais experiência. Ver ainda Barker *et al.* (2001) e Morris e Staggenborg (2004), que abordam a questão da liderança na constituição e percurso dos movimentos sociais.

formais de participação na definição de políticas para os movimentos sociais. Esta não deixa de ser uma perspectiva *nortocêntrica*, já que, nos países do Sul, os activistas raramente fazem as suas reivindicações num contexto de apoio ou de grande abertura política. Também em muitos desses países os canais formais de resolução de conflitos e de expressão de indignação e descontentamento, como os tribunais, são frágeis e corruptíveis e de difícil acesso. É, portanto, necessário atender a outras componentes, designadamente culturais, como a relação com os média e com a opinião pública, que têm uma relevância maior do que Tilly (1995) e a teoria da mobilização dos recursos estão dispostos a admitir.

Não é possível ignorar, ainda, que a constituição desses repertórios pressupõe uma dimensão moral – os activistas têm de se sentir bem com a forma de acção escolhida, de gostar de a realizar e de sentir que a podem desenvolver de uma forma criativa e inovadora – e estratégica – têm de avaliar essa forma de acção como eficaz (Jasper, 1997: 237). Deve, portanto, evitar pensar-se que a escolha das tácticas é neutra; raramente o é. Essas opções representam rotinas importantes que, de uma forma emocional, moral e/ou estratégica, transparecem da própria vida dos que protestam e dependem de inúmeros factores, tais como a necessidade de manter os membros do movimento mobilizados, o contexto em que a luta ocorre, as acções do "outro" percepcionado como rival, factores internos à organização do próprio movimento, etc. (Jasper, 1997: 237-240).

Por fim, a teoria da mobilização de recursos não atende à identidade política dos actores colectivos e não vê nas suas acções a criação de novos significados, organizações, identidades e espaços sociais (Cohen, 1985; Melucci, 1985; 1999; Crossley, 2002). Alguns grupos rejeitam à partida certas formas de acção porque não fazem parte da sua identidade.[60] ONG como a *Greenpeace* e a FoE têm um amplo e diversificado repertório de protesto do qual seleccionam a estratégia que consideram ser a mais adequada para alcançar o objectivo específico de luta. Note-se, contudo, que este repertório está, cada vez mais, repleto de tácticas convencionais de acção. Estas facções do movimento têm, portanto, uma identidade instrumental e consideram que os meios estatais podem ser usados para alcançar certos objectivos. Já uma outra facção, que assume uma identidade essencialmente contracultural, como a *Earth*

---

[60] É por esta razão que certos activistas não participam em formas de protesto que recorram à violência.

90   MOVIMENTOS NA JUSTIÇA

First! (Hilson, 2002: 241), tende a seleccionar acções directas que implicam um confronto com os seus oponentes, recusando formas de acção institucionais como a litigação judicial:

> De um lado estão os movimentos que acreditam que as lutas legais, baseadas no diálogo e no compromisso com instituições do Estado ou agências internacionais, são ineficazes porque o sistema jurídico e político do Estado e as instituições do capitalismo são impermeáveis a quaisquer mediações legais ou institucionais capazes de melhorar efectivamente as condições de vida das classes populares. (...) As classes populares não têm mais armas senão a pressão exterior sobre o sistema. Se elas não se arriscam estão condenadas à partida. Os apoiantes das lutas institucionais, pelo contrário, assumem que o sistema é contraditório, uma relação social e política em que é possível lutar e onde o fracasso não é o único resultado possível (Santos, 2005: 94).

Claro que numa só luta o movimento pode recorrer a diferentes formas de acção, agir em inúmeras arenas, consoante a etapa em que o conflito se encontra. Usualmente a literatura sobre os movimentos sociais indica que a tendência é para que as estratégias iniciais sejam mais moderadas, assistindo-se a uma radicalização à medida que o conflito se agudiza (Della Porta e Rucht, 2002: 8).[61]

Em síntese, um conjunto de factores contribui para que certas vozes argumentem que o sucesso do movimento ambientalista passa pelo recurso crescente a tácticas mais convencionais e institucionais, e que outras apontem esse recurso como o óbito do movimento.

---

[61] O conflito pode tornar-se violento quando todos os canais de acesso à informação e às tomadas de decisão são fechados. Em Inglaterra, por exemplo, ficou famosa a luta contra a construção de uma estrada em Twyford Down. A derrota deste caso no tribunal e o insucesso da queixa apresentada na Comissão Europeia levou a que os activistas considerassem que era necessário o recurso a formas de acção directa e de confronto. Se, inicialmente, estas eram pautadas por uma certa contenção, o envolvimento de associações como a *Earth First!* rapidamente elevou o grau de radicalismo do protesto. Este caso foi paradigmático, para os grupos mais radicais, de que as acções mais convencionais levadas a cabo pela *Greenpeace* e FoE comprometem os objectivos políticos do movimento ambientalista como um todo (Hilson, 2002: 246).

5.1.1. Vozes que defendem a institucionalização

Segundo esta perspectiva, a institucionalização tem fomentado, na maior parte das sociedades ocidentais, a criação de um novo espaço público que vai ao encontro da noção de espaço público intermédio defendida por Melucci,

> A função [do espaço público] não é institucionalizar os movimentos nem transformá-los em partidos mas, sim, fazer a sociedade ouvir as suas mensagens e traduzi-las para o processo político de tomada de decisões, enquanto os movimentos mantêm a sua autonomia (1985: 815).

Pode dizer-se que este espaço de actuação se assume como uma alternativa ao Mercado e ao Estado (Eder, 1996b) e já não se encontra apenas na Comunidade.

FIGURA II.2. Localização do Movimento Ambientalista

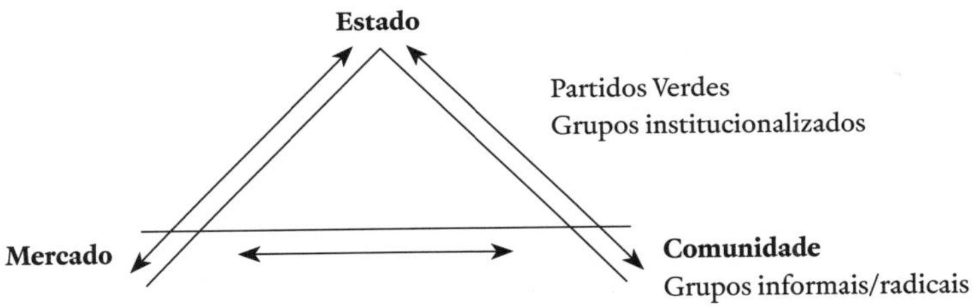

Se se atender aos três pilares constitutivos da sociedade (Santos, 1997) – Estado, Mercado e Comunidade –, verifica-se que o Mercado se revelou, por si só, incapaz de zelar pela protecção do ambiente, o que levou a que o Estado, reforçando a sua capacidade reguladora e sancionatória, definisse e impusesse regras de actuação aos actores privados. Mas o Estado também não conseguiu exercer esta função eficazmente, abrindo espaço para a actuação de outros actores: as associações ambientalistas. Ao procurar preservar o ambiente como um bem comum e colectivo, o movimento ambientalista contribuiu para que o Estado perdesse o monopólio da representação dos interesses colectivos (Eder 1996b; Nave e Fonseca, 2000a). Se, inicialmente, a actuação do movimento se restringia à esfera da Comunidade, com a sua transformação institucional e profissionalização esta localiza-se agora mais acima, entre a Comunidade e o Estado, embora ainda abaixo dos Partidos Verdes, nos países onde eles existem (Figura II.2). O afastamento entre estes grupos e o Estado é, consequentemente, mais aparente do que real, já que as suas revindicações:

> Acabam sempre por se traduzir numa exigência feita ao Estado e nos termos em que o Estado se sinta na contingência política de ter de lhe dar resposta. Aliás, a prova disso mesmo é que os NMSs não raro jogam o jogo da democracia representativa, mesmo que seja pelo lobbying e pela via extraparlamentar, e entram em alianças mais ou menos oficiais com sindicatos e partidos quando não se transformam eles próprios em partidos (Santos, 1997: 226).

Assim, estes grupos ambientalistas continuam a representar o interesse público, mas separam-se progressivamente da sua base social de apoio porque, para além do bem público, representam, também, o seu próprio interesse.

Para os entusiastas da institucionalização, o radicalismo não é suportável por muito tempo, facto comprovado pelo caminho percorrido pelas associações que, na década de 1970, introduziram no movimento um radicalismo sem precedentes e hoje se encontram institucionalizadas. O sucesso do movimento ambientalista será garantido, de acordo com esta perspectiva, por um aumento dos recursos organizacionais como resultado da adesão de mais membros e da crescente diversificação de fontes de financiamento. Tal tem vindo a permitir uma progressiva profissionalização, um recurso ao conhecimento científico (até para a prestação de consultadoria), uma especialização e centralização das relações nas associações ambientalistas e um maior acesso à definição das políticas ambientais. Só assim é possível fazer face ao forte contramovimento, ancorado no capitalismo global, que um pouco por todo mundo se constituiu e se tem vindo a fortalecer (Mol, 2000: 302).

Para além disso, deve ter-se em atenção que as associações ambientalistas mais institucionalizadas têm ao seu dispor um amplo leque de tácticas e estão menos dependentes de grandes mobilizações de pessoas para impressionar ou exercer pressão sobre os decisores políticos. Como refere Rootes, "não é tanto eles não conseguirem mobilizar os seus apoiantes para demonstrações de massa, mas sobretudo não verem nenhuma vantagem táctica em fazê-lo" (2003: 244).

Por fim, esta perspectiva defende que a institucionalização é a única via para os activistas não perderem a sua credibilidade, nem se transformarem em "ecofetiches"; só mantendo esta posição o movimento ambientalista pode ser capaz de se propor como um interlocutor credível num plano político.

5.1.2. Vozes que defendem o radicalismo

Numa outra perspectiva, a institucionalização do movimento ambientalista não é vista como a principal fonte do seu sucesso, mas, sim, da sua fraqueza. Comparativamente com os princípios do Mercado e do Estado, o princípio da Comunidade "foi o mais negligenciado nos últimos duzentos anos e tanto assim é que o mesmo quase acabou sendo absorvido pelos princípios do Mercado e do Estado" (Santos, 1995: 23). Assim, a aproximação dos grupos ambientalistas ao Estado contribuiu para a constituição de uma elite distante da comunidade e, consequentemente, para o enfraquecimento dos movimentos de base. No entanto, e recorrendo uma vez mais a Boaventura de Sousa Santos, é na própria Comunidade que se encontram formas de resistência, pois foi o único pilar que conseguiu preservar potencialidades de sentido emancipatório, as quais podem ser activadas a partir das suas dimensões menos sujeitas à colonização pelo projecto da modernidade: a participação, a solidariedade e o prazer colectivamente partilhado (Santos, 1995: 23).

Procurando a revitalização da comunidade, começa a emergir um paradigma alternativo que traz consigo uma forte crítica ao ambientalismo institucionalizado. Uma das críticas aponta tal ambientalismo como uma mera produção da classe e da ideologia dominante. Os activistas dos grupos mais radicais assumem-se como subordinados e subalternos e atacam as estruturas e instituições, designadamente a ciência e a técnica, mas também os canais de *policy-making*, através das quais essa dominação é exercida e que servem, na sua opinião, os interesses do mercado e do capitalismo neoliberal (Cotgrove e Duff, 2003: 75-77).

Ainda de acordo com esta perspectiva crítica, se, por um lado, a institucionalização tem conseguido cativar mais associados, por outro, também produziu um número imenso de "membros cartão de crédito" que, passivamente, se limitam a pagar as quotas. Como refere Rootes (2003: 2), a história mais contada acerca da evolução do movimento ambientalista no mundo ocidental é que este ficou tão institucionalizado que já não consegue captar e liderar o apoio do público, o que, consequentemente, o enfraquece. A mobilização das pessoas é tida como a maior força de um movimento e, também, o único modo de verdadeiramente preservar a sua identidade. Por isso, ao afastarem-se crescentemente das massas e do "terreno", as associações, que segundo esta óptica são uma elite de classe média-alta, acabam também por perder a sua identidade. Neste ponto específico, há muito a aprender com os movimentos ambientalistas do Sul e a sua forte ligação com as comunidades locais em processos de aprendizagem mútua.

Também a aceitação de fundos de instituições, fundações e empresas, quer através de programas de investigação e/ou acção, quer através de mecenato, conduz a um afastamento dos activistas relativamente ao seu apoio de base e, não raras vezes, constrange a acção do movimento e distancia-o de um discurso mais crítico (Dowie, 1995).

Acresce que a institucionalização tem, de acordo com esta perspectiva, contribuído para uma crescente dependência da ciência e, não obstante a credibilidade que daí resulta, convém não esquecer que, por um lado, muitos dos problemas ambientais têm origem, precisamente, no carácter científico da nossa civilização e, por outro, cada vez mais a ciência é fonte de controvérsias (Yearley, 1992: 114-115).

Verifica-se, por fim, que o maior acesso, formal ou informal, ao poder e ao processo de tomada de decisões tem como resultado o pouco provável engajamento em protestos, sobretudo os que implicam acção directa. O movimento ambientalista à medida que se institucionaliza parece perder a sua capacidade de imaginação, caindo no comodismo fácil do recurso a formas de acção que, para além de já não captarem a atenção dos média, se banalizaram e se tornaram menos eficazes. Um exemplo paradigmático são as petições que, não obstante o recurso frequente por parte de diversas associações, raramente contribuem para o sucesso pretendido, pelo que são cada vez mais entendidas como um meio de acção ineficaz (Rootes, 2003).

Como conclusão dos argumentos apresentados pelos apoiantes do radicalismo, pode dizer-se que a institucionalização e as tácticas convencionais, ao afastarem o movimento dos seus membros, fornecem a maior arma para os seus oponentes: a não mobilização da opinião pública em torno das suas reivindicações (Diani e Donati, 1999). Parece, pois, ser este o preço a pagar por um lugar privilegiado no processo de tomada de decisões e de elaboração de políticas ambientais.

Sintetizada esta discussão em torno dos limites do radicalismo e da institucionalização, pode afirmar-se que a institucionalização não tem implicado a desmobilização ou perda de identidade do movimento em todos os países. Se se olhar, por exemplo, para a emergência de associações mais radicais como a *Earth First!*, cuja génese é atribuída à insatisfação com a actuação de associações como a *Greenpeace* e a FoE, constata-se que trabalham em rede e com base numa identidade partilhada. As experiências demonstram que "é possível para um movimento ambiental manter muitas das suas características de movimento informal ao mesmo tempo que usufrui das oportunidades oferecidas pela institucionalização. A institucionalização não é uma barreira à mobilização para o protesto" (Rootes, 2004: 625). Neste cenário, a discussão teórica sobre o movimento ambientalista tem-se orientado muito para o debate em torno dos limites do radicalismo e dos limites da institucionalização. O desafio tornou-se, por um lado, não ceder completamente às regras do jogo, isto é, aos perigos da institucionalização e da profissionalização dos movimentos sociais, e, por outro, evitar as simplificações ideológicas das críticas à institucionalização (Jamison, 2001: 46). Permitirá o recurso ao direito por parte do movimento ambientalista responder a este desafio?

CAPÍTULO III

O MOVIMENTO AMBIENTALISTA EM PORTUGAL

Introdução

A análise teórica efectuada no Capítulo II é essencial para melhor situar o contexto em que o recurso ao direito surge nos repertórios de acção dos movimentos ambientalistas. Contudo, se por um lado é tão inevitável quanto profícuo analisar as formas e movimentos associativos em Portugal à luz das correntes teóricas que envolvem os novos movimentos sociais (NMS), por outro, dadas as especificidades históricas e a inserção semiperiférica no sistema-mundo, tal empresa não pode ser realizada sem uma atenção informada às ditas particularidades.

Os quarenta e oito anos de ditadura (1926-1974) levaram a uma *anestesia cívica* (Reis, 1994), cujas marcas ainda hoje se fazem sentir. Esta foi uma fase caracterizada por uma fraca organização da sociedade civil e dos movimentos sociais e por um défice de participação política dos cidadãos. O espaço livre deixado pela sociedade civil foi acompanhado por um excesso de regulação social por parte do Estado. Tal não significa que a fraqueza da sociedade civil tenha dado origem a um Estado forte; pelo contrário, acabou por revelar a sua ineficácia (Santos, 1997). O Estado mostra-se incapaz de dar resposta à população, que exige um melhor sistema de educação, de saúde, um acesso efectivo à justiça, à cultura, etc., e, consequentemente, reage de uma forma distante. Embora fraca, a sociedade civil tem vindo a responder a esta incapacidade estatal de redistribuição e de democratização do sistema político e das instituições do Estado. Por um lado, criou redes de solidariedade, aquilo a que Boaventura de Sousa Santos (1993) chama de sociedade-providência, redes que permitem atenuar as lacunas na providência estatal. Por outro, têm emergido associações e movimentos de cidadãos que assumem uma postura mais reivindicativa com propósitos de transformação sociopolítica e de luta contra a injustiça social. É esta última dinâmica que interessa aqui analisar num quadro histórico-social.

A ditadura levou a que o Estado, numa atitude repressiva e autoritária, atrofiasse qualquer forma, mais ou menos espontânea, mais ou menos organizada, de movimentação popular. É certo que não impediu que subsistissem na clandestinidade o Partido Comunista Português (PCP), o movimento sindical e, mais tarde, o Partido Socialista (PS). Mas, remetidos para a clandestinidade, nenhum destes partidos, movimentações ou sindicatos tinha qualquer visibilidade estrutural na vida política e social do país.

Com a revolução do 25 de Abril de 1974, houve uma explosão social que se viu logo aquando da saída à rua da população de Lisboa para aplaudir os militares vitoriosos, e, mais tarde, com a grande festa de unificação popular do 1º de Maio. Festejava-se a conquista da liberdade. Nessa explosão emergiram não só os velhos movimentos sociais como outras movimentações norteadas pelos princípios de democracia participativa e por valores pós-materialistas (Estanque, 1999). Começaram, assim, a ser visíveis movimentos até então silenciados, de que são exemplo os movimentos pacifista, ambientalista e feminista. Ainda neste quadro, outros reivindicavam a satisfação de necessidades básicas (movimento de autoconstrução, movimento de ocupação de casas, movimento de creches e clínicas populares, movimento de educação de base e de dinamização cultural, etc.). Deste modo, com a revolução de Abril, novos e velhos movimentos sociais surgiram simultaneamente e, "durante um curto período, conviveram em regime de grande tensão e contradição social, em disputa pela forma de democracia a privilegiar, democracia representativa ou democracia participativa" (Santos, 1997: 229).

O período de normalização que se seguiu, a partir de 1976, trouxe consigo a progressiva hegemonia dos velhos-novos movimentos sociais e o esmorecimento dos NMS, assim se esvaziando uma boa parte das agendas de democracia participativa que traziam consigo.

Boaventura de Sousa Santos (1997: 230) avança com algumas hipóteses explicativas deste estiolamento. A primeira é que, sendo nova, a democracia representativa não esgotou, ainda, a sua novidade e as suas possibilidades, tornando-se menos importante a democracia participativa defendida pelos NMS. A segunda refere-se à possível relação entre a lógica dos velhos movimentos e a dos NMS, isto é, às suas ligações com o político já constituído mesmo antes de se constituírem em si mesmos. Por fim, uma última hipótese de investigação avançada prende-se com a falta de "agentes externos" que se dediquem aos movimentos e que neles invistam o capital profissional, ideológico, cultural ou político que possuem.

Tendo em conta estas características históricas e estruturais, Portugal é caracterizado, hoje, por possuir velhos movimentos sociais que são novos e NMS que são muito fracos ou quase inexistentes (Santos, 1997). Neste contexto, os NMS parecem estar adormecidos na sociedade portuguesa.

Neste capítulo retrata-se o movimento ambientalista português numa perspectiva histórica e tendo em conta as especificidades da sociedade portuguesa. Para tal, recorreu-se a técnicas de pesquisa diferenciadas, entre elas, a análise documental da literatura cinzenta (isto é, materiais e documentos produzidos pelas associações ambientalistas para divulgação pública[62]) e da imprensa escrita (mediante a realização de um observatório de imprensa que incidiu sobre os jornais *Público* e *Jornal de Notícias* entre 1992 e 2005). A informação recolhida através da análise documental foi enriquecida com as entrevistas àqueles que surgem como os actores principais desta investigação: os activistas do movimento ambientalista em Portugal. Ao longo da análise documental foram identificadas associações e organizações não governamentais do ambiente (ONGA), que, pela sua actuação crescente na arena legal, conhecimento privilegiado e protagonismo no movimento, quis ouvir no âmbito desta investigação.[63] As entrevistas assumiram-se mais como um espaço de diálogo, de reflexão mútua sobre práticas e possíveis caminhos do que como uma mera auscultação de opiniões.

Embora a informação obtida com as entrevistas se viesse a revelar muito rica, o extenso número de associações ambientalistas (actuais ONGA) em Portugal suscitou em mim o desconforto de estar a remeter ao silêncio boa parte do movimento ambientalista português. Deste modo, e porque os recursos, temporais e financeiros, não permitiam entrevistas aos activistas de todas as ONGA, elaborou-se um inquérito. O Inquérito[64] (ANEXO) foi aplicado em

---

[62] A recolha foi efectuada nas páginas da Internet das diversas associações, estando, pois, condicionada pela existência ou não de sítio próprio na internet e da sua actualização. Foi possível constatar que é reduzido o número de associações que mantêm informação actualizada, mas, também, que algumas rentabilizam esse espaço como forma privilegiada de comunicação com o público e associados.

[63] No seu conjunto, foram realizadas (em 2004, 2005 e 2006) 16 entrevistas com activistas do CIDAMB, FAPAS, GAIA, GEOTA, LPN, QUERCUS, RADICA e XIRADANIA. De mencionar que grande parte dos activistas pertence a mais do que uma ONGA e/ou associação, sendo, contudo, identificados no texto como pertencendo à associação na qual, por altura da entrevista, tinham um papel mais activo.

[64] O Inquérito, dividido em nove partes, consistiu num conjunto de perguntas sobre a caracterização da ONGA; as suas condições logísticas de funcionamento; a sua estrutura de recursos humanos; as actividades desenvolvidas e formas de acção privilegiadas; as fontes de financiamento; o acesso à informação; o seu grau de colaboração com outras entidades, associações e movimentos; as suas opiniões em relação ao direito e aos tribunais; e, por fim, os seus principais problemas. Algumas das perguntas constantes no Inquérito foram aplicadas anteriormente por Rodrigues (1995) e Nave e Fonseca (2000b).

MOVIMENTOS NA JUSTIÇA

2005 a um universo de 147 ONGA, a totalidade das ONGA existentes à data no Registo Nacional, tendo-se obtido 33 respostas.[65]

1. As temporalidades do movimento ambientalista

Reflectindo o quadro histórico da sociedade portuguesa, o movimento ambientalista surgiu timidamente sem a força necessária para provocar verdadeiras mudanças na propagação de uma efectiva consciência ecológica. Uma breve análise genealógica[66] do movimento ambientalista em Portugal mostra que este, embora catalogado como novo movimento social, apresenta traços vincados na doutrina que veicula e nos seus modos de acção que o distanciam desta concepção.

Até **1974**, as movimentações populares eram quase inexistentes. A área do ambiente não é excepção, havendo registo apenas de um ou outro protesto contido e de algumas manifestações individuais. A única associação ambientalista, fundada por um pequeno grupo de professores, durante a ditadura salazarista, mais concretamente em 1948, foi a Liga para a Protecção da Natureza (LPN), que é, ainda hoje, uma das associações ambientalistas com maior

---

[65] O número de respostas ficou aquém das expectativas iniciais, mesmo após a realização de um segundo e terceiro contacto com a associação. Para além do possível desinteresse ou esquecimento que levam habitualmente à fraca participação nos inquéritos auto-administrados, podem ser apontadas outras razões. Em primeiro lugar, o contacto telefónico, através de informações cedidas pelo Instituto do Ambiente, tornou claro que um número significativo de ONGA já não se encontra em actividade. O mesmo foi possível verificar pelo número de inquéritos devolvidos por destinatário desconhecido. Estas dificuldades foram sentidas em outros inquéritos (ver, por exemplo, Nave e Fonseca, 2000b) que obtiveram, também, um elevado número de não respostas. Parece ser possível concluir que o universo real de ONGA é muito menor do que o universo oficial. Sublinhe-se, ainda, que várias ONGA, pela diversidade que este universo constitui, acabam por não assumir plenamente uma identidade de associações de defesa do ambiente. As ONGA constantes no registo nacional e no Instituto do Ambiente vão desde associações de conservação da natureza a associações de defesa do património, a clubes aventura, a federações desportivas, a associações de escuteiros, a associações ligadas a práticas agrícolas, entre outras. Assim, do mesmo modo que algumas ONGA que enviaram o seu inquérito devidamente preenchido assumiam, na resposta a algumas questões, que o seu âmbito de actuação não se prendia, na prática, com a defesa do ambiente e com lutas ambientais, poderemos presumir que outras sentiram que o seu perfil não permitia responder ao Inquérito e, consequentemente, não o devolveram.

[66] Sigo de perto um interessante texto de Eugénia Rodrigues (1995), que compilou e analisou dados sobre as associações de defesa do ambiente em Portugal.

visibilidade. Esta emergência não constitui, aliás, novidade, já que, como se viu no capítulo anterior, era comum em Estados ocidentais autoritários, e continua a sê-lo em certos países, a aceitação de associações de cariz exclusivamente conservacionista. O que acontecia, não raras vezes, é que estas associações serviam como refúgio clandestino para lutas silenciosas contra o poder instituído. Não parece ter sido esse o caso da LPN, cuja actividade era impulsionada por cientistas ligados a movimentos internacionais de conservação da natureza que se juntaram inicialmente para a protecção da Serra da Arrábida. No que se refere a situações de protesto popular, o clima político de tensão e opressão em que se vivia não permitia, obviamente, grandes manifestações, sendo difícil, nessa altura, detectar manifestações.[67]

Foi com o contexto revolucionário e pós-revolucionário **(1974-75)** que se começou a assistir ao surgimento de movimentos populares e à constituição de associações ambientalistas. Foi, aliás, esta a primeira fase de germinação do movimento ambientalista, consequência não só do agravamento dos problemas ambientais com o maior desenvolvimento económico do país, mas também do incremento da capacidade interventiva da sociedade civil em muitos domínios.

Neste período, acompanhando as lutas políticas e ideológicas, as organizações que se destacaram, adquirindo alguma relevância social, foram precisamente aquelas cujo âmbito de acção extravasou a preocupação com a conservação da natureza (Rodrigues, 1995: 10). Foi este o caso do Movimento Ecológico Português (MEP), fundado em 1975, mas com actividades desde 1974, cujos objectivos apontavam, entre outros, para as críticas ao industrialismo e à ideologia da sociedade de consumo e para a revolta contra os sistemas alienantes e dominadores. Contudo, a força das associações emergentes parecia não resultar numa afirmação do movimento ambientalista como "novo", muito devido à hegemonização da luta política e ideológica pelas estruturas partidárias (nomeadamente o PS e o PCP) e pela consequente instrumentalização de qualquer movimento de protesto ou estrutura associativa.

Este período é, então, caracterizado pela emergência súbita de várias associações e também pela efemeridade das mesmas, que, face a problemas como

---

[67] Não obstante, Rodrigues (1995) refere dois casos específicos de protesto: contra os efeitos destrutivos da Companhia Portuguesa de Celulose sobre as terras e arrozais, por parte dos agricultores do Baixo Vouga (Cacia), nos finais dos anos 1940; e contra a contaminação da água pelas fábricas de curtumes instaladas nas margens do Alviela, por parte dos habitantes de Pernes, na década de 1950.

MOVIMENTOS NA JUSTIÇA

a falta de capacidade organizativa e a dificuldade de aceitação pública da mensagem ecologista, acabavam por desaparecer.

Em **1976** inicia-se um período marcante na história do movimento ambientalista em Portugal, período directamente relacionado com os protestos organizados contra a ameaça do nuclear e com a influência inspirativa dos grupos antinucleares que se faziam sentir na Europa. No Programa do I Governo Constitucional, que tinha Mário Soares como Primeiro-Ministro e Alfredo Nobre da Costa como Ministro da Indústria e Tecnologia, era dito:

> Nestas condições, as medidas de política para o sector deverão ser as seguintes: aumentar a segurança do abastecimento energético diversificando as fontes de abastecimento do petróleo e melhorando as condições de compra por negociações bilaterais; continuar a prospecção do petróleo em Portugal, acelerar o aproveitamento dos recursos hidroeléctricos; lançar um programa nuclear de aproveitamento do urânio nacional (...).

Na sequência desta medida, começaram a ser iniciados trabalhos preparatórios em Ferrel para a construção da primeira central nuclear portuguesa. Em 15 de Março de 1976, na sequência do badalar dos sinos da sua igreja, os habitantes de Ferrel saíram à rua, avançaram para o local onde se haviam iniciado tais trabalhos – os campos do Moinho Velho – e interromperam os mesmos, fecharam as valas abertas e avisaram que se houvesse reinício ali voltariam para destruir o que fosse feito (Silva, 1987). A luta que começou por ser travada pelos habitantes de Ferrel, sem qualquer apoio, rapidamente envolveu associações e pessoas interessadas de várias áreas. Para tal contribuiu o apelo nacional do grupo Viver é Preciso, em Fevereiro de 1977, com um discurso marcado pelo radicalismo político e ideológico que ainda se fazia sentir, intitulado "Somos Todos Moradores de Ferrel". No manifesto divulgado podia ler-se:

> Preparemo-nos. A contra-ofensiva das multinacionais nucleares está para deflagrar. É preciso que por toda a parte, nas escolas, nos hospitais, nos bairros e nas fábricas, nas faculdades e nas associações científicas, surjam comissões de solidariedade com a luta do povo de Ferrel. A região de Peniche tem já a sua CALCAN – Comissão de Apoio à Luta Contra a Ameaça Nuclear. Mas é bom que por todo o país a ameaça nuclear encontre uma frente unida de partidários da Vida.

Foi assim que vários grupos, associações, cientistas e artistas se associaram a esta luta. Ficaram na história, por exemplo, as músicas de Fausto (*Rosalinda*) e, mais tarde, Lena d'Água (*Nuclear não, obrigado*), que acabaram por se inserir na luta e que foram paradigmáticas do envolvimento e da atenção com que a sociedade civil seguiu este caso.[68]

Para além de fóruns, debates, manifestos e outras iniciativas, foi o Festival "Pela Vida e Contra o Nuclear", realizado em Janeiro de 1978 nas Caldas da Rainha, que teve maior visibilidade. No nº 3 do *Pela Vida*, publicado dias antes do Festival, podia ler-se:

> Caldas da Rainha e Ferrel irão receber no próximo fim de semana cem, mil, dez mil ou cem mil pessoas (a quantidade não é para nós ponto fundamental), que virão dizer ao país que estão interessadas numa vida melhor, num ambiente mais sadio, mais ao serviço do Homem e dizer fundamentalmente não à aventura nuclear. Como em Malville, Wyhl, Brokdorf ou outro qualquer ponto do mundo, onde a população se levantou e disse não à opção nuclear, Caldas da Rainha e Ferrel serão mais um degrau que o movimento não-violento subiu na luta por uma sociedade mais justa no nosso planeta. Para os descrentes, desinteressados ou egoístas, pretendemos que este movimento, o primeiro levado a cabo no nosso país, seja o alerta para problemas que têm sido escamoteados na grande maioria dos meios de comunicação social ou órgãos do poder. Sem apoios de máquinas partidárias ou de organizações obscuras, alguns núcleos ecológicos espalhados pelo país lançaram esta iniciativa, que terá decerto muitas imperfeições e problemas de organização. Mas competirá a cada um que venha às Caldas, que se interesse pelos problemas da vida, dar o seu contributo para o lançamento dum movimento nacional de consciencialização dos problemas hoje em debate no nosso seio.

---

[68] Por ter funcionado, para muitos, quase como um manifesto ecológico, em 1977, transcrevo aqui alguns trechos da primeira:

> (...) a branca areia de ontem // está cheiinha de alcatrão // as dunas de vento batidas // são de plástico e carvão // e cheiram mal como avenidas // vieram para aqui fugidas // a lama a putrefacção // as aves já voam feridas // e outras caem ao chão // Mas na verdade Rosalinda // nas fábricas que ali vês // o operário respira ainda // envenenado a desmaiar // o que mais há desta aridez // pois os que mandam no mundo // só vivem querendo ganhar // mesmo matando aquele // que morrendo vive a trabalhar // tem cuidado... // (...) Em Ferrel lá p´ra Peniche // vão fazer uma central // que para alguns é nuclear // mas para muitos é mortal // os peixes hão-de vir à mão // um doente outro sem vida // não tem vida o pescador // morre o sável e o salmão // isto é civilização // assim falou um senhor // tem cuidado.

Estiveram presentes nesse festival cerca de três mil pessoas que se organizaram numa manifestação pacífica, como retrata a Figura III.1.

FIGURA III.1. Manifestação de 1978 (Ferrel)

Imagem retirada de <http://www.ferrel30anos.org>

A luta contra a central nuclear em Ferrel contribuiu para disseminar pela sociedade portuguesa uma maior consciencialização ambiental, multiplicando-se os grupos activos nessa altura. É neste período que se realizam alguns encontros das Coordenadoras Ecológicas Nacionais, fóruns de debate para promover a coordenação entre as diferentes associações e grupos ambientalistas, e que surgem diversas associações, entre elas, a Associação Portuguesa de Ecologistas/Amigos da Terra, a Associação de Defesa do Património de Sintra, o Grupo Terra Viva e o Núcleo de Defesa do Meio Ambiente de Lordelo do Ouro. Entre as actividades e iniciativas desenvolvidas por estas associações encontram-se manifestações e lutas pelo desarmamento, o referido Festival pela Vida e contra o Nuclear (1978); o Festival da Primavera, em Lisboa; a ocupação simbólica do jardim da Gulbenkian contra o projecto de construção de novas instalações (1980); e a Marcha da Juventude para a Paz, em Lisboa (1980) (Rodrigues, 1995: 13-14).

O MOVIMENTO AMBIENTALISTA EM PORTUGAL   105

A maior consciência dos problemas ambientais que se vive nesta época vai traduzir-se, também, numa certa institucionalização e organização do movimento ambientalista, que se começa a sentir no início da década de 1980. Para tal contribui, logo em 1982, a emergência da primeira organização política de carácter ecologista, o Partido *Os Verdes*, estrutura que, no entanto, pouco mais foi que uma emanação do PCP, a cuja filiação nunca conseguiu fugir, não assumindo, por isso, um protagonismo na sociedade portuguesa paralelo aos Verdes de outros países.[69] Portanto, a criação deste partido, mais do que um sinal de autonomia, acabou por ser uma evidência da crescente presença das estruturas ligadas ao PCP, gerando forte contestação por parte de um amplo sector do movimento ambientalista que considerava que a criação d'Os Verdes traduzia uma absorção da questão ecológica pelos partidos políticos e um desvio ao desenvolvimento do movimento social.

A institucionalização e propagação das associações ambientalistas iria aprofundar-se com a adesão à Comunidade Económica Europeia (CEE), em 1986, que impulsionou o desenvolvimento nacional de um quadro jurídico ambiental, a execução de medidas públicas e políticas ambientais e uma maior abertura à negociação e diálogo com as associações ambientalistas da sociedade civil na área do ambiente. À adesão acresceu o facto de esse ano ser, também, o Ano Europeu do Ambiente. No ano seguinte, em 1987, é aprovada a Lei de Bases do Ambiente que veio constituir os alicerces para uma política ambiental concertada[70] ao estabelecer princípios, definições e instrumentos básicos na protecção do ambiente. Na sua sequência, é criado o Instituto Nacional do Ambiente (mais tarde denominado Instituto de Promoção Ambiental, Instituto do Ambiente e, actualmente, Agência Portuguesa do Ambiente) e aprovada a Lei das Associações de Defesa do Ambiente, que veio conferir àquelas um enquadramento legal e apoios específicos. Estava-se, portanto, perante um contexto favorável para a emergência de Associações de Defesa do Ambiente (ADA), estimando-se que cerca de 59% do total de

---

[69] Como refere Boaventura de Sousa Santos, esta era uma "ligação grotesca", mantida a nível parlamentar, por um segmento do movimento ambientalista e pelo PCP, "misturando, por conveniência deste último, o antiprodutivismo ecológico e o hiperprodutivismo de raiz leninista" (1997: 230).

[70] Já existiam instrumentos legislativos, ainda que não regulamentados, consonantes com uma política de conservação da natureza e de ordenamento do território, como a Rede Nacional de Áreas Protegidas, criada em 1976, a Reserva Agrícola Nacional (RAN), em 1982, e a Reserva Ecológica Nacional (REN), em 1983.

ADA inscritas no Registo Nacional surgiram precisamente entre 1985 e 1994 (Nave e Fonseca, 2000b). Como refere o dirigente de uma ONGA:

> Quando houve o lançamento do registo nacional, havia a necessidade de ter uma grande representatividade, daí que o Ministério do Ambiente da altura tenha achado que devia ter uma malha larga (*Activista 1, entrevista pessoal*).

No mesmo sentido, um dos activistas entrevistados, afirma que:

> A Quercus cresceu numa altura de muito crescimento do país. Havia dinheiro para tudo e também havia mais dinheiro para o associativismo, o que permitiu à Quercus ir buscar fundos para fazer projectos e com eles ganhar *know-how*, ganhar prestígio e tudo isso. Coincidiu com a entrada de Portugal na União Europeia. Houve um impulso social e financeiro (*Activista 2, entrevista pessoal*).

Mas, se este foi um contexto favorável para a emergência de associações, também o foi para o reforço da sua actuação e para uma nova imagem do movimento ambientalista que não reuniu consenso. Num contexto de uma certa abundância de fundos comunitários e estatais, algumas associações, nacionais e locais, usufruíram de subsídios que lhes permitiram prosseguir e fortalecer as suas actividades. Já os grupos ligados ao radicalismo pós-revolucionário, como os Amigos da Terra – Associação Portuguesa de Ecologistas –, entraram em declínio ao recusarem o que, na sua opinião, representava compactuar com o poder instituído (Nave e Fonseca, 2000a: 8). As ADA que souberam retirar vantagens desta maior abertura conquistaram uma legitimidade institucional que contrabalançava com as posições mais radicais. Assiste-se, desta forma, à consolidação de um número reduzido de associações de âmbito nacional que começam a estar envoltas numa aura de seriedade tornando-se, mesmo, uma fonte privilegiada de informação para os média: a QUERCUS, o GEOTA e a LPN.

Em finais de 1984, activistas provenientes de diversas associações ambientalistas decidiram criar uma nova organização de âmbito nacional que fosse mais activa na área da conservação da Natureza. Esta nova associação, fundada em 31 de Outubro de 1985, e inicialmente com sede em Braga, passava a designar-se por Quercus[71] – Grupo para a Recuperação da Floresta e Fauna

---

[71] A associação designa-se QUERCUS, por ser este o "nome científico do género a que pertencem os carvalhos, sobreiros e azinheiras, as árvores predominantes do coberto

Autóctones. Foram várias as actividades desenvolvidas durante estes anos, mas apenas em 31 de Outubro de 1985 é assinada no sexto cartório notarial do Porto a escritura de constituição formal da associação, "dando-se assim mais um passo importante para a sua institucionalização".[72] Mais tarde, no 3º Encontro Nacional da Associação, que decorreu a 1 de Novembro de 1987 no Porto, a sua denominação é alterada para Quercus – Associação Nacional de Conservação da Natureza –, mais concordante com a maturidade e o estatuto de intervenção que a associação já atingira. A sua intervenção nas lutas contra a "eucaliptização", as indústrias de celulose e contra a instalação de uma lixeira nuclear em Aldeadávila, lançou as bases para o reconhecimento público que ainda hoje detém (Rodrigues, 1995: 16).

A Liga para a Protecção da Natureza (LPN), que já existia desde 1948, começa também em meados dos anos 1980, aproveitando a conjuntura favorável, a mudar a sua forma de actuação. Se até então a LPN mantinha, essencialmente, um carácter académico e científico, funcionando como um grupo fechado de professores universitários, o quadro legislativo e político favorável, bem como a sua ligação institucional com departamentos europeus ligados à defesa do ambiente, abriram caminho para uma intervenção social mais significativa e para uma maior projecção pública e política.

A abertura das instituições do Estado relativamente ao ambiente permitiu, igualmente, a consolidação do GEOTA – Grupo de Estudos de Ordenamento do Território e Ambiente. Embora a sua existência enquanto grupo de reflexão e educação na área do ambiente remonte a 1981, a sua constituição legal ocorre em 1986.

Este período ficou então marcado por uma discrepância em termos de capacidade de coordenação dos movimentos, das competências e da visibilidade pública. Se as grandes associações, através de um processo de maior organização e formalização, se fortaleceram, as restantes permaneceram dispersas e com fraca capacidade mobilizadora.

---

vegetal primitivo do nosso País, e o seu símbolo – uma folha e uma bolota de carvalho-negral (*Quercus pyrenaica*)", revelando, assim, uma das "preocupações dos seus fundadores com a conservação da vida selvagem" (*in* <http://www.quercus.pt/scid/webquercus/defaultCategoryViewOne.asp?categoryId=668> [consultado em 01/05/2007]).

[72] *In* <http://www.quercus.pt/scid/webquercus/defaultCategoryViewOne.asp?categoryId=668> [consultado em 01/05/2007]. Mais informações sobre a história da fundação da Quercus podem ser encontradas no seu sítio na internet.

108 MOVIMENTOS NA JUSTIÇA

Em 1989, para o Encontro Nacional das ADA, foram mobilizadas cerca de 70 associações. Se, de encontros anteriores similares tinha resultado, sobretudo, um aprofundar das divisões no seio do movimento, deste resultou a aprovação das bases estatutárias e a eleição da comissão instaladora de uma entidade federativa de cúpula para o movimento associativo ambientalista (Nave e Fonseca, 2000a: 8). O processo desembocaria, em 1991, na criação da Confederação Portuguesa das Associações de Defesa do Ambiente. Esta entidade nunca teve, no entanto, a projecção desejada, uma vez que algumas associações nacionais mais influentes optaram por, ainda que continuando a colaborar, não aderir formalmente à Confederação. Essa decisão deveu-se à aplicação do princípio "uma associação, um voto", que não atendia a critérios específicos como o número de sócios ou o seu âmbito de actuação:

> [A saída das associações de maior dimensão da Confederação dá-se] por muitos motivos, entre os quais porque iam lá dar opinião pessoas que sobre o ambiente não percebiam absolutamente nada e tinham exactamente o mesmo peso em votos. Quer dizer, não faz sentido que a associação amigos dos castelos não sei de onde, que tem toda a importância e toda a relevância, venha dar opinião sobre a protecção do Sapal de Corroios junto à Ponte Vasco da Gama. Não conhecem, não sabem do que se trata e, no entanto, tinham tantos votos quanto a Quercus que tinha pessoas lá a trabalhar no terreno. Nós no início entrámos naquela onda de que é importante participar, etc., mas depois dos primeiros incidentes vimos que aquilo não era maneira de actuar e saímos. Fomos muito criticados por sair (*Activista 1, entrevista pessoal*).

Como consequência, a Confederação tornou-se, sobretudo, num aglomerado de associações locais com poucos recursos e reduzida influência, afirmando vários entrevistados que esta nunca se conseguiu assumir como um verdadeiro interlocutor entre o Estado e as associações de defesa do ambiente.

Começa, portanto, a ser evidente que há um crescente fosso entre algumas associações, que assumem elas próprias, cada vez mais, um papel de actores privilegiados e que se engajam em lutas mais abrangentes, e o restante movimento associativo, com um âmbito de actuação mais restrito.

Alguns acontecimentos já na **década de 1990** reforçam esta situação. Desde logo, são de assinalar dois marcos no âmbito do Estado. Em 1990, o ambiente deixa de ser tutelado por uma Secretaria de Estado integrada no Ministério do Plano e Administração do Território, sendo criado o Ministério do Ambiente e Recursos Naturais. Em 1994, os problemas ambientais em geral e as associações de defesa do ambiente em particular conhecem novo destaque com a Presidência Aberta de Mário Soares dedicada ao ambiente. Há também aspectos legislativos a ser tidos em conta. Em 1998, foi aprovada a proposta de Lei que define o Estatuto das Organizações Não Governamentais de Ambiente,[73] o que permitiu não só dirimir algumas insuficiências da Lei das ADA, mas também impulsionar um novo momento de viragem do movimento ambientalista no sentido da sua formalização e divisão do trabalho.

A par deste quadro contextualizador de uma maior formalização das ONGA, a década de 1990 é marcada igualmente pela proliferação de movimentos populares de base local, dos quais se destacam, em grande medida, as lutas referentes ao tratamento de resíduos e à construção de aterros. Destaque para a contestação, a partir de 1994/95, à decisão da Ministra do Ambiente, Teresa Patrício Gouveia, do Partido Social Democrata (PSD), de colocar uma incineradora em Estarreja. Esta decisão seria abandonada pelo governo de António Guterres, anunciando José Sócrates – secretário de Estado-adjunto da Ministra do Ambiente, Elisa Ferreira – o fim do projecto incineradora e a aposta numa "nova" solução, a co-incineração. Teve origem, assim, um novo foco de luta, agora contra a co-incineração, das populações dos locais seleccionados para a implementação do processo: Souselas, Maceira e Arrábida. De destacar, ainda em finais da década de 1990, e anos subsequentes, a forte mobilização contra as touradas por parte de várias associações ambientalistas e de defesa dos direitos dos animais, processo desencadeado pelo caso dos touros de morte em Barrancos e reforçado na sequência da apresentação pelo CDS – Partido Popular (CDS-PP) de um Projecto de Lei à Assembleia da República que visava permitir autorizações excepcionais aos touros de morte nos casos em que fosse clara a existência de uma tradição local histórica e ininterrupta.

2. O retrato do activismo ambientalista em Portugal: uma caracterização empírica

As temporalidades do movimento ambientalista em Portugal sugerem que se tem assistido a um inevitável caminhar rumo a uma maior institucionalização do movimento que se assume, cada vez mais, como profissionalizado, académico e formal. Neste cenário, convém avaliar se esta é uma tendência geral do movimento ou, antes, uma característica de apenas uma facção do

---

[73] Os contornos desta Lei serão explicitados no Capítulo IV.

110 MOVIMENTOS NA JUSTIÇA

movimento, e quais as consequências práticas que tem essa propensão na opção por determinadas acções de protesto em detrimento de outras.

2.1. ONGA: uma breve caracterização

Uma análise do movimento ambientalista em Portugal desde meados da década de 1990 até aos dias de hoje mostra que este é muito diverso, englobando associações (ONGA, na sua maioria) com um maior ou menor grau de profissionalização; com um carácter nacional, regional ou local; que trazem consigo um discurso ecológico politizado ou, antes, que se concentram na conservação da natureza; que se constituem para a preservação de patrimónios arquitectónicos específicos ou belezas paisagísticas; que comungam do interesse pelo excursionismo pedestre, pelo ciclismo ou pelo alpinismo; associações de defesa dos direitos dos animais; etc.

No que se refere ao seu âmbito,[74] 14 ONGA são de âmbito nacional, sendo que várias têm um nível de actuação muito específico, como, por exemplo, a Federação Portuguesa de Cicloturismo e Utilizadores da Bicicleta, a Liga de Amigos de Conímbriga ou a Associação dos Amigos dos Castelos.

A grande maioria das ONGA localiza-se no distrito de Lisboa, como é possível constatar pelo Gráfico III.1.

De referir que algumas ONGA com âmbito nacional têm representação em vários distritos do país, seja através de núcleos, de grupos, de delegações ou de protocolos com outras ONGA. A Quercus, por exemplo, tem 20 Núcleos Regionais: 17 no Continente, dois nos Açores e um na Madeira, e várias estruturas como os Centros de Recuperação de Animais Selvagens em Santo André e Castelo Branco, o Centro de Informação de Resíduos e a gestão dos Centros de Educação Ambiental de Ourém, Matosinhos e Machico. A LPN tem duas delegações regionais, no Alentejo e no Algarve, e um núcleo: LPN – Centro. Já o GEOTA, para além do núcleo principal em Lisboa, onde se concentra a maioria dos seus grupos de trabalho, faz intervenção no resto do país com base em protocolos de cooperação e/ou de representação mútua com associações de defesa do ambiente, com as quais realiza regularmente projectos conjuntos.[75]

---

[74] De acordo com informação disponibilizada pelo então Instituto do Ambiente, das 147 ONGA inscritas, 38% têm um âmbito local, 28% estão inscritas sem âmbito definido, 20% são regionais e apenas 14% possuem um âmbito nacional.

[75] Entre essas, incluem-se a ADAPA, a Associação de defesa da Praia da Madalena, a A.E. Alto Tejo, os Amigos da Beira, a ARCHAIS, a AZÓRICA, a C.A. Almada, o FPCUB, o

GRÁFICO III.1. Localização das ONGA (por distrito)

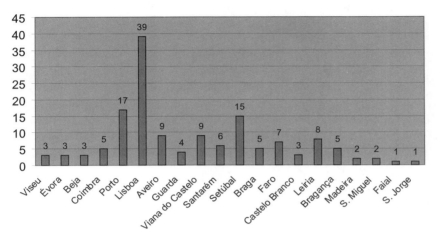

No que respeita às suas áreas de actuação, grande parte das ONGA tem uma actuação restrita, focando-se em problemas concretos de defesa e conservação do património, de educação ambiental, de defesa do património histórico, cultural e arqueológico, de planeamento e ordenamento do território e de recursos hídricos, sendo residuais aquelas que indicam como sua área de interesse privilegiada a defesa do ambiente como um todo (ver Nave e Fonseca, 2000b). Mesmo as que o fazem acabam por direccionar o seu interesse para determinadas áreas que, num dado momento, merecem uma maior atenção da ONGA:

> A Quercus começou como uma associação de conservação da natureza, não deixar que habitats e ninhos fossem destruídos e tudo isso. Mas ao longo dos anos foi, por um lado, alargando o espectro de actuação ambiental e, por outro, ia tratando, em diversas alturas, de mais alguns assuntos com os quais os dirigentes nacionais estavam mais à vontade. E o que se tem notado é que as pessoas que estavam ligadas à conservação da natureza foram-se afastando e as pessoas que as foram substituindo, com maior ênfase na direcção, estão mais ligadas, não tanto à conservação, mas mais ao ambiente em termos gerais, qualidade de água, questões de

---

LOURAMBI, o Marés, o OIKOS, o PATO, a Associação Palhota Viva, a ADPCC Bombarral, a Associação de Defesa do Património de Mértola e a Associação de Defesa do Rio Real.

mobilidade e resíduos, que foi uma questão que nos últimos anos mereceu muito a atenção da Quercus (...). E a conservação da natureza não desapareceu, como é óbvio, mas foi relegada para segundo plano (*Activista 2, entrevista pessoal*).

No fundo, como refere um activista, "cada associação tem o seu feudo. (...) Acaba por ser como os clubes de futebol, cada freguesia tem o seu". Daqui resulta uma certa especialização do movimento, em que cada ONGA se dedica a uma área de interesse específica, e uma divisão de trabalho entre as diferentes ONGA:

> Acaba por ser um pouco uma divisão de trabalho. A LPN tem mais uma tradição de conservação da natureza, de biodiversidade. A Quercus tem muitos especialistas na qualidade do ar, ambiente urbano, assim como o GEOTA que é mais do ordenamento do território. Eu acho que isto é muito positivo porque escusamos de duplicar trabalho (*Activista 3, entrevista pessoal*).

> Às vezes fazem-nos queixa "ah, temos um problema de um aterro". Nós fazemos seguir a queixa para a Comissão de Coordenação, fazemos a cartinha, mas dizemos, "vão falar com os nossos amigos da Quercus que eles é que tratam dos resíduos". Ou seja, somos nós próprios a endossar as coisas. (...) Há efectivamente uma divisão do trabalho e que funciona bem (*Activista 1, entrevista pessoal*).

A aparente divisão de trabalho entre diferentes ONGA parece promover uma colaboração crescente entre estas. De acordo com os dados do Inquérito realizado para o presente estudo e aplicado ao universo de ONGA registadas em Portugal, apenas três ONGA referiram não colaborar com outras ONGA. A maioria considerou que esta colaboração é muito importante.[76]

A opinião do presidente de uma ONGA à data da entrevista, vai ao encontro destes resultados,

> De um modo geral nós achamos que as nossas acções devem ser em conjunto com as outras associações, por uma razão muito óbvia, é que nós temos uma pequena dimensão quando olhamos para a escala europeia e achamos que o que une as associações da área do ambiente é muito mais importante do que o que as divide.

---

[76] Quando lhes pedimos para avaliar a colaboração com outras ONGA, 63% afirmaram que essa colaboração é muito importante, 32% importante e 5% nada importante.

O MOVIMENTO AMBIENTALISTA EM PORTUGAL   113

Provavelmente, apenas aspectos circunstanciais as dividiram na sua génese. Obviamente que há tendências, vertentes mais desenvolvidas por algumas associações do que por outras, mas em termos gerais o sentido é o mesmo até porque se vive um momento grave em termos ambientais. (...) Nada como a acção conjunta para aumentar de forma muito significativa a influência sobre os poderes instituídos. Influência quer a nível local – eu diria, por exemplo, que era muito importante que as associações tivessem cada vez mais capacidade para influenciar as decisões dos autarcas que muitas vezes agem de forma desavisada, não assessorada a todos os níveis –, quer ao nível dos governos, quer ao nível da supergovernação, em termos globais (*Activista 4, entrevista pessoal*).

A colaboração pode ser permanente ou restringir-se a actividades e campanhas específicas. Nos últimos anos tem sido frequente a constituição de plataformas de luta que englobam várias ONGA, nacionais e locais, associações de moradores, cidadãos individuais, etc. Como refere o presidente de uma ONGA:

É muito frequente, em casos ambientais de maior relevância nacional, a Quercus associar-se a outras organizações, constituindo plataformas de actuação conjunta com o objectivo de atingir uma maior capacidade de intervenção. São exemplos desta situação a constituição da *Plataforma Sabor Livre* para evitar que se construa uma grande barragem no rio Sabor e a *Plataforma Por um Alentejo Sustentável* que se constituiu para evitar a construção da barragem do Alqueva e, mais tarde, para minimizar os danos desta grande infra-estrutura (*Activista 5, entrevista pessoal*).

Outros exemplos são: a *Plataforma Transgénicos Fora do Prato*,[77] a *Plataforma por Monsanto* e a *Plataforma Não ao Nuclear*. A constituição de plataformas de acção, que geralmente se referem a questões, segundo os activistas, de "interesse nacional", pode ser uma iniciativa de ONGA e associações locais que

---

[77] A título de exemplo, a Plataforma *Transgénicos Fora do Prato* é uma estrutura integrada por nove entidades não-governamentais da área do ambiente e agricultura: ARP, Aliança para a Defesa do Mundo Rural Português; ATTAC, Associação para a Taxação das Transacções Financeiras para a Ajuda ao Cidadão; CNA, Confederação Nacional da Agricultura; FAPAS, Fundo para a Protecção dos Animais Selvagens; GAIA, Grupo de Acção e Intervenção Ambiental; GEOTA, Grupo de Estudos de Ordenamento do Território e Ambiente; LPN, Liga para a Protecção da Natureza; QUERCUS, Associação Nacional de Conservação da Natureza; e SALVA, Associação de Produtores em Agricultura Biológica do Sul.

procuram conseguir o apoio de ONGA de âmbito nacional – que têm mais recursos e uma maior visibilidade na opinião pública – ou, de outro modo, partir dessas maiores ONGA que pretendem ganhar credibilidade junto das populações locais através da cooptação dos grupos de base. Quando questionados sobre o funcionamento das Plataformas, a maioria dos activistas entrevistados sublinhou a boa articulação entre as diversas associações e as ONGA que as constituem, referindo alguns que estas dependem muito de amizades pessoais. Ainda assim, surgem, por vezes, problemas que se prendem precisamente com o maior protagonismo de algumas associações na comunicação social:

> Há uma dificuldade em trabalharmos em conjunto e a Quercus às vezes também é criticada, umas vezes com razão, outras nem por isso, por não conseguir trabalhar em conjunto. Isto não é propriamente verdade porque no caso da *Plataforma Sabor Livre* trabalhamos em conjunto com outras associações e corre tudo muito bem. (...) Aparece sempre o nome *Plataforma Sabor Livre* e nem sequer é a Quercus que está à frente (*Activista 2, entrevista pessoal*).

De facto, apesar de alguns problemas, a falta de comunicação/articulação entre as associações não parece ser um problema particularmente sentido pelas ONGA que responderam ao inquérito, com apenas 3% (Gráfico III.2) das ONGA a indicá-la como um dos principais problemas com que se debatem.

O referido gráfico,[78] apresentado a seguir, enuncia alguns dos principais problemas com os quais as ONGA afirmaram debater-se hoje em dia. De seguida descrevem-se esses problemas.

2.1.1. O financiamento das ONGA

Segundo o Gráfico III.2, o problema mais sentido refere-se à falta de financiamento. Como foi amplamente referido nas entrevistas, se após a entrada na União Europeia (UE) houve um claro estímulo à criação e ao desenvolvimento de associações ambientalistas, hoje os apoios parecem ser bem menores. De acordo com as respostas obtidas, o financiamento é dirigido, primordialmente,

---

[78] Foi pedido às ONGA que indicassem, de um elenco predefinido de respostas, por ordem crescente, os principais problemas com que se debatiam. Refiro-me aqui, sobretudo, ao problema seleccionado como o mais prioritário.

para a obtenção de apoio jurídico, para apoio à divulgação e informação e para a aquisição de material informático (Gráfico III.5[79]). A percentagem considerável de ONGA que indicaram como um dos investimentos prioritários o apoio de gestão/contabilístico e o apoio administrativo, como a contratação de funcionários, evidencia uma tendência para a profissionalização.

GRÁFICO III.2. Principal problema das ONGA

GRÁFICO III.3. Investimentos prioritários

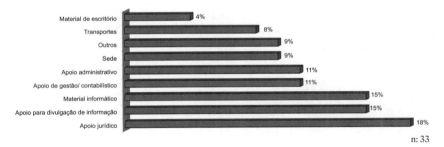

Para a carência de fundos contribui o não pagamento de quotas dos membros das ONGA, que foi referido como um problema fundamental por 8% das ONGA inquiridas; 52% declararam que menos de metade dos seus sócios inscritos tem as quotas em dia.

O pagamento de quotas não só é uma das principais fontes de financiamento para a maioria das ONGA, como é aquela que mais facilmente permite

---

[79] Nesta questão, as ONGA puderam seleccionar todos os investimentos que consideram prioritários, pelo que todas as respondentes indicaram mais do que uma opção.

a sua total independência, pelo que o não pagamento fomenta uma maior dependência financeira em relação à Administração Central. Muitas ONGA recebem apoio através quer de financiamento de projectos, quer da aquisição de equipamentos por parte da Administração Central, designadamente do Ministério do Ambiente, e da Administração Regional e Local, em particular de Câmaras Municipais e Juntas de Freguesia (Gráfico III.4). Esta dependência é, não raras vezes, agravada pela ausência de espaço próprio para a sede – um problema enunciado por 14% das ONGA inquiridas (Gráfico III.2) –, o que leva a que diversas ONGA funcionem em espaços cedidos pela Administração Local.[80] Conforme é indicado no Gráfico III.7, algumas ONGA referiram ainda que, em relação a certos projectos, recebem financiamento de empresas privadas.

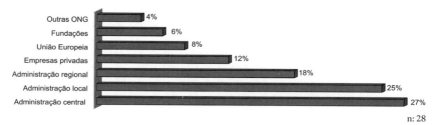

GRÁFICO III.4. Fontes de Financiamento

Outras ONG 4%
Fundações 6%
União Europeia 8%
Empresas privadas 12%
Administração regional 18%
Administração local 25%
Administração central 27%

n: 28

A colaboração das ONGA com o Estado e com empresas tem levado a um amplo debate no interior do movimento. Um conjunto de activistas defende que o novo quadro de relacionamento entre agentes estatais e associações ambientalistas, se não é benéfico, é pelo menos necessário, quer para as associações, quer para o ambiente, pelo que entendem não colocar em causa a independência política e ideológica das associações

> O Estado devia financiar as associações ambientalistas. Não se pode pedir que as associações sejam actores que participem no processo de decisão e que vivam só com base no voluntariado. É impossível. Acho perfeitamente legítimo que sejam

---

[80] Apenas duas ONGA indicaram que o espaço da sua sede é propriedade da ONGA e quatro afirmaram estar num espaço arrendado. As restantes realizam as suas actividades, reuniões e encontros de trabalho na casa dos próprios membros ou em espaços cedidos por entidades como Câmaras Municipais e Juntas de Freguesia.

financiadas pelo Estado, numa certa medida evidentemente (*Activista 6, entrevista pessoal*).

Uma outra facção defende que essa independência pode, na prática, ser posta em causa pela demasiada proximidade entre os activistas e os seus oponentes. Recuperando a discussão iniciada no Capítulo II relativamente às vantagens e desvantagens da institucionalização do movimento ambientalista, pode dizer-se que o financiamento estatal aproxima as ONGA do pilar do Estado (ver Figura II.2) O objectivo de não cedência representa uma fuga ao controlo estatal que nos coloca perante a dicotomia formulada por Boaventura de Sousa Santos (1992) entre a sociedade civil íntima do Estado, controlada por este, e a sociedade civil estranha ao Estado, cuja acção foge aos seus ditames. A análise complexifica-se quando se considera o pilar do Mercado. Alguns activistas argumentam que o financiamento proveniente de empresas privadas tem efeitos mais graves do que o financiamento estatal:

Há empresas que nos aliciam com propostas porque temos uma grande credibilidade e mediatismo, mas temos recusado. A independência que queremos manter em relação ao Estado também a queremos manter em relação às empresas (*Activista 2, entrevista pessoal*).

Julgo que iremos atravessar, muito brevemente, uma fase de reflexão, de análise dos processos de transparência que devem existir na sociedade civil ao nível dos financiamentos, ao nível de eventuais ligações escuras entre dirigentes e outras entidades, ao nível de movimentos entre quadros associativos e lugares no governo. Não sei se existem casos, estou apenas a enunciar de forma teórica. E, ainda que em Portugal o estado do movimento ambientalista seja tão incipiente que não justifique, até agora, os olhares de grandes poderes económicos e políticos num sentido, digamos, de o englobar em *lobbies*, devemos preparar-nos para que essa situação possa ocorrer, sem pretender seguir de forma alguma uma tendência que existe hoje em dia ao nível da comunidade para estabelecer regras absolutamente rígidas de análise do que é o movimento da sociedade civil, das ONG, etc. (...) Julgo contudo que o tempo das associações fundamentadas num nacional-porreirismo, no voluntariado sem responsabilidades, numa posição inconsequente acabou pura e simplesmente porque os problemas que hoje existem são de tal maneira importantes, de uma magnitude tão elevada, que não há espaço para esse tipo de actuação (*Activista 4, entrevista pessoal*).

118 MOVIMENTOS NA JUSTIÇA

Do que resulta das opiniões dos activistas, parece, assim, haver a necessidade de um equilíbrio sólido e de uma vigilância atenta que permitam colmatar as carências de financiamento das ONGA, não cedendo, apesar disso, a um possível controlo por parte das entidades financiadoras.

2.1.2. A relação com os média

Várias ONGA (16%) referiram que um dos problemas com que se confrontam é o difícil acesso aos média (Gráfico III.4). É praticamente unânime que os média são a forma mais importante de divulgação das actividades das associações e uma fonte fundamental da força que a própria ONGA adquire na sociedade. Consideram, contudo, que não só é difícil manter a comunicação social desperta para as questões ambientais, como também que tal exige um esforço significativo por parte das associações:

> O GEOTA é sobretudo uma força de pressão e a pressão tem a força que as pessoas lhe derem. (...) Uma organização como o GEOTA, que tem pouco mais do que 2500 sócios, ou mesmo uma Liga [LPN] e uma Quercus que têm mais do que isso, quer queiramos, quer não, ainda são uma força marginal na sociedade. Forças essas que são notórias apenas do ponto de vista dos média, para mal dos nossos pecados. O que é que isto significa? Significa que em vez de dedicarmos a parte mais substancial da nossa actividade à investigação das situações que devem ser estudadas e acompanhadas, normalmente dedicamos a maior parte do nosso tempo a responder a solicitações dos jornalistas, de políticos ou de outro tipo de fazedores de opinião. (...) Eu preferia mil vezes que nós gastássemos mais tempo a ouvir as pessoas, a trabalhar com as pessoas no território onde elas existem, em zonas urbanas e rurais (*Activista 4, entrevista pessoal*).

Como resulta da afirmação acima transcrita, o esforço para conferir visibilidade à associação pode implicar atender permanentemente às solicitações dos jornalistas, mas também a realização de acções mais espectaculares, de que se falará à frente.

As ONGA referem que, em regra, as questões ambientais se encontram arredadas dos interesses privilegiados da comunicação social, não sendo indiferente a essa situação a parca formação dos jornalistas nestas áreas:

> Os média que temos são um bocado fraquinhos. Lembro-me que me chocava que nas acções que fazíamos na LPN, em que chamávamos os jornalistas para ver isto e mostrar aquilo, etc., muitos nem sequer sabiam ao que vinham (*Activista 6, entrevista pessoal*).

As excepções surgem, muitas vezes, pela sensibilidade de alguns jornalistas em relação às questões ambientais e pela relação pessoal que é estabelecida entre eles e os activistas:

> Se aquele jornalista não está de serviço nesse dia, o colega que está ao lado não tem qualquer sensibilidade para o assunto e deixa-o cair. Esta questão está muito dependente das boas vontades. Muito. Com alguns jornalistas há boa relação. Outros estão sempre a telefonar a perguntar coisas. Grande parte dessa colaboração não aparece sequer nos jornais. (...) Por outro lado, no sentido inverso, quando nós telefonamos a dizer aconteceu isto, às vezes é-se bem recebido, outras vezes "já está fora das minhas mãos porque o chefe acha que já não cabe" (*Activista 1, entrevista pessoal*).

O acesso aos média parece ser mais fácil por parte de algumas ONGA, como, aliás, comprova a análise feita à imprensa escrita na qual associações como a Quercus estão inscritas com muita frequência no título de notícias sobre protestos ou denúncias ambientais. A credibilidade que essas ONGA adquiriram junto dos meios de comunicação social e o desenvolvimento de relações pessoais com os jornalistas são factores marcantes:

> Nota-se que uma acção com uma associação que é conhecida e que tem um capital de credibilidade grande tem um impacto completamente diferente do que se for a associação do bairro dos amigos não sei de quê, porque ninguém os conhece (...) os próprios média não têm tanta confiança (*Activista 2, entrevista pessoal*).

> Tenho colegas que falam todos os dias com os jornalistas. Então tratam-se tu cá, tu lá e é evidente que nesse caso acaba por trazer um relacionamento diferente (*Activista 7, entrevista pessoal*).

A relação entre activistas e jornalistas é, pois, uma relação preferencial no desenvolvimento das actividades dessas ONGA:

> Procuramos ter o melhor relacionamento possível pois é através dos média que veiculamos preferencialmente a nossa mensagem e as nossas preocupações. É, acima de tudo, um relacionamento cada vez mais profissional e exigente tendo em conta que alguns órgãos de comunicação social já começam a dispor de jornalistas especializados na área do ambiente (*Activista 5, entrevista pessoal*).

MOVIMENTOS NA JUSTIÇA

Para um dirigente, a menor visibilidade da ONGA nos média deve-se menos aos aspectos mencionados do que a uma postura da própria associação:

A relação do GEOTA com os média é uma relação menos notória do que a que existe nas outras grandes organizações, claramente. E eu penso que, não sei se será imodéstia, isso resulta de uma atitude mais reflectida, mais pensada das posições do GEOTA face aos grandes problemas da sociedade. Isto é, sem querer menosprezar a actividade das outras associações, eu acho que o GEOTA não vai para os jornais ou para as televisões por dá cá aquela palha. Não é normal que se um jornalista me telefonar a mim ou a qualquer colaborador e nos interrogar sobre um determinado tema, pura e simplesmente lhe ditemos uma posição qualquer que dê *soundbytes* apenas para se poder fazer manchete ou estar numa coluna qualquer num jornal. Quando não temos uma opinião vincada sobre essa matéria, ou pedimos mais tempo para pensar, o que não é normal, ou remetemos o jornalista para alguém que nós pensamos que tem uma posição fundamentada, que é o mais normal. Daí resulta que provavelmente na agenda das televisões, dos jornais e das rádios, o GEOTA não esteja numa posição de privilégio, porque não lhes fornece as caixas que eles precisam, de um modo geral (*Activista 4, entrevista pessoal*).

Das entrevistas e do inquérito resulta que a dificuldade em aceder aos média é maior por parte das ONGA de âmbito mais restrito e/ou de menor dimensão, pelo que também neste aspecto é crescente o fosso entre uma elite de ONGA e o restante movimento associativo.

O difícil acesso aos meios de comunicação social por parte das ONGA é tanto mais grave quanto mais fácil parece ser o acesso por parte daqueles – Estado, empresas e grupos de interesse – que se encontram do outro lado da luta. Para alguns activistas, oriundos de ONGA mais profissionalizadas, uma forma de embate passa pelos ambientalistas escreverem mais artigos de opinião na imprensa escrita, forçando, assim, uma presença no espaço público. Já para um outro activista, a solução não passa por cativar os média institucionais, mas, sim, pelo recurso a um espaço público alternativo, que são os meios de comunicação independentes,[81] e ampliar a sua divulgação para que cheguem a um maior número de pessoas:

Se nós fazemos um comunicado de imprensa a dizer que a energia nuclear não presta por estas e estas razões, se sair algum artigo, sai uma notícia pequenina. Ora,

---

[81] Ver, por exemplo: <http://www.indymedia.org> e <http://pt.indymedia.org>.

no dia anterior aos 30 anos de Ferrel, sai no *Expresso*, que parece que é o jornal mais lido, na primeira página: "portugueses dizem sim ao nuclear". Uma sondagem que eles tinham feito que dava não sei quantos por cento, mas que não tem ficha técnica, não tem nada e depois mostram aquilo assim. Vamos ver à revista, que depois tinha uma reportagem sobre o nuclear, e aparecem os que são a favor do nuclear e os que são contra e tinha o mesmo número de pessoas. Só que nos que tinham posto a favor havia pessoas que diziam "pois, talvez, se calhar é preciso debater isso", mas não diziam sim ao nuclear. E eles tinham lá a favor. Mas elas são a favor de um debate, que é uma coisa completamente diferente de ser a favor da construção de uma central nuclear em Portugal. Esta manipulação de informação que existe... E depois todas as semanas sai pelo menos um artigo dos pró-nuclear. (...) E a facilidade com que os artigos deles passam em comparação com os nossos... Quando uma pessoa trabalha na área percebe que isto é recorrente e torna-se cada vez mais irritante. Nós temos mesmo de encontrar formas de conquistar esse espaço, através da construção de alternativas à imprensa *mainstream*, como sejam os *Indymedia*, como a página do GAIA onde deixamos espaço para as pessoas colocarem os seus artigos (...). É preciso construir espaços que não existem. Aquilo que está construído está a favor do outro lado, dos grandes interesses económicos (*Activista 8, entrevista pessoal*).

A concepção destes média assenta na produção de um discurso alternativo e procura não só criticar e corrigir os média institucionais, como também elaborar novos formatos de crítica social, recorrendo, por exemplo, à divulgação de alguns documentários que esta ONG entende fundamentais para uma maior consciencialização das questões ambientais.

2.1.3. A mobilização para as questões ambientais

Como se viu no Capítulo II, os movimentos sociais confrontam-se, hoje, com uma fraca capacidade de mobilização das pessoas. Em Portugal, a emergência tardia dos movimentos sociais fragiliza ainda mais essa capacidade. Para além disso, importa sublinhar que a mobilização para as questões ambientais é particularmente difícil, resultado também da natureza difusa daquelas. Nos últimos anos têm-se verificado algumas mudanças na mobilização social em torno do ambiente, denotando uma crescente sensibilidade dos cidadãos em relação aos riscos ambientais, sobretudo aqueles que têm expressão directa mais visível na saúde pública (Gonçalves, 2002).[82]

---

[82] Maria Eduarda Gonçalves fala, em particular, do modo como os casos referentes à Avaliação de Impacto Ambiental (AIA) da construção da barragem de Foz Côa e à AIA

MOVIMENTOS NA JUSTIÇA

Ainda assim, num estudo elaborado pelo Centro de Estudos Sociais sobre a administração da justiça em Portugal (Santos *et al.*, 2004), no qual participei, verificou-se que o número de inquiridos que já estiveram envolvidos em conflitos sobre a qualidade do ambiente é muito reduzido (3,8%). Nesse mesmo estudo foi ainda possível constatar que os conflitos classificados pelos inquiridos como ambientais são, na sua maioria, conflitos de vizinhança resultantes da violação de direitos subjectivos.[83] São conflitos com um carácter preponderantemente interindividual e, na sua maioria, resultam de conflitos de vizinhança, sem consequências na mudança das relações sociais com o ambiente.

As ONGA referiram um conjunto de problemas que se prendem, precisamente, com a mobilização para a causa ambiental. São eles: a dificuldade de mobilização de pessoas (8%), a fraca consciência ecológica (5%) e a fraca participação cívica em geral (5%) (Gráfico III.2).

Em primeiro lugar, os activistas entrevistados consideram que, de uma maneira geral, a débil participação cívica é um problema que afecta todos os movimentos sociais. Tal situação, ancorada historicamente, impede que as associações e ONG adquiram verdadeira força negocial:

Nós vivemos, e não podemos esquecê-lo, numa ditadura de 50 anos (...) e o que acontecia é que as pessoas eram aconselhadas, pelos pais, por toda a gente, a não participar. O sinal de participação era um sinal de rebeldia, de insolência, de mau comportamento perante os poderes instituídos e eu penso que, não quero ser mauzinho, mas eu penso que essa tradição e essa atitude ainda são dominantes em algumas partes do território português. O que é que isto significa? Que muita gente ainda sente que o melhor que tem a fazer é não afrontar os poderes instituídos. Ou, se quiser, de uma forma benévola, deixar-se levar por quem tem mais influência na sua terra, na sua empresa, na instituição onde trabalha e por aí fora. Portanto, tudo isto são sinais que desaconselham a participação dos cidadãos nas organizações e que retiram força a essas organizações (*Activista 4, entrevista pessoal*).

---

da instalação de co-incineradoras de resíduos industriais perigosos dão sinais dessa transformação.

[83] De acordo com Carlos Alberto da Mota Pinto, "o direito subjectivo pode definir-se como o poder jurídico (reconhecido pela ordem jurídica a uma pessoa) de livremente exigir ou pretender de outrem um comportamento positivo (acção) ou negativo (omissão) ou de por um acto de livre vontade, só de per si ou integrado por um acto de uma autoridade pública, produzir determinados efeitos jurídicos que inevitavelmente se impõem a outra pessoa (contraparte ou adversário)" (Pinto, 1996: 169).

Mas se a fraca apetência para a mobilização de causas é geral, ela parece ser particularmente evidente no que se refere à cidadania ambiental. Os activistas sustentam que tal está intrinsecamente relacionado com uma fraca consciência ecológica das pessoas, agravada por um forte individualismo da sociedade que impede que se pense nas questões ambientais, necessariamente colectivas, e que secundariza a causa ambiental relativamente a outras questões sociais, culturais e económicas:

> (...) E há um forte individualismo que se nota e que prejudica qualquer causa colectiva. A sociedade está mais virada para si própria e há uma prevalência das causas individuais. A causa ambiental sendo menos antropocêntrica é mais penalizada do que aquela que diz mais respeito ao cuidar das crianças e outras causas mais próximas de nós (*Activista 6, entrevista pessoal*).

Um dos activistas refere alguns exemplos paradigmáticos da frágil sensibilidade do indivíduo para com as questões ambientais, sobretudo quando comparadas com questões de outro âmbito:

> A questão ambiental está fora de nós enquanto seres humanos, as questões sociais tocam-nos mais, por isso é mais fácil as pessoas sentirem-se solidárias. (...). Não passaria pela cabeça de ninguém deitar o Mosteiro da Batalha abaixo porque ele está no meio de um troço da auto-estrada e que seria muito mais rápido deitá-lo abaixo porque seria mais perto ir de Lisboa para o Porto. Mas não houve problema nenhum em cortar a Serra de Aire e Candeeiros, que era uma zona riquíssima que na altura tinha lince e tudo isso, porque não quiseram desviar a auto-estrada meia dúzia de quilómetros para o lado. (...) Porque é que coisas culturais são tão importantes e tão fora de discussão e porque é que coisas naturais não são? A questão ambiental ainda não é sentida como um património nosso. Ainda há muito aquele conceito da revolução industrial de que a natureza está ao nosso serviço para a explorarmos como muito bem entendermos. E isto não se coloca apenas para os amigos da passarada que gostam muito dos passarinhos e de andar atrás deles, mas também mesmo em termos de sobrevivência. (...) Agora, nenhum destes conceitos está enraizado em termos sociais. Assim como agora nos parece inadmissível e impensável que as mulheres não pudessem votar, pode ser que daqui a cinquenta ou cem anos pareça completamente impensável separar um parque natural certificado por um troço que podia passar uns quilómetros ao lado ou separar um vale para construir uma barragem que daqui a cem anos há-de estar tecnologicamente completamente obsoleta (*Activista 2, entrevista pessoal*).

MOVIMENTOS NA JUSTIÇA

Outros argumentam que a fraca consciência ecológica das pessoas se prende, sobretudo, com uma noção de progresso, fortemente disseminada na sociedade, que passa pelas grandes construções. A ideia de progresso que ainda impera não só obsta a uma verdadeira consciência, senão ecológica, pelo menos ambiental, como leva a que, não raras vezes, as populações se insurjam contra as próprias associações ambientalistas. Tal não resulta apenas de uma falta de informação das pessoas, mas sobretudo de um confronto entre progresso económico e protecção do ambiente, em que o último sai a perder:

As pessoas não são burras. É muito complicado preocuparmo-nos com o ambiente quando a nossa casa nem sequer tem casa de banho. Estão outras coisas à frente, como o não receber nada ao fim do mês. E por isso é que é fundamental falar-se hoje em dia não em conservação da natureza, mas em desenvolvimento sustentável. (...) Não é as coisas serem intocáveis, é gerir com sustentabilidade. O ambiente é, de facto, visto como um direito menor (*Activista 3, entrevista pessoal*).

A propósito deste confronto, vários activistas referiram os casos das construções das barragens do Alqueva e do Sabor. As associações ambientalistas não só tiveram uma grande dificuldade em mobilizar as populações locais, como uma grande parte da população esteve, no caso da Barragem do Alqueva, e está ainda em relação ao Sabor, a favor da construção da Barragem, mobilizando-se nesse sentido.[84] Tal não significa, segundo estas opiniões, que as pessoas não tenham noção do impacto que as barragens têm na natureza das regiões, mas que entendem que as questões económicas se sobrepõem às questões ambientais. De acordo com a opinião veiculada por alguns activistas, muitas pessoas sentem que a preservação da natureza naqueles locais não lhes traz qualquer tipo de benefício, pelo que são, muitas vezes, manipuladas pelos poderes com interesses na construção das barragens que apregoam o crescimento económico da região.

Parece, assim, para os activistas entrevistados, haver "muito interesse por alguns em que a questão ambiental seja vista como um empecilho ao desenvolvimento e à criação de riqueza" (*Activista 2, entrevista pessoal*), embora tal

---

[84] Na edição do jornal *O Público* de 4 de Agosto de 1999, uma notícia referente à Volta a Portugal em Bicicleta referia que a etapa em Bragança tinha ficado também marcada pelo facto dos habitantes locais aproveitarem os média para reivindicarem a construção da Barragem do Sabor, com cartazes dizendo: "Barragem do Sabor – Construam-me, porra".

não corresponda, acrescentam, aos objectivos das associações ambientalistas. Nestes e noutros casos o que está em causa é, acima de tudo, a avaliação de alternativas e a procura de um outro paradigma de desenvolvimento económico:

> Continua-se sempre a procurar o desenvolvimento das economias. Não há desenvolvimento, há estagnação económica e é uma desgraça, então se há recessão é o fim do mundo. O objectivo do nosso sistema económico é crescer eternamente. E se nós analisarmos a natureza só há um organismo que segue este padrão, o cancro, que é crescer, crescer, crescer até à sua autodestruição. Nada cresce indefinidamente. Cresce, atinge a sua maturidade e morre. Não estou a dizer que as economias morram, mas que não podem continuar a crescer indefinidamente porque há um ponto em que os recursos deixam de existir e morre. É o caso do cancro que cresce enquanto tem células para se reproduzir. E os recursos naturais são o que está na primeira linha desse crescimento (*Activista 2, entrevista pessoal*).

As palavras precedentes trazem consigo uma crítica ao conceito de desenvolvimento sustentável feita por vários activistas. No Capítulo I constatou-se que a ideia de desenvolvimento sustentável é invocada, não raras vezes, para impor um modelo de progresso que nem sempre se coaduna com a causa ecológica, ela própria sujeita a interpretações diferentes. Com efeito, embora em termos conceptuais nem sempre esta crítica seja clara nas narrativas dos activistas, perpassa um sentimento de oposição ao modo como o desenvolvimento sustentável emergiu no estreitamento de um discurso ambientalista que deixa intocados tanto o modelo económico capitalista como a ideologia moderna de progresso. Consoante as perspectivas políticas mais amplas, pode encontrar-se ou não no discurso dos activistas uma postura antagonista ao modelo de desenvolvimento económico vigente, o modelo de desenvolvimento da modernidade, imposto pelo capitalismo, enquanto agente central de uma aniquilação da natureza e de um bioimperialismo.

Sem o apoio e o envolvimento da população em geral e da população local em causas ambientais particulares, dificilmente se consegue combater este modelo, legitimar a luta, mobilizar pessoas para acções e, por fim, ter resultados concretos. Voltarei a estes exemplos mais tarde.

2.1.4. Em busca da profissionalização?

A dificuldade de mobilização das pessoas verifica-se, igualmente, ao nível do envolvimento dos sócios nas acções e na vida quotidiana da associação. Com efeito, um dos problemas mais referidos pelos activistas entrevistados refere-se à falta de colaboradores activos, o que dificulta a concretização de diversas actividades. O problema foi indicado também por 8% das ONGA inquiridas (Gráfico III.2). Com efeito, para vários activistas, o excessivo escoramento no voluntariado constitui uma das grandes fragilidades do movimento que depende, mais do que o que seria desejável, do tempo disponível e da dedicação dos seus associados:

> Fiquei surpreendida quando percebi a fragilidade do movimento ambientalista português. Mas, se por um lado, tem uma dimensão frágil, reduzida, também tem gente extraordinária, combativa e com uma generosidade imensa e só com muita generosidade é que o movimento ambientalista tem sobrevivido. Mas tem um número reduzido de associados, dificuldades financeiras que o atravessam sistematicamente, falta de profissionalismo das direcções e dos quadros técnicos que aguentam os processos (*Activista 6, entrevista pessoal*).

Este é um problema que parece afectar também as ONGA com um maior número de associados, como a Quercus, o GEOTA ou o FAPAS. Apesar do número de sócios destas associações se situar nos milhares, estes são, acima de tudo, "pagadores de quotas" sem grande envolvimento com as ONGA:

> Esse sempre foi um problema e julgo que continuará a ser. Os recursos humanos que sustentam a actividade da Quercus são essencialmente voluntários e, portanto, as pessoas que conseguimos mobilizar são sempre poucas (*Activista 5, entrevista pessoal*).

> O movimento continua dependente de um número restrito de pessoas, o que dificulta muito. Não é como na Holanda, Bélgica ou Inglaterra, onde as associações se sentem apoiadas pelos sócios; se há uma associação que pede aos sócios para protestarem, os sócios protestam. Aqui há uma indiferença muito grande. As pessoas inscrevem-se como sócias, pagam a quota um, dois anos, deixam de pagar a quota e acham que já fizeram muito pelo movimento ambientalista. Em termos gerais, as pessoas não colaboram, não são participativas, não respondem de forma solidária (*Activista 1, entrevista pessoal*).

A dificuldade em mobilizar os sócios é tanto maior quanto mais elevadas são as expectativas em relação ao desempenho da ONGA e quanto mais esta é chamada a dar pareceres sobre determinadas questões e a participar em projectos e comissões. Nestes casos, ainda que haja prazos específicos defini-dos, o voluntariado impede que certas exigências, quer em termos de quali-dade, quer em termos de celeridade, sejam feitas:

> Nós não nos podemos esquecer que trabalhamos em regime de voluntariado. Eu
> não tenho a mínima possibilidade de retorquir, perante uma determinada demora,
> a um voluntário: "desculpe, mas você não está a desenvolver o trabalho em con-
> dições ou com a rapidez necessária". Ele naturalmente me responderia, com toda a
> razão, que não é pago para isso (*Activista 4, entrevista pessoal*).

Os resultados do inquérito aplicado sugerem que este é o caminho no qual muitas ONGA seguem ou, pelo menos, pretendem seguir, diminuindo, assim, os efeitos danosos da frágil mobilização de pessoas: 44% das ONGA inquiridas reúne já voluntários e remunerados entre os seus colaboradores activos e 4% remunera a totalidade desses colaboradores. De realçar, con-tudo, que no que se refere aos membros que são remunerados, as entrevistas permitiram verificar que muitos deles são, a maior parte das vezes, pessoas afectas a um projecto específico cujo financiamento pressupõe verbas para recursos humanos e não constituem aquilo a que se podem chamar "qua-dros" da associação.

Para alguns activistas, a não remuneração dos quadros, com a excepção de funcionários administrativos,[85] não se deve a uma mera falta de fundos, mas vai ao encontro de uma reflexão mais ampla sobre a profissionalização das associações:

> (...) Foi uma decisão a certa altura não profissionalizar, não institucionalizar a pro-
> fissionalização na Quercus. E isto foi um contraste em relação à LPN que seguiu o
> caminho oposto e que, portanto, tem vinte e tal pessoas a trabalhar a tempo inteiro
> para eles e acaba por ser em algumas coisas mais eficaz do que nós. Só que, digamos,
> o preço que essa profissionalização tem na nossa estrutura nacional, em que não
> existe uma cultura de mecenato, em que não existe uma cultura de os governos
> financiarem, sem estarem à espera que as pessoas se calem... Em Portugal, infeliz-
> mente, não há essa cultura e, então, a dada altura preferimos manter-nos volun-

---

[85] Como vimos no Gráfico III.3, há uma percentagem considerável de ONGA que indi-cam como um dos investimentos prioritários o apoio de gestão/contabilístico e o apoio administrativo.

tários, mas independentes e sem constrangimentos. Isto tem coisas boas e coisas más. É bom realmente porque não temos grandes constrangimentos por parte de uma instituição financiadora e é por isso que a Quercus é mais incómoda, porque não tem esse problema. Não estou a dizer que essas associações tenham muitos problemas relativamente a isso, mas não estão tão à vontade. Por outro lado, coloca sérios problemas ao nível da organização interna porque não há grande estrutura financeira para manter uma estrutura profissionalizada com maior responsabilização e qualidade... Qualidade não é no sentido que há os profissionais e os amadores, porque são mais amantes do que amadores. São especializados naquelas áreas só que não são pagos na Quercus e não têm disponibilidade de tempo como teria alguém que trabalhe a tempo inteiro. Portanto, há sempre essa ambiguidade que vai variando um bocadinho (*Activista 2, entrevista pessoal*).

As cautelas referentes à profissionalização das associações ambientalistas surgem, sobretudo, num quadro de avaliação dos prejuízos de uma dependência financeira em relação à administração pública e não tanto das dinâmicas de um movimento social que, pela sua essência, se encaminharia para o voluntariado. As exigências colocadas às ONGA de credibilização das posições defendidas e o trabalho contínuo que algumas encetam levam, contudo, a um pesar dos prós e contras da profissionalização. Os dados sugerem que este equacionar de benefícios e prejuízos se faz primordialmente em relação à possível profissionalização dos membros activos da associação, alguns deles produtores de conhecimento científico, e não tanto na admissão de pessoal administrativo que não é activista.

2.2. *A cientifização e o fechamento do movimento*
A produção de conhecimento científico e o recurso a esse conhecimento esteve presente no discurso de vários activistas. Embora no inquérito se procurasse saber qual o grau de habilitações dos membros activos da ONGA, o número elevado de não respostas não permite tirar qualquer conclusão. Ainda assim, o cruzamento de algumas respostas com as entrevistas realizadas sugere que há uma diferenciação entre as ONGA de âmbito local, onde há um número significativo de colaboradores activos com graus de instrução mais baixos e ONGA de âmbito regional e nacional cujos membros activos são, na sua maioria, licenciados. Várias ONGA acolhem, aliás, estagiários e contratam técnicos no âmbito da execução de projectos de cariz científico financiados por entidades nacionais e europeias. Em diversas ONGA existem mesmo especialistas de diversas áreas, que se assumem, antes de mais, como cientistas:

Acima de tudo sou uma cientista (...) A sensação que tenho é que nunca fui assumida pelo movimento ambientalista como uma igual. Talvez a minha forma de estar e o facto de ter vindo da ciência constituísse também uma carga um pouco diferente do movimento ambientalista. Por sinal, a LPN também já tem um pouco esse estigma. Por outro lado, também considero que por ter esse estigma e esse perfil despoletei e dinamizei um conjunto de situações que não eram normalmente características, e talvez tenha surpreendido um bocadinho por essa via (*Activista 6, entrevista pessoal*).

Uma antiga presidente de uma ONGA afirma mesmo que não só se podem encontrar vários cientistas no movimento ambientalista, como o inverso também ocorre:

Há muito ambientalismo na comunidade científica. Não é um movimento social, não é um movimento que se expressa da mesma forma, com a mesma componente ideológica que o faz o movimento ambientalista, mas é verdade que a comunidade científica tem muito ambientalismo, tem muitos cidadãos empenhados nas questões ambientais através da sua actividade profissional e isso tem promovido politicamente causas ambientais. Sintomático disso é o protocolo de Quioto, as alterações climáticas, questões alimentares, de agricultura biológica... (*Activista 6, entrevista pessoal*).

Afirma, ainda, que a ligação entre o movimento ambientalista e a ciência não constitui uma novidade na medida em que existe desde a sua génese. Na sua opinião, este foi, aliás, um factor fundamental para a consolidação do movimento na esfera pública:

Para que o movimento ambientalista surgisse na decisão política, na negociação política como actor, como parceiro ao mesmo nível, com poder de decisão, com capacidade reivindicativa teve de encontrar formas para legitimar o seu discurso e isso realmente teve contrapartidas. Mas isto é a própria história do movimento. Ele nunca foi completamente desligado da ciência. A própria origem do movimento ambientalista sempre teve algo de científico. Os primeiros ambientalistas, se assim se podem chamar, as pessoas que foram adoptadas pelo movimento como os grandes emblemas, as figuras de proa das diversas fases do movimento ambientalista, muitos têm origem na própria ciência (...) (*Activista 6, entrevista pessoal*).

Já outro activista entende que hoje o recurso à ciência por parte das ONGA é mais significativo do que em períodos anteriores:

130 MOVIMENTOS NA JUSTIÇA

O movimento está mais cientificamente fundado do que era antes. As maiores associações têm cuidado em fundamentar tecnicamente as suas propostas o que é uma coisa muitíssimo boa. No início ninguém fundamentava nada; eram opiniões ou correntes filosóficas. Agora, não. Agora produzem-se documentos científicos, o que é um progresso muito grande (*Activista 1, entrevista pessoal*).

Para grande parte dos activistas, a ciência e o recurso a um discurso técnico-científico têm contribuído para que as ONGA apareçam crescentemente dotadas de uma maior credibilidade e legitimidade perante a opinião pública:

Vejo-o [ao movimento ambientalista] como algo mais forte. Vejo-o como algo que se deve respeitar e que se deve ter algum cuidado. Antigamente era fácil dizer que nós éramos uns fundamentalistas, ecoterroristas, eco-xiitas como já nos chamaram. (...) Hoje, os governantes e as autoridades começam a tratar-nos com maior deferência e, de facto, temos feito parte do conselho consultivo de várias obras, fomos chamados para integrar comissões de acompanhamento, de elaboração de planos, de elaboração de legislação... (*Activista 3, entrevista pessoal*).

Esta não é a opinião de um outro activista. Embora admita que o recurso a um discurso técnico-científico tende a dar uma maior credibilidade às associações, sendo hoje inaceitável não o usar em determinadas circunstâncias, recusa que seja esse recurso que confira legitimidade ao movimento associativo, pois esta é conferida pelo número de pessoas que consegue mobilizar em torno da sua causa:

A legitimidade não é dada pela linguagem que se tem, mas pelo número de pessoas que estão a apoiar a iniciativa e que se sentem identificadas com ela. A legitimidade está no número de portugueses que diz não aos transgénicos. Que a mim me parece uma legitimidade muito maior do que estar a usar um argumento técnico-científico que 90% das pessoas não compreendem, não têm capacidade para o discutir e que pode ser manipulado, para um e para o outro lado. O que se coloca é a questão da credibilidade. E para esse problema não tenho solução (*Activista 8, entrevista pessoal*).

A distinção entre a credibilização científica e a adesão do público negligencia o papel que, em qualquer dos casos, o discurso científico assume ao fundamentar, legitimar e fortalecer formas públicas de acção e de mobilização. A ciência produzida no âmbito do movimento ambientalista pode mesmo contrabalançar uma ciência que tende a ir mais ao encontro dos interesses dominantes.[86] No entanto, o que se pode reter das palavras do activista é, creio, o perigo de as associações assumirem uma discursividade científica sem capacidade comunicativa e que, por isso, vê esvaziada a sua ligação com a mobilização política. Este é um cenário em todo semelhante ao descrito no Capítulo II relativamente ao movimento ambientalista ocidental. A hipercientifização no pilar da emancipação marcou também o movimento ambientalista português, embora mais tardiamente. As consequências ao nível da posição ideológica das associações e dos seus repertórios de protesto, são várias, entre elas, segundo certas opiniões, o abandono da luta pelo ambiente como uma questão social estrutural e, ainda, o afastamento progressivo entre as populações e as organizações do ambiente.

Um conjunto de activistas defende que o uso e a produção de ciência, bem como a integração progressiva de técnicos especializados nas associações, têm contribuído para um fechamento do movimento em si mesmo, que leva a que se tenha tornado, como refere o activista de uma recente ONGA, demasiado "purista". Tais opiniões não pressupõem um abandono do recurso à ciência, nem negligenciam a sua importância na luta ambientalista, mas antes um extravasar do ambientalismo da comunidade científica, onde se parece centrar, para a população em geral e para outras questões económicas e sociais:

> Apesar de eu estar muito metida no meio académico e de fazer parte dessa elite entorpecida, eu acho que se deve transbordar este sector técnico, intelectual, académico. Só assim é que podemos dar um bom contributo ao activismo ambiental (*Activista 9, entrevista pessoal*).

> Eu acredito muito na ciência, o que eu acho é que não se podem fechar na sua redoma. (...) O mundo académico está muito fechado em si mesmo (*Activista 10, entrevista pessoal*).

Para outro activista, a dificuldade comunicacional entre as ONGA e a população é, sobretudo, um problema de um grupo restrito de ONGA, que,

---

[86] O papel desta outra ciência tem sido, ainda assim, subaproveitado, uma vez que, como refere Maria Eduarda Gonçalves (2002), "Em Portugal, a cultura da governação tende, tradicionalmente, a favorecer mais o exercício da autoridade política baseada em crenças gerais do que o aprofundamento dos fundamentos das decisões ou um diálogo aberto e pluralista com os grupos de interesse e os movimentos sociais. As representações da ciência na esfera da decisão reflectem ainda hoje este estado de coisas".

por estarem em estreita ligação com o mundo académico, acabam por desenvolver conceitos, como o de ambiente ou desenvolvimento, e uma linguagem que em nada se assemelham aos usados pelas populações locais. Tal deve-se, principalmente, ao facto de, ao longo dos anos, grande parte dessas associações terem aglutinado nas suas direcções um grande número de especialistas, muitos ligados ao meio académico, o que pode, inclusive, redireccionar o enfoque da actuação da associação:

> Um aspecto de que eu gosto, é que cada vez mais temos pessoas sem licenciatura e que participam e que a maior parte das vezes sabem mais sobre um determinado tema, como os transgénicos, do que muitas pessoas com licenciaturas em biologia ou em ambiente. Por exemplo, quando invadimos um debate, no final, o conferencista às tantas pergunta ao P... [membro do ONGA]: "então, mas que curso é que tem?" e ele disse "eu não tenho curso nenhum. (...) Sei de estudos que leio, informo-me". O conferencista disse logo "ah, pois, mas eu tenho uma pós-graduação e tenho o doutoramento e não sei o quê mais...", **como se isto fosse,** digamos, **a mão de Deus para ser totalmente isento e imparcial** (*Activista 8, entrevista pessoal*).

O fechamento do movimento que parece resultar de uma institucionalização de várias associações, que se assumem também como locais de produção científica, com quadros especializados, conduz, para alguns, a uma maior dificuldade na articulação das questões ambientais com outras questões sociais. Nessa medida, tornam-se mais problemáticas as relações com os outros movimentos sociais. No Inquérito procurou-se saber se as ONGA desenvolviam actividades ou projectos com outros movimentos sociais: 39% responderam afirmativamente e 44% disseram que não. A percentagem de não respostas, 17%, faz supor que esta é uma questão que, longe de resposta imediata, obriga a alguma reflexão. No que se refere à importância conferida à colaboração entre ONGA e outros movimentos sociais, 40% das ONGA consideram-na importante, 26% muito importante e 17% nada importante.

De facto, no cenário dos movimentos sociais em Portugal, parece haver uma tradução difícil das questões ambientais para outras questões sociais e vice-versa, o que impossibilita acções conjuntas. Esta dificuldade está presente nas palavras de Carlos Moura, da Quercus, ao referir "que as questões sociais são muitas vezes algo estranhas aos grupos ambientalistas" (Moura, 2003). Salienta, porém, que também a especificidade e a importância da questão ambiental tende a ser negligenciada pelos outros movimentos sociais:

A falta de reconhecimento que um outro mundo só é possível se um outro desenvolvimento for possível, e mais grave do que isso, a incapacidade de compreender a especificidade própria da questão ambiental, confundindo os seus princípios orientadores com os de quaisquer outros grupos de reivindicação, independentemente de quão legítimas são as suas reivindicações, mostrou claramente o rotundo fracasso da actuação de anos das organizações ambientalistas. Nada do que foi proferido por estas reverberou através da sociedade e os movimentos que pugnam por alterações sociais e económicas mantiveram-se espantosamente ignorantes no que diz respeito ao enlace ambiente e desenvolvimento. (...) Se é verdade que o movimento ambientalista definhará se não incorporar na sua visão as questões sociais e económicas, reduzindo-se a um folclore preservacionista, não é menos verdade que a marginalização e tentativa de colocar o movimento ambientalista nesse enquadramento tornará impossível qualquer perspectiva de sustentabilidade e portanto de alteração das condições sociais (Moura, 2003).

Um claro exemplo desta dificuldade foi a participação do movimento ambientalista no Fórum Social Português.[87] Embora a pertinência das questões ligadas à protecção do ambiente tivessem ficado impressas na Declaração aprovada na Assembleia dos Movimentos Sociais (de 10 de Junho de 2003), certo é que, para alguns activistas, este esteve longe de ser um processo fácil, considerando que houve uma clara demarcação entre os ambientalistas e os outros:

O falhanço da explicação destas realidades tão básicas [do imperativo da protecção do ambiente] pode ser considerado um dos principais fracassos sociais do movimento ambientalista, ainda que as pequenas alterações no texto final da Assembleia de Movimentos Sociais possa ser considerada uma pequena vitória (Moura, 2003).

Talvez por isso, este evento não seja visto como uma prioridade por parte de algumas ONGA:

Especificamente em relação ao Fórum Social Português, temos acompanhado e participado mas o grande esforço da QUERCUS vai para o concreto do dia-a-dia em termos de defesa do meio ambiente. Este tipo de eventos acaba por ser para nós um espaço de reflexão e de interacção com outras organizações e movimentos,

---

[87] O 1º Fórum Social Português teve lugar em Lisboa, em Junho de 2003.

exercício este que fortalece a nossa capacidade de contribuir para a resolução dos problemas concretos que vamos acompanhando diariamente *(Activista 5, entrevista pessoal)*.

Vejo de forma negativa a realização do anterior Fórum Social Português. Digamos que ele não teve a organização que podia ter tido. Nós estamos disponíveis para dar uma segunda oportunidade ao fórum *(Activista 4, entrevista pessoal)*.

Para um activista, os diálogos difíceis entre o movimento ambientalista e os restantes, visíveis no Fórum Social Português, prendem-se com uma certa "apolitização" do movimento ambientalista, que, fechando-se num discurso técnico-científico, não consegue passar a sua mensagem nem abordar de forma integrada os problemas ambientais:

A apatia política que a maior parte das organizações ambientalistas tenta ter tem as suas vantagens, que é conseguir um público mais amplo porque não criam tantos anticorpos, mas, por outro lado, limita bastante as suas formas de actuação e a sua intervenção em questões de fundo dos problemas ambientais. Os primeiros ambientalistas em Portugal gostavam muito de fazer a distinção entre ambientalismo e ecologismo, eles gostavam de dizer que o ambientalismo é uma corrente apartidária, apolítica, quase aquela coisa estéril, que se for bem feito toda a gente tem de estar de acordo porque é baseado em factos científicos, há um problema ambiental que tem de se resolver e, portanto, nós vamos trabalhar com base nisto. Só que são assuntos demasiado complexos para serem meramente factuais. Tudo é uma opção política e, portanto, nós, quando estamos a fazer ambientalismo, estamos a fazer política. Quando estamos a lutar contra os transgénicos, estamos a fazer política. É uma opção política baseada nos nossos conhecimentos e, portanto, é subjectiva. Nesse sentido também nos distinguimos dessa corrente mais *mainstream* do ambientalismo em Portugal que tem uma tendência em tomar as questões com maior objectividade e a ser mais imparcial politicamente, que é uma coisa que para mim não existe *(Activista 8, entrevista pessoal)*.

De realçar que, não sendo o movimento ambientalista um bloco homogéneo, esse fechamento deve ser lido, sobretudo, como uma tendência decorrente da actuação e organização de um número de associações que, não obstante terem nascido num contexto de hiperpolitização, parecem enveredar por uma lógica de pragmatismo quase tecnocrático, levando a que alguns questionem mesmo a sua função de politização da sociedade civil, caracte-

O MOVIMENTO AMBIENTALISTA EM PORTUGAL   135

rística fundamental dos novos movimentos sociais (Rodrigues, 1995). Ora, parece-me que aqui é fundamental recuperar alguma da discussão teórica iniciada no capítulo anterior. Se, na esteira de Rucht (1999), nos centrarmos apenas nas ONGA portuguesas para caracterizar o movimento ambientalista português, conclui-se que este carece, efectivamente, de traços que o permitam aproximar de um novo movimento social. Contudo, e apesar de o autor contemplar o funcionamento das ONGA em rede, certo é que, ao contemplar apenas as organizações e grupos não governamentais, acaba por secundarizar a questão da identidade ambiental que vai além da organização formal.

Se, por outro lado, se seguir a definição de movimento social proposta por Diani (1995; 2003), já se terá de incluir indivíduos sem qualquer filiação organizacional, grupos informais e espontâneos e associações com vários graus de formalização, que se ligam entre si por uma identidade ambiental comum e que agem colectivamente. Esta definição, que me parece mais adequada, permite realçar a importância dos movimentos populares de base local no ambientalismo português.

2.3. *A proliferação de movimentos populares de base local*

O movimento ambientalista em Portugal está marcado pela acção de movimentos populares de base local desde 1974. Embora tenham estado sempre presentes na história do movimento ambientalista português, acabaram por ter uma maior visibilidade, como já referi, na década de 1990,[88] sobretudo com as questões ligadas ao tratamento de resíduos tóxicos.[89]

Estes movimentos defendem realidades físicas, ecológicas e territoriais bem definidas e têm, em regra, um enquadramento comunitário, localista ou regionalista. Segundo Figueiredo e Fidélis (2003), que procederam a uma análise destes movimentos entre 1974 e 1994, a larga maioria dos casos envolveu apenas uma comunidade específica (77,3%), sendo que apenas 22,7% ultrapassaram as fronteiras locais, envolvendo duas ou mais comunidades. É com base no seu localismo e também por surgirem, na grande maioria das

---

[88] Segundo Figueiredo e Fidélis (2003), mais de metade dos casos de movimentos populares ocorreu na década de noventa (53,5%), particularmente entre 1991 e 1994. Entre 1974 e 1980, ocorreram 14,2% dos casos analisados e, ao longo da década de oitenta, apenas 5,1%.

[89] Ver, para uma caracterização destas lutas, em particular a luta contra a incineração em Estarreja e contra a co-incineração em Souselas, Eugénia Rodrigues (2000) e Marisa Matias (2002), respectivamente.

vezes, como reacção a um problema pontual e esporádico que, como se viu no Capítulo II, a estes movimentos é atribuído o rótulo *Nimby* (*not in my back yard*). Embora este rótulo comporte uma conotação negativa, quase de depreciação da luta encetada, certo é que os participantes de tais movimentações, muitas vezes populações fortemente estigmatizadas por permanentes formas de exclusão, clamam, em geral, por direitos, designadamente pelo seu direito à saúde e/ou pelo seu direito ao ambiente e qualidade de vida, e ao fazê-lo esboçam formas de cidadania.

Os activistas das ONGA reconhecem a presença destes grupos no movimento ambientalista português, ainda que as opiniões relativas a tais emergências populares não sejam unânimes. Para alguns activistas, a proliferação dos movimentos populares locais, ainda que desperte momentaneamente a consciência das pessoas relativamente a questões ambientais específicas, levando mesmo a mobilizações excepcionais, não traduz uma verdadeira consciência ambiental, visível na incapacidade de traduzir os problemas locais em questões ambientais mais amplas:

> Há pessoas que só reagem quando o problema se passa mesmo junto a elas. E nesses casos são capazes de reagir, empenhar-se mesmo e têm a vantagem de poder mobilizar localmente as pessoas. A segunda vantagem é que essas pessoas se calhar antes nunca tinham pensado nessas coisas e agora já estão mais despertas. Mas, quando cessa o motivo, as pessoas acomodam-se novamente. Estão mais sensíveis ao problema, mas baixaram os braços. Portanto, são sempre fenómenos efémeros (*Activista 1, entrevista pessoal*).

> O *nimby* é uma síndroma que pode ser desenvolvida junto de uma população mal informada, mal dirigida e mal aconselhada (*Activista 4, entrevista pessoal*).

Outras opiniões vão no sentido da valorização de tais movimentos populares precisamente pela sua base local que lhes confere uma maior legitimidade reivindicativa:

> O *nimby* é uma coisa positiva. Quem sabe melhor do que ninguém o que é bom para aquele sítio são as pessoas que lá vivem. E depois há quem diga, mesmo dentro do ambientalismo, que o *nimby* é perigoso porque há projectos que têm de ser construídos em algum lado. Mas o *nimby* é perigoso quando as pessoas vêem que – não estou a dizer que todos são assim, mas a maior parte deles – esses projectos não os vão beneficiar em nada e que são subprodutos da actividade do centro, ou seja, de

O MOVIMENTO AMBIENTALISTA EM PORTUGAL   137

Lisboa, do Porto, das capitais. No caso da co-incineração, são os grandes centros geradores de resíduos que mandam para co-incineração e que desde que seja longe da cidade está tudo bem, quer dizer, a gente manda ali para o meio da população de Souselas ou da Arrábida e está tudo bem. (...) Quando nós localizamos os processos de informação, quando as populações são bem informadas, a decisão acaba por ser muito mais democrática, acaba por ser muito mais ecológica, e defender muito mais o interesse local. Ou seja, a conjugação dos interesses locais é muito mais importante para o interesse global do que um suposto interesse global que é manipulado por outros interesses ocultos (*Activista 8, entrevista pessoal*).

São várias as ONGA que se articulam com movimentos populares de base local nas suas lutas.[90] Nessa articulação, as ONGA surgem, muitas vezes, como importantes apoios, recorrendo a um discurso técnico-científico e traduzindo a luta para questões ambientais mais abrangentes:

Não existe uma estratégia de funcionamento com movimentos cívicos. Não temos uma estratégia. Isso decorre da nossa actuação, que é, desde logo, uma actuação individual. Portanto, falando em termos individuais, procuramos não instrumentalizar essas pessoas. Se sentimos que existe algum défice em termos de conhecimento ou em termos de actuação, procuramos suprir, procuramos informar, procuramos aconselhar e procuramos sugerir, agora não instrumentalizar as pessoas. Isso é até um insulto à autonomia individual (*Activista 7, entrevista pessoal*).

Diferentes movimentos cívicos surgem com um número reduzido de moradores que combatem, por exemplo, a construção de um determinado empreendimento, começando, depois, a aglutinar outros cidadãos. As ONGA podem incentivar a emergência desses movimentos populares na sua procura de alianças com as populações locais e, até, ajudá-los na sua formalização, quando assim o entendem. Alguns desses grupos de cidadãos, apesar de se desenharem informalmente por reacção a um problema específico e, portanto, efémero, após a resolução do problema avaliam a possibilidade de se constituírem como ONGA, procurando canalizar o empenho dos cidadãos naquela luta específica para lutas contínuas:

---

[90] Não raras vezes tal serve como forma de despertar o interesse dos meios de comunicação social para determinada luta. Em 21 de Setembro de 1994, por exemplo, o título de uma notícia sobre uma lixeira de Torres Vedras no *Público* era: "Quercus junta-se aos protestos".

MOVIMENTOS NA JUSTIÇA

Tudo começou no ano de 1994, com o início de um matadouro regional junto ao Rio Lima. Construção apoiada pelas Câmaras de Ponte de Lima e Arcos de Valdevez. O movimento nasceu contra o matadouro (*Movimento para Defesa do Rio Lima, resposta ao Inquérito*).

A constituição deste núcleo ficou a dever-se à necessidade de lutar pela defesa de um espaço verde que estava ameaçado de destruição e a luta contra a cobertura de cursos de água na cidade do Porto, sendo depois alargado a outras áreas, como a defesa do património (*Núcleo de Defesa do Meio Ambiente de Lordelo do Ouro, resposta ao Inquérito*).

Necessidade de criar um movimento de cidadãos contra a eutrofização das lagoas dos Açores, que depois evoluiu para uma Associação de Defesa do Ambiente com actividade em diversas áreas (*Gê-Questa, resposta ao Inquérito*).

O Movimento Xiradania – Movimento de Cidadania Vilafranquense – é, a este respeito, um exemplo interessante. A organização cívica, apoiada na promoção da cidadania a nível local, nasceu em 2003 e apresenta-se "como um movimento de cidadãos que acreditam na força da opinião pública para promover e defender os interesses colectivos do desenvolvimento sustentável, da qualidade de vida e dos valores culturais e naturais do concelho de Vila Franca de Xira".[91] Um dos dirigentes, relata desta forma o início da formalização deste movimento:

Acho que era fundamental, eu e os meus concidadãos que se juntaram para fazer o Xiradania, começarmos a levantar questões e a agir. Porque o problema de Portugal é sempre o mesmo: grandes teóricos, universidades fantásticas, grande pensamento e não sei o quê e depois ninguém está para se chatear. E não me é indiferente, nem a mim nem aos meus concidadãos do Xiradania, a destruição do concelho de Vila Franca e é isso que está a acontecer. (...) Portanto, havia um conjunto de pessoas que dizia mal disto tudo nos cafés e achámos que tinha chegado a altura de fazer qualquer coisa e constituímos uma associação, arranjámos um gabinete jurídico, arranjámos um sítio na internet e começámos a pôr em causa todas as decisões que achávamos que não eram correctas por parte da Câmara, que são imensas (*Activista 11, entrevista pessoal*).

---

[91] *In* Declaração de princípios do Movimento Xiradania.

A formalização não é uma evolução inevitável dos movimentos. Antes, passa por uma avaliação cuidada dos prós e dos contras desse processo:

> Depois surge a questão: valerá ou não a pena que nos constituamos como associação? Nuns casos vale e noutros não. Há determinadas acções, iniciativas e prerrogativas que, de facto, só uma ONGA regularmente constituída com personalidade jurídica é que tem acesso. Mas há outras situações em que acaba por ter vantagem, desde logo em termos de operacionalidade, haver um movimento *ad hoc*, sem personalidade jurídica, porque a partir do momento em que a constituição é feita em termos institucionais depois também envolve uma engrenagem mais pesada, com mais responsabilidades, etc., que muitas vezes depois pode funcionar como um factor de entropia. Portanto, mais vale ver caso a caso, ver se se justifica a dita institucionalização ou se se justifica, pelo contrário, que o movimento permaneça informal. (...) A institucionalização pode ser muito mais complicada em termos de funcionamento, porque é preciso ter regras claras, quórum deliberativo, actas, etc., e isso é um factor de entropia, porque já bem basta o sacrifício que é reunirem, participarem, difundirem um comunicado interno, ainda terem a estopada de fazer actas, apresentar contas... (*Activista 7, entrevista pessoal*).

As respostas dadas no inquérito sobre os principais motivos que estiveram na origem da associação aventam precisamente que a formalização do movimento tem fins instrumentais, designadamente o da agilização de alguns processos:

> [Surgimos] no seguimento de uma luta da população local contra a construção, em REN, de tanques para a engorda artificial de peixes e o facto de o acesso à Administração Pública ser mais fácil através de um grupo formal por causa da existência de burocracia que impede o mero cidadão de continuar uma luta que deve ser contínua e persistente (*Grupo Flamingo, resposta ao Inquérito*).

> Os motivos que levaram à construção da ONGA prendem-se com a continuação do trabalho efectuado até à data, embora com um papel mais claro sob o ponto de vista legal (*URZE – Associação Florestal da Encosta da Serra da Estrela, resposta ao Inquérito*).

> Sendo o CPAS pioneiro na iniciativa para a criação de Parques e Reservas em Portugal (proposta de 1965 para a criação da Reserva da Berlenga Arrábida), não poderia deixar de se inscrever como ONGA para as áreas da Formação e da Divulgação (*CPAS – Centro Português de Actividades Subaquáticas, resposta ao Inquérito*).

O que tende a verificar-se é que a constituição em ONGA dos movimentos populares de base local, que surge mais por uma necessidade do que por uma convicção, não implica uma extrapolação do seu âmbito de actuação para questões de âmbito mais abrangente. Em regra, o local permanece a escala de eleição para a actuação destes movimentos agora formalizados, embora sejam frequentes as alianças e parcerias com ONGA regionais e nacionais.

2.4. *Entre a acção directa e a acção institucional: formas de acção privilegiadas*
O movimento ambientalista português, acompanhando aliás a tendência do movimento ambientalista ocidental, parece ter uma certa permeabilidade à institucionalização, quer na sua organização interna, quer nas formas de acção privilegiadas.

Quando questionadas sobre as suas principais iniciativas, 17% das ONGA referiu que estas se centram nas denúncias, 14% indicou a elaboração de estudos e projectos de investigação e 14% evidenciou a realização de campanhas (Gráfico III.5). De referir que as campanhas implicam, grande parte das vezes, uma preparação técnico-científica muito cuidada por parte das ONGA, elemento essencial da credibilização da sua intervenção. Saliente-se, ainda, o peso das acções de formação e das publicações.

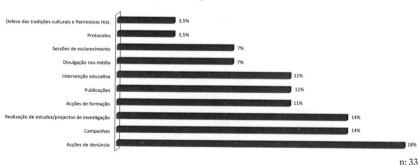

GRÁFICO III.5. Principais iniciativas das ONGA

n: 33

De modo a obter uma melhor compreensão das suas acções e dos repertórios de protesto das associações, procurou-se saber, face a uma situação de emergência ou de efectivo dano ambiental, quais seriam as formas de protesto seleccionadas pela ONGA.

Como seria de prever, a solução mais apontada como primeira opção para a situação de conflito foi o diálogo e a negociação. Esta é uma táctica a que se recorre numa fase inicial de um conflito e, por isso, não foi indicada por nenhuma ONGA em níveis posteriores à segunda opção. A divulgação nos média foi também referida por um número significativo de ONGA como primeira opção. Contudo, esta foi escolhida sobretudo como segunda opção, sugerindo que a denúncia nos média acontece apenas se a primeira tentativa, em regra de diálogo e negociação, não tiver os resultados desejados. O recurso a tribunal, que será analisado mais aprofundadamente no Capítulo V, e a criação de plataformas foram também referidos como segunda escolha. Qualquer uma dessas opções, aliás, foi igualmente apontada como terceira opção numa luta. Sublinhe-se que a formação de plataformas surge nestes níveis intermédios porque, como foi explicitado nas entrevistas, a sua criação torna-se fundamental em casos com relevância nacional que, após tentativas de negociação goradas, obrigam a uma concentração de esforços por parte das ONGA. O recurso à União Europeia é considerado apenas como quarta opção.

No que diz respeito a acções mais radicais, as manifestações foram seleccionadas num terceiro e quarto nível do protesto. Outras acções directas, que não surgem no Gráfico III.6, como as greves e os cortes de estrada, foram indicadas por um número reduzido de ONGA e como últimas opções. Tal sugere que apenas em situações de agudização do conflito é que as ONGA colocam a hipótese de recorrer à acção directa e de confronto:

> A Quercus opta por formas de acção mais directas essencialmente em casos mais graves em que as entidades responsáveis se escusem a dialogar e a entender a necessidade de resolver os problemas em causa (*Activista 5, entrevista pessoal*).

Embora estas sejam considerações genéricas e descontextualizadas de um conflito específico com contornos particulares, não deixam de insinuar um uso predominante de vias de acção moderadas e institucionais. As características que atrás se atribuíram ao movimento associativo ambientalista, designadamente a sua profissionalização e cientifização, através dos membros das suas direcções, e a dificuldade de mobilização das pessoas contribuem para este cenário. Carlos Moura, da Quercus, entende que, mais do que uma opção, são as debilidades do movimento que conduzem à actuação institucional:

> As debilidades crescentes do movimento ambientalista, não só na capacidade de mobilização mas também na forma de relacionamento com as instituições, têm vindo a conduzir a uma priorização das actuações institucionais e de relação

bilateral em detrimento das atitudes de contestação directa e de massas aos problemas surgidos (Moura, 2003).

GRÁFICO III.6. Formas de protesto preferenciais[92]

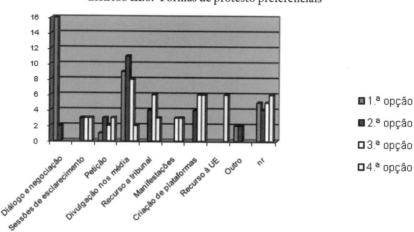

Se, por um lado, o facto de o movimento ambientalista estar em certa medida institucionalizado surge como uma inibição do recurso a formas de acção directas e mais mediáticas, por outro, segundo alguns autores, este movimento tem vindo, desde há já alguns anos, a demonstrar não só sinais de vida, como alguma vitalidade (Santos, 1997). Tal deve-se, desde logo, às formas de acção dos movimentos populares de base local. Como refere Nave (2003), estes são movimentos de acção directa que direccionam "estrategicamente a sua luta para os *media* com vista à obtenção de ganhos de legitimidade no espaço público da democracia, mas dirigindo-a sempre contra uma entidade específica: o Estado, muito particularmente na forma da autoridade executiva ou governamental, mesmo quando os processos decisórios em causa envolvem outras entidades privadas ou estatais" (2003: 209-210). Como foi possível verificar pela análise da imprensa e pelo Gráfico III.6, enquanto as ONGA se tornaram mais moderadas nas suas formas de acção,

---

[92] Às ONGA foi pedido que ordenassem por ordem decrescente em termos de preferência um conjunto de 11 formas de protesto predefinidas, imaginando que estavam numa situação de conflito. A indicação "nr" refere-se ao número de não respostas em cada opção.

os grupos populares de base local permaneceram bastante confrontacionais, desafiando directamente os actores que detêm o poder (v. g., Kousis, 2001; Figueiredo e Fidélis, 2003). As notícias recolhidas dão conta, de facto, de que estes movimentos recorrem a um repertório de protesto amplo que abarca petições, cortes de estrada, manifestações, cordões humanos, vigílias, encenações, desobediência civil, boicotes às eleições, greves de fome, entre outras.[93] Um outro estudo (Figueiredo e Fidélis, 2003) vai também neste sentido. As autoras verificaram que, embora as acções de protesto mais frequentes destas movimentações populares se refiram, essencialmente, a exigências, queixas públicas, reclamações a autoridades públicas e à realização de abaixo-assinados, em vários casos, foram desenvolvidas acções que reflectem níveis mais radicais de protesto, como manifestações e assembleias populares, cortes de estradas, bloqueio do acesso de especialistas e investigadores aos locais de implantação dos projectos/actividades, etc.

Mas as acções marcadas pela espectacularidade e informalidade não são exclusivas dos movimentos populares de base local. As associações de defesa dos direitos dos animais têm tido uma presença significativa neste domínio, mostrando que possuem repertórios de protesto diversificados, designadamente nos protestos antitouradas que passam, usualmente, por manifestações e encenações.[94]

---

[93] Mencione-se, por exemplo, a greve de fome feita por cerca de cem pessoas de Riba de Ave "como forma de protesto contra a instalação, na sua freguesia, de uma Estação de Tratamento de Resíduos Sólidos (ETRS), à qual insistem em continuar a designar 'lixeira'" (*Jornal de Notícias*, 9/07/1992); o buzinão em defesa do Pinhal de Ofir, pelo Movimento de Defesa do Pinhal de Ofir (*Público*, 25/10/1998); o bloqueio dos acessos à cimenteira, as fogueiras ateadas, as bandeiras negras içadas e a concentração de pessoas em frente à cimenteira Secil, em Maceira-Liz (*Público*, 30/12/1998); o bloqueio popular ao aterro da Braval que impediu a entrada de camiões (*Jornal de Notícias*, 21/09/1999); o boicote às eleições nas eleições Legislativas de 1999 pelos populares de Lamego contra a instalação de um aterro (*Jornal de Notícias*, 11/10/1999); e a destruição dos boletins de voto por populares de Souselas nas eleições Presidenciais de 2001 como forma de protesto (*Público*, 15/01/2001).

[94] Foi mediática a acção da Liga para a Protecção dos Direitos dos Animais que, em 17 de Janeiro de 2001, largou centenas de balões cor-de-rosa com inscrições como "Fora da cela sou feliz" para protestar contra a forma violenta como muitos porcos são tratados pela suinicultura intensiva (*Público*, 18/01/2001). Simbólicas foram, igualmente, outras acções, como a invasão e ocupação das instalações da Rádio Renascença no Porto e em Lisboa por elementos da ANIMAL, da Associação dos Amigos dos Animais do Porto, do Planeta Azul, do Movimento Anti-touradas de Portugal, do Movimento Internacional de Defesa dos

144 MOVIMENTOS NA JUSTIÇA

O GAIA, ONGA criada em 1996, tem trazido alguma inovação neste domínio, dando primazia a "acções criativas de cariz directo e não violento como forma de sensibilizar e criar consciência sobre raízes sociais dos problemas ambientais".[95] Mesmo a Quercus, que algumas opiniões apontam como crescentemente institucionalizada, continua a recorrer a formas de acção simbólica e criativa[96] para captar a atenção dos média relativamente a questões mais gerais ou para denúncias específicas. Como refere um activista, "há formas de acção mais directa que continuamos a fazer e até em coordenação com a *Greenpeace*".

Não obstante focos de radicalismo no movimento ambientalista, a opção por acções directas ou por acções convencionais insere-se num debate aceso no seio do movimento, em que se nota uma clara divisão entre os activistas que entendem que o percurso do movimento ambientalista conduziu a

---

Animais e da Liga para a Defesa dos Animais, exigindo o cancelamento de uma tourada organizada pela referida emissora. A desmobilização aconteceu quando Magalhães Crespo, gerente executivo da emissora, "afirmou que os espectáculos de tauromaquia vão continuar a ser patrocinados pela RR embora este os considere desumanos" (*Público*, 04/08/01). E, ainda, o recurso a um camião alegórico com pessoas mascaradas de animais na Praça da Liberdade, no Porto, a 31 de Setembro de 2001, como forma de protesto da ANIMAL contra o transporte de animais vivos na União Europeia (*Público*, 30/09/2001).

[95] A título ilustrativo, refira-se a acção do GAIA contra a Portaria nº 24/2005, de 11 de Janeiro, que proíbe o uso dos tradicionais galheteiros nos restaurantes. Como forma de divulgar a iniciativa, vários activistas do GAIA interceptaram os candidatos à Presidência da República, acompanhados pelos média, para lhes oferecer galheteiros tradicionais, que poderiam usar nas suas deslocações aos restaurantes, disponível em <http://gaia.org.pt/search/node/galheteiros> [consultado em 04/02/2007].

[96] Nos últimos anos, a Quercus teve várias iniciativas simbólicas, para além das bandeiras negras que, habitualmente, surgem em algumas praias ou junto a algumas ETAR, e facilmente captam a atenção dos média. Uma delas consistiu, em 1993, na entrega ao Secretário de Estado da Agricultura de milhares de cartuchos de caçadores que durante alguns anos activistas da Quercus recolheram nos cerca de 500 hectares de terras que a associação adquiriu na zona do Tejo internacional para garantir a preservação de espécies animais. Os activistas levavam consigo uma raposa viva e uma águia-real morta (*Público*, 22/04/1993).

Em 1994, ambientalistas da Quercus, LPN e GEOTA solidarizaram-se com os utentes da ponte Vasco da Gama e apelaram à desobediência civil sem violência contra a publicidade enganosa do Governo e as fragilidades dos estudos de impacto ambiental efectuados (*Público*, 01/09/1994).

Foi uma acção inovadora o *Rappel* feito por activistas da Quercus, Geota e Olho Vivo contra o PDM de Sintra. Os activistas desceram um prédio de 10 andares colocando uma faixa que dizia "Betão destrói Sintra" (*Público*, 06/05/1998).

uma maior maturidade, devendo as acções mais radicais ser progressivamente abandonadas, e outros que defendem que, face ao actual cenário de institucionalização do movimento, é imperativo que o radicalismo desperte novamente. Se algumas ONGA parecem convergir numa única posição, outras mantêm vivo este debate internamente:

> Na própria associação há diferentes perspectivas sobre isso. Alguns acham que isso é perigoso, que pode dar uma imagem demasiado radical da associação e criar uma certa reacção em relação às nossas opiniões. Outros acham que de vez em quando é preciso agitar as coisas (*Activista 2, entrevista pessoal*).

Foram vários os activistas que argumentaram que, embora na sua génese o recurso a acções mais radicais fosse necessário, hoje o movimento amadureceu e, como consequência, as acções privilegiadas devem ser, e têm vindo a sê-lo, as acções institucionais, perdendo o movimento a auréola radical de outros tempos:

> O movimento começa sempre como um movimento de ruptura. Para se desafiar o *status quo* tão forte e tão institucionalizado socialmente e culturalmente é preciso ser radical para agitar, digamos, as consciências. Isto aconteceu com o movimento cívico pelos direitos do Homem e depois aconteceu com o movimento ambiental e é uma coisa que se repete sempre que há decisões em termos sociais. Isso aconteceu com o movimento ambiental na década de 1970. (...) Em Portugal, realmente a Quercus ao princípio inspirou-se muito na *Greenpeace* e naquele tipo de acções mediáticas, como os eucaliptais... a Quercus bebeu muito dessa linha mais intervencionista e um pouco radical, digamos assim, mas naturalmente tudo cresce, e a sociedade já não precisa tanto de coisas tão radicais. (...) O movimento ambiental servir-se de instrumentos institucionais é também sinal de algum amadurecimento do movimento (*Activista 2, entrevista pessoal*).

Tal posição não deixa de reflectir uma visão estratégica e pensada da escolha de repertórios de acção. Na opinião de alguns activistas, a acção institucional é menos atentatória da imagem de credibilidade que a associação conseguiu junto da opinião pública e, mesmo, dos poderes instituídos:

> Há epifenómenos de radicalismo que, por vezes, pincelam com alguma cor o movimento ambientalista. (...) Se me perguntar se eu estou de acordo com essas atitudes, eu dir-lhe-ia que, por um lado, sim, por outro lado, não. Por um lado, sim, porque eu penso que às vezes é necessário colocar os sinos a rebate, ou seja, é necessário

dar uma pedrada no charco, é necessário que se olhe para uma coisa que era tomada como estável e sem importância. Por outro lado, muitas vezes os custos dessas acções são, a médio/longo prazo, negativos. Ou seja, os custos são maiores do que os benefícios de que a curto prazo uma chamada de atenção como essa pode constituir. De um modo geral, fazendo o balanço, eu diria que não deve ser esse o caminho que a generalidade das acções do movimento associativo da área do ambiente deve seguir. (...) São custos de credibilidade, acima de tudo (*Activista 4, entrevista pessoal*).

O cepticismo envolto na eficácia das acções mais radicais não é independente do acolhimento que os média dão a essas mesmas acções. Com efeito, se, por um lado, as acções mais radicais tendem a atrair a atenção dos média, por outro, tal não se assume como garantia de que essa atenção mediática seja traduzível numa simpatia dos média para com acções radicais. Efectivamente, há o receio de que a comunicação social deturpe a causa real do movimento e passe uma imagem negativa para a população:

Por vezes, a própria radicalização pode funcionar no sentido contrário aos objectivos iniciais dos ambientalistas porque é exacerbada pela comunicação social (*Activista 9, entrevista pessoal*).

Como consequência, há uma certa apreensão de que as acções mais radicais desmobilizem as pessoas da luta e coloquem em causa os objectivos definidos pelo movimento:

Já houve um tempo em que fizemos algumas coisas mais mediáticas, mas deixámos de optar por esse tipo de acção porque é um pau de dois bicos. Facilmente pode ser transformado contra os nossos interesses. Ou seja, nós temos nos últimos anos procurado dar uma imagem não radical da associação, de uma associação que apresenta ideias, mas que não vai fazer espalhafato sobre elas. (...) O radicalismo afasta o cidadão comum. Nós tentamos ter uma visão pedagógica das coisas e, quando as coisas se apresentam de uma forma mais espectacular, causa boa reacção principalmente nas pessoas que já estão despertas para o assunto. As pessoas que nunca ouviram falar daquilo, não valorizam esse tipo de actuação. O cidadão comum diz: "lá estão aqueles tolinhos. O que é que eles querem agora?" (*Activista 1, entrevista pessoal*).

Tenho estado em muitos fóruns e é muito difícil continuar a fazer valer a imagem da *Greenpeace*, do barco que destrói o navio que transporta madeiras... Por muito boa vontade que exista na forma de defender estas causas, esta ruptura, este combate mais radical já não é tão bem aceite pela sociedade (*Activista 6, entrevista pessoal*).

Outros activistas, ainda que concordem que as acções institucionais são importantes, vêem o recurso excessivo e exclusivo a acções institucionais como um factor de desvitalização da luta e de distanciamento da população:

A institucionalização de um movimento pode trazer uma maior estabilidade ao nível dos seus recursos humanos e materiais e permitir uma melhor organização, mas corre o risco de se distanciar da própria sociedade e de perder a capacidade de a fazer evoluir (*Activista 5, entrevista pessoal*).

Um activista, por exemplo, entende que as acções de rua conseguem atrair mais pessoas, despertar a sua atenção para determinadas questões e, mesmo, mobilizar mais facilmente os próprios membros das associações:

Torna uma iniciativa menos chata. Normalmente há aquele peso, "ah, agora temos de fazer aquela actividade, tenho de ir montar banca e estar ali sentado". Aqui [referindo-se a uma iniciativa de rua contra os transgénicos], não. Aqui as pessoas estão divertidas. Nós fazemos as acções quando sabemos que podemos contar com mais gente. Eu sei que posso telefonar a um conjunto de pessoas que não têm paciência nenhuma para reuniões, nem para organizar coisas, mas que, como sabem que as nossas acções dão adrenalina, como invadir conferências, ou são animadas com performances, está toda a gente em convívio e vai-se falando com as pessoas. Acabam, portanto, por se tornar mais motivantes para a participação das pessoas (*Activista 8, entrevista pessoal*).

Entende-se, igualmente, que este tipo de acções potencia a criação de um espaço público alternativo que, afastado dos espaços institucionais, escapa ao controlo do poder estatal e dos interesses dos grandes grupos económicos:

É necessário construir espaços alternativos porque aquilo que existe está a favor do outro lado, está a favor dos grandes interesses económicos e nós temos de começar a construir os nossos espaços do lado da população e do lado do social. (...) O tipo de intervenção, como a de invadir uma conferência,[97] também é a reivindicação de um espaço que nós não temos (*Activista 8, entrevista pessoal*).

---

[97] O entrevistado refere-se à invasão, em Abril de 2006, de uma conferência organizada pela Associação Viver a Ciência e pelo Centro de Informação de Biotecnologia (CIB), "conhecido pelas suas posições ortodoxas a favor dos organismos geneticamente modificados (OGM)". Activistas do GAIA e da Plataforma Transgénicos Fora do Prato

148 MOVIMENTOS NA JUSTIÇA

Como se viu no capítulo anterior, a escolha das tácticas a inserir em determinado repertório raramente resulta de uma acção espontânea ou irreflectida. Está relacionada com o contexto social e político que se vive, com os recursos e perfil do oponente, com o percurso da associação, com os seus objectivos e, também, com a familiaridade que os activistas têm com certas tácticas. A identidade da associação constrange, à partida, a sua acção, razão pela qual há ONGA que dificilmente recorrerão ao radicalismo:

> As coisas estão mais institucionalizadas. A LPN é uma instituição. A Quercus é uma instituição. Não se vão pôr a fazer certas coisas (*Activista 10, entrevista pessoal*).

> A LPN nunca usou essa metodologia mais radical. O GEOTA, um bocadinho, há uns tempos atrás. A Quercus ainda mantém essa imagem (*Activista 6, entrevista pessoal*).

> A Liga tem um perfil diferente, é mais antiga, existe desde 1948, tem um carácter mais científico, mais académico, são normalmente pessoas ligadas ao ensino universitário – não que já não tivéssemos tido pessoas com esse perfil, nomeadamente com um grande prestígio académico –, e tem um *low-profile*, uma forma de actuação se calhar mais sóbria, eventualmente, de prática institucional também. Atendendo ao facto de terem tantas décadas de actividade foram criando também uma certa imagem perante a opinião pública e na comunicação social em particular que não será tão favorável a uma acção mais espectacular quanto a nossa por vezes é (*Activista 7, entrevista pessoal*).

Perante diferentes e diversos repertórios de protesto, e com o objectivo de se conjugarem esforços para permitir uma actuação em múltiplas frentes de acção, várias ONGA promovem uma certa divisão do trabalho, actuando cada uma no campo de acção onde melhor se movimenta:

> (...) Mas às vezes para chamar a atenção é preciso fazer barulho. Não é tanto a nossa actuação, nós temos uma acção um bocado complementar com a Quercus. A Quercus actua muito no momento e faz barulho e chama a atenção, o que é extrema-

---

interromperam a Conferência que estava a ter lugar no auditório do Museu da Ciência da Universidade de Lisboa e "avançaram para o palco durante o discurso do Dr. Pedro Fevereiro, do CIB, para falar sobre a impossibilidade da coexistência entre os cultivos transgénicos e os cultivos tradicionais ou biológicos", disponível em: <http://gaia.org.pt/node/245> [consultado em 04/05/2007].

mente importante. E depois a LPN está muitas vezes nos bastidores a dar segui-mento. São acções um bocadinho complementares, o que é muito bom. As grandes associações nacionais – a LPN, a Quercus e o GEOTA – têm tido acções muito com-plementares e isso tem fortalecido o movimento *Activista 3, entrevista pessoal*).

Uma coisa em que apostamos desde a nossa génese é na cooperação entre asso-ciações. Mesmo com os ambientalistas que não têm tanto esta nossa visão, nós naturalmente cooperamos com eles sempre que estamos na mesma causa. Cons-tituímos plataformas. E, mesmo que eles discordem da nossa forma de actuar, está tudo bem, desde que nos dêem o nosso espaço. Nós defendemos as mesmas coisas, ainda que com algumas variantes. Por isso, se quiserem, estamos aqui *(Activista 8, entrevista pessoal)*.

É neste equilíbrio que as ONGA tentam realizar entre acção institucional e acção radical que irei analisar o recurso ao direito e aos tribunais.

CAPÍTULO IV
ACESSO AO DIREITO E À JUSTIÇA AMBIENTAL

O problema que temos diante de nós não é filosófico, mas jurídico, e num sentido mais amplo, político. Não se trata de saber quais e quantos são esses direitos, qual é a sua natureza e seu fundamento, se são direitos naturais ou históricos, absolutos ou relativos, mas sim qual é o modo mais seguro para garanti-los, para impedir que, apesar das solenes declarações, eles sejam continuadamente violados

(BOBBIO, 1992: 25).

Introdução

As exigências de participação estão a obrigar os Estados democráticos a criar novos mecanismos de participação ou, pelo menos, a aperfeiçoar os mecanismos de representação já existentes. Essa tarefa de aperfeiçoamento tem-se centrado essencialmente no poder Executivo e no campo Legislativo, mas também o Judiciário deve ser aperfeiçoado no sentido de incrementar a participação colectiva dos cidadãos. É assim que, embora tradicionalmente associados a uma função eminentemente conservadora, os tribunais também podem ser percepcionados como instâncias de participação cívica e política. Neste contexto chega mesmo a falar-se de "participação através da justiça" (Antunes, 1989: 143). Como refere José Manuel Pureza,

> trata-se de um processo de substituição daquele modo clássico de conceber a função judicial (redução de interesses sociais a afrontamentos argumentativos e técnico-normativos) por uma perspectiva interventora, em que os tribunais se assumem como espaços privilegiados de defesa e enriquecimento da esfera pública (1996: 30).

A participação através da justiça, expressão de uma cidadania activa, pressupõe, numa sociedade democrática, a interiorização e o uso de direitos por parte dos cidadãos. Para tal, tem de haver uma concretização efectiva dos mesmos através, especificamente, de uma adequação do aparelho jurídico e judiciário à sua defesa. Os cidadãos têm de acreditar "que os tribunais servem efectivamente para garantir os seus direitos, mesmo os de mais recente aquisição e por isso ainda menos enraizados" (Gersão, 1995). Ou seja, tal participação depende, desde logo, do acesso ao direito e ao sistema judiciário por parte dos cidadãos. É este o meio para a concretização de outros direitos não reconhecidos ou não protegidos eficazmente. Boaventura de Sousa Santos dá conta disso mesmo ao defender que "o acesso ao direito e à justiça é a pedra de toque do regime democrático" (Santos *et al.*, 1996: 483). É assim que o Estado deve zelar para que todos os cidadãos tenham acesso a uma ordem jurídica justa e a um sistema judicial pautado pela imparcialidade e pela independência. É assim, também, que o acesso ao direito e à justiça se assume como primeira garantia do exercício dos demais direitos.

A expressão "acesso ao direito e à justiça" não é uma expressão redundante. Falar de acesso ao direito não é uma qualquer tradução do acesso à justiça. O primeiro é, sem dúvida, mais amplo, já que engloba também o direito à informação, à consulta jurídica e ao patrocínio judiciário. Do acesso ao direito depende, em grande medida, o acesso à justiça, isto é, o recurso a um tribunal com a finalidade de obter dele uma decisão jurídica sobre uma questão juridicamente relevante. De facto, "como o acesso ao direito constitui um estádio pré-judiciário (ou parajudiciário) somente a sua realização e eficácia garantirão uma via judiciária ou um direito à justiça em pleno pé de igualdade" (Alegre, 1989: 10).

Deste modo, analisada conjuntamente, a expressão "acesso ao direito e à justiça" abarca uma tal abrangência que obriga a uma delimitação para propósitos analíticos. A proposta de Cappelletti e Garth (1978), definindo dois objectivos essenciais do sistema legal e, portanto, dois eixos analíticos, parece convincente. Um primeiro é o de que este deve ser acessível a todos os cidadãos, independentemente da sua classe social, sexo, raça, etnia, religião e orientação sexual. Um segundo objectivo é o de que permita chegar a resultados individual e socialmente justos, isto é, que surja como garantia dos direitos individuais e colectivos consagrados. Embora o primeiro objectivo esteja sempre presente, é o segundo que mais interessa para o presente trabalho. Ou seja, importa aqui investigar de que modo é que o movimento ambientalista pode garantir os seus direitos e proteger os seus interesses através do direito, em geral, e dos tribunais, em particular.

O presente trabalho de investigação procura conhecer o papel do direito, e em especial dos tribunais, nas lutas do movimento ambientalista em Portugal. Para tal é necessária uma abordagem integrada que procure analisar não só o uso do direito por parte dos ambientalistas, mas também o uso a que o direito se presta, ou seja, o enquadramento legal do acesso ao direito por parte das associações e organizações não governamentais do ambiente (ONGA).[98] Não é nosso propósito ser exaustivos, mas tão-somente traçar um retrato geral legislativo do acesso colectivo à justiça ambiental. Por esta razão, o enfoque não são os mecanismos que procuram regular a protecção ambiental mas, sim, os que visam abrir a participação das associações através do direito, em particular dos tribunais. Ainda neste capítulo é mencionada a protecção de interesses difusos e colectivos e o modo como estes têm vindo a contribuir para o reconhecimento dos movimentos sociais como sujeitos de direitos.

1. Novos direitos, novos movimentos, novos acessos

O acesso dos cidadãos à justiça é relativamente restrito e isso é visível na reprodução da estratificação social nesse acesso; na selectividade do desempenho dos tribunais; nos interesses judiciais dos grupos sociais mais vulneráveis, em que parece ser maior a discrepância entre a procura potencial e a procura efectiva de justiça; e, o que importa aqui destacar, na não adequação do aparelho jurídico e judiciário às novas fronteiras do direito, nomeadamente na protecção de interesses que extravasam a titularidade individual.

Forçado a acompanhar as transformações da sociedade, não podendo ser estático, o direito tem vindo, progressivamente, a reconhecer antigos interesses individuais como pertencendo a vários sujeitos. Deste modo, a doutrina jurídica tem evoluído no sentido de reconhecer que em cada sociedade coexistem bens jurídicos individuais, que afectam directamente cada indivíduo, e bens jurídicos colectivos e difusos[99] que tendem a afectar grupos

---

[98] Como temos vindo insistentemente a referir, o movimento ambientalista não se cinge às ONGA. Contudo, para efeitos de análise e porque estas gozam já de mecanismos facilitadores de acesso aos tribunais, é nestas que aqui nos centramos.

[99] Smanio (2000) estabelece uma distinção entre bens jurídico-penais de natureza colectiva e bens jurídico-penais de natureza difusa. Os primeiros dizem respeito à colectividade, pelo que são indivisíveis a título individual. Um exemplo paradigmático deste tipo de bens jurídicos é a paz pública. Por seu lado, os bens jurídico-penais de natureza difusa, embora também incidam na sociedade como um todo e sejam indivisíveis em relação aos titulares, transportam uma conflituosidade social que contrapõe diversos interesses de grupos sociais. É o caso da protecção do meio ambiente, que confronta os interesses económicos e industriais com os interesses de preservação ambiental.

Colaço Antunes também estabelece uma distinção entre interesses difusos e interesses colectivos. De acordo com o autor, "os interesses colectivos têm um portador, concreto e determinado, tendo como base uma estrutura organizativa que surge de uma relação de

sociais e a sociedade em geral, como a saúde pública, o meio ambiente, as relações de consumo e o património cultural. Acresce a estes a atribuição de direitos a colectivos de pessoas, como sejam as mulheres, os não brancos, os não heterossexuais ou as pessoas com deficiência. Partindo de uma análise histórica, entende-se, ao encontro do que defende Bobbio (1992), que só recentemente este desafio se tenha tornado mais visível, expressão de que os direitos humanos são direitos históricos, isto é, nascidos em certas circunstâncias e de um modo gradual. As lutas pelo reconhecimento e garantia de novos direitos têm vindo a ser estabelecidas, progressivamente, à medida que os direitos considerados fundamentais em cada momento histórico são juridicamente consagrados. Estes direitos não surgiram todos simultaneamente. Assim, constata-se que os direitos de terceira geração, como o de viver num ambiente não poluído, não poderiam ter sido sequer imaginados antes dos de segunda geração.

Certo é que, tendo emergido e sendo reconhecidos como direitos, os interesses difusos e os interesses colectivos obrigaram a uma concepção diferente de acesso ao direito e à justiça. Ficou desde logo claro que estes interesses não podiam ser eficazmente protegidos recorrendo aos instrumentos clássicos, pois pertencem a uma pluralidade indeterminada de sujeitos e têm por objecto bens não susceptíveis de apropriação exclusiva. O que estes implicam é, portanto, um entendimento social, colectivo e partilhado da responsabilidade pela preservação dos bens de todos. Vou tomar como exemplo o bem ambiente, que é o interesse difuso que quero analisar. Este tem uma natureza simultaneamente pública e colectiva (artigos 9º, alínea e), 52º, nº 3, e 66º, nº 2, da Constituição da República Portuguesa – CRP), pelo que implica a não individualidade dos interesses defendidos, isto é, a insusceptibilidade de defender directamente o interesse ambiental através da legitimidade singular tradicional. O que está em causa não é, pois, um aperfeiçoamento das típicas vias processuais, mas um alargamento da legitimidade processual activa. O ambiente e outros interesses difusos assumiram-se, desta forma, como uma

---

interesses estabelecida para a prossecução de um fim comum, existindo uma estrutura tendencialmente unitária do colectivo, podendo assim ser considerado um interesse privado, de um grupo ou de uma categoria". Os interesses difusos distinguem-se na medida em que não têm um sujeito concreto, sendo indeterminados, quer em relação ao sujeito, quer em relação ao objecto, "traduzindo de forma plural e heterogénea o interesse público" (Antunes, *apud* Maior, 1998: 261).

novidade face à doutrina tradicional sobre a legitimidade processual assente na dicotomia entre legitimidade individual e legitimidade estatal.[100]

Esta dicotomia reflecte, no fundo, a dicotomia entre Estado e Mercado, com os indivíduos e empresas a monopolizar a justiça cível e o Ministério Público a monopolizar a justiça penal. A protecção dos interesses difusos em particular, e dos direitos humanos em geral, obrigou a que o terceiro pilar constitutivo da sociedade,[101] a Comunidade, especificamente a comunidade organizada, não pudesse mais ser colonizada pelos outros dois pilares da sociedade e ficar despida de legitimidade jurídica para poder, efectivamente, recorrer a tribunal para defesa dos seus direitos. A tentativa de superar essa dicotomia entre fórmulas interindividuais e fórmulas estatais passou, fundamentalmente, "pelo reconhecimento de legitimidade de actuação judicial a indivíduos e grupos representativos de interesses difusos, mesmo na ausência de lesões directas nos direitos individuais das pessoas concretas admitidas à litigação" (Pureza, 1996: 36), dando-se, assim, o primado a uma lógica comunitária de regulação judicial.

De facto, se os direitos de primeira geração, direitos civis e políticos como o direito de propriedade, o direito de iniciativa, o direito à livre disposição da vontade individual e os direitos à liberdade de pensamento e de expressão, "centrados em torno do valor-guia da liberdade individual, surgem como direitos de exclusão, expressões de uma cidadania negativa, contra o Estado" (Pureza, 1996: 48), os de terceira geração, também chamados difusos, assentam num princípio de solidariedade e obrigam a uma cidadania activa na qual a comunidade organizada tem um papel fundamental. A pessoa, abstracta e individualmente considerada – titular por excelência dos direitos naturais das primeiras declarações universais – convive agora, através da titularidade de novos e múltiplos direitos, com novos actores colectivos. Não cabe a um sistema democrático ignorar os conflitos em que estes actores se envolvem nem tão pouco barrar-lhes o seu acesso ao sistema judiciário, mas reconhecê-los e ir ao encontro das suas especificidades:

---

[100] Sublinhe-se que esta novidade estende-se, também, às decisões judiciais. A decisão judicial é vista, tradicionalmente, como tendo efeitos para as partes no processo e, porventura, para terceiras pessoas envolvidas. No entanto, no que concerne aos direitos difusos, a decisão é tendencialmente universal, afectando todos/as.

[101] Segundo Boaventura de Sousa Santos (1997), são três os pilares constitutivos da sociedade: o Estado, o Mercado e a Comunidade.

A contribuição do Judiciário à redemocratização implica não negar-se a lidar com os conflitos do padrão emergente. Ao contrário, implica reconhecê-los e tentar equacioná-los. Um passo, entre os muitos necessários, é admitir a possibilidade de representação legal colectiva. A partir daí, o Judiciário poderá começar a encontrar a sua natureza de arena para onde correm e ocorrem conflitos sociais, e onde tentam ser equacionados (Neto, 1981: 20).

É assim que os movimentos sociais têm vindo a desafiar a rigidez lógico--formal dos sistemas jurídicos e judiciais ao assumirem-se como sujeitos de direitos e ao reclamar pela protecção dos mesmos. Deste modo, tentando acompanhar a fluidez e a pluralidade dos interesses difusos, definiram-se dois caminhos teóricos. O primeiro está relacionado com o conceito de representação e diz que o grupo ou comunidade organizada tem legitimidade para a defesa de direitos próprios, sendo, no entanto, que o interesse colectivo mais não é do que o somatório de interesses individuais, pelo que a associação actua em representação dos indivíduos afectados pela lesão. O segundo caminho centra-se no conceito de substituição processual: a associação substitui-se à comunidade, titular do direito subjectivo ao bem objecto de lesão (Pureza, 1996: 33-34).

Na prática, o que se constata é que, segundo vários autores, o acesso ao direito e à justiça permanece preso a uma tradição secular que enfatiza o perfil individualista do autor e, pode dizer-se, até mesmo do réu, conduzindo, portanto, a que os direitos que têm por base interesses difusos surjam como "direitos sem dono, que pertencem, a um tempo, a todos e a ninguém" (Cappelletti, 1989: 273). De acordo com Joaquim Falcão Neto (1981), o sistema judiciário continua a dificultar uma representação colectiva legal uma vez que, por um lado, há uma redução do conflito colectivo a individual quando judicializado, o que obscurece a sua componente política e social; e, por outro, grande parte dos conflitos colectivos não chegam sequer a ser judicializados. Acresce a estes factores a baixa probabilidade de vitória dos novos sujeitos colectivos nesses processos judiciais (Machado, 1981: 26), o que não depende necessariamente de leis ou juízes tendenciosos, embora a formação destes seja crucial, mas da incapacidade dos movimentos sociais, enquanto autores, para satisfazer certos requisitos legais prévios. Como as partes em confronto são, frequentemente, o Estado ou organizações privadas poderosas, é de prever, ainda, que estas tenham acesso a melhores advogados, com grande disponibilidade de tempo e apoio, que possam recorrer a peritos e que tenham fácil acesso aos operadores judiciários, contrariamente às associações e organizações não governamentais que recorrem a advogados voluntários e/ou sócios, com menos disponibilidade de tempo, menos recursos e sem capacidade para lidar com a morosidade processual[102] (Galanter, 1974; Machado, 1981).

Verifica-se, pois, que, por um lado, se o direito tem vindo, progressivamente, a reconhecer a titularidade difusa e colectiva, demonstrando que há interesses que não são de uma pessoa mas de um todo difuso, por outro, continua a ter dificuldades em admitir como sujeitos de direito aqueles que lutam pela protecção efectiva desses direitos difusos: os movimentos sociais.

2. O acesso colectivo ao direito e à justiça para a protecção do ambiente na Europa

O acesso ao direito e à justiça é, como já se referiu, uma condição fundamental para uma efectiva concretização de qualquer outro direito. Do que resulta do ponto anterior, esse acesso terá de ser efectivo quer para os cidadãos individuais, quer para os movimentos sociais. Longe do pormenor, focar-me-ei neste ponto apenas em algumas questões mais relevantes no acesso ao direito e à justiça, com especial enfoque na via judicial, das associações e ONGA.

2.1. Alguns documentos internacionais e europeus[103]

Contrariamente aos direitos individuais da primeira e da segunda geração que foram predominantemente criados e protegidos no âmbito do Estado-Nação, o enquadramento do direito do ambiente, em particular, e dos direitos de terceira geração, em geral, tem sido largamente influenciado, senão mesmo formulado, pelo contexto internacional (Gonçalves, 2001: 341). Neste enquadramento é contemplado o acesso ao direito e à justiça em matérias ambientais. A nível internacional, vale a pena citar o Princípio 10 da Declaração do Rio, adoptada em 1992 na Conferência das Nações Unidas sobre Ambiente e Desenvolvimento, que indica a participação, no nível apropriado, de todos os cidadãos interessados como forma primordial de tratar questões ambientais. Tal implica que, ao nível nacional, cada cidadão tenha acesso adequado a informações relativas ao meio ambiente de que disponham as autoridades

---

[102] A morosidade beneficia, em regra, o réu e não os autores dos processos, pelo que é mais provável que sejam as ONG e associações dos movimentos sociais, por norma autoras dos processos, as maiores prejudicadas. Isto é paradigmático nos casos ambientais.

[103] Falo neste ponto apenas de alguns instrumentos internacionais e comunitários, pelo que muitos ficam de fora.

158 MOVIMENTOS NA JUSTIÇA

públicas, bem como a oportunidade de participar em processos de tomada de decisão. Os Estados devem, portanto, facilitar e estimular a consciencialização e a participação pública, colocando a informação à disposição de todos. Deve, igualmente, ser propiciado acesso efectivo a mecanismos judiciais e administrativos, inclusive no que diz respeito à compensação e reparação de danos.

Outro documento que foca esta questão é a Declaração de Estrasburgo sobre a protecção do direito à informação e do direito à participação, adoptada a 3 de Dezembro de 1980, na Segunda Conferência sobre Ambiente e Direitos Humanos, pelo Instituto para a Política Ambiental Europeia (IEEP) e pelo Instituto Internacional dos Direitos Humanos. Na Declaração entende-se que o direito de cada ser humano a um ambiente saudável está intimamente ligado à informação de que dispõe, bem como ao seu grau de participação e das associações na tomada de decisões ambientais.

Um segundo documento consiste no conjunto de artigos elaborados para a criação da convenção sobre acesso à informação ambiental e à participação das pessoas no processo de tomada de decisão e sobre os recursos para a implementação de tratados sobre ambiente, adoptada pelo Conselho da Europa sobre Direito do Ambiente (CEDE), no Funchal, em Maio de 1996. Estas questões são também discutidas na Declaração de Estocolmo (1997)[104] sobre a elaboração de uma convenção relativa ao acesso à informação ambiental e à participação das pessoas no processo de tomada de decisão. Na Declaração é considerado, entre outros aspectos, que os cidadãos e as suas associações devem ter o direito de processar judicialmente todos aqueles, inclusive Governos, que violarem o direito do ambiente.

O Conselho da Europa tem produzido diversas Recomendações e Resoluções sobre protecção ambiental,[105] destacando-se a Recomendação 854

---

[104] A Declaração foi assinada por 45 deputados de 23 países europeus que participaram na *Globe Europe Conference on Democracy to the Rescue: how should citizens help protect the environment*, que teve lugar em Estocolmo, em Setembro de 1997.

[105] Entre elas, a Recomendação 683 (1972), sobre a acção a desenvolver na conclusão da Conferência Parlamentar sobre Direitos Humanos (Viena, Áustria, 18-20 de Outubro de 1972); a Recomendação 1130 (1990), sobre a formulação de uma Carta Europeia e de uma Convenção Europeia sobre protecção ambiental e desenvolvimento sustentável; a Recomendação 1258 (1995), sobre a criação de um programa de acção para a educação ambiental; a Recomendação 1284, sobre a política ambiental europeia (1994-1995); a Resolução 1087, sobre as consequências do desastre de Chernobyl; e a Recomendação 1330, relativa à criação de uma Carta Europeia sobre o Danúbio.

(1979) sobre o acesso do público aos documentos governamentais e a liberdade de informação, que visa um incremento da difusão informativa sobre ambiente com vista a uma maior participação, embora não aluda às ONG; e a Recomendação 1431 (1999) sobre a acção futura a desenvolver pelo Conselho da Europa no que respeita à protecção ambiental, alertando para a importância do direito na protecção ambiental, para a necessidade de harmonização do direito ambiental nos diversos Estados-Membros e para a necessidade de melhorar a prestação dos tribunais internacionais nas disputas ambientais.

Não obstante a timidez inicial no campo da cidadania e da política, também a União Europeia tem vindo nos últimos anos a desempenhar um papel crucial na protecção de novos direitos, entre eles o direito do ambiente, interferindo mesmo na esfera dos direitos individuais "clássicos", como o direito de propriedade (Gonçalves, 2001: 343-344). Com efeito, se, como bem refere Maria Eduarda Gonçalves, "a força motora e a legitimidade da regulação da CE/UE no domínio do ambiente residiram originariamente (...) na necessidade de harmonizar as legislações nacionais do ambiente e, nessa medida, as condições de operação das empresas no mercado interno" (Gonçalves, 2001: 349), ao promover o acesso das associações e ONGA alargou esse âmbito regulatório inicial.

Embora extravase o âmbito deste trabalho, de referir a Directiva sobre a avaliação de impactos ambientais, de 27 de Junho de 1985 (revista em 1997), onde se contemplam os direitos de consulta e de participação do público. No que concerne especificamente ao acesso, esta preocupação está expressa mais especificamente, por exemplo, na Comunicação da Comissão sobre a "Implementação da Lei Comunitária sobre o Ambiente", de 5 de Novembro de 1996. Esta Comunicação serviu de base para a adopção, por parte do Conselho dos Ministros do Ambiente, de uma Resolução sobre a criação, implementação e reforço da Lei Comunitária sobre o Ambiente, a 28 de Agosto de 1997. O documento chama a atenção para a importância de se criarem mecanismos que agilizem a resolução das disputas judiciais ambientais, aconselhando os Estados-Membros a dotarem-se de instrumentos apropriados aos vários níveis de participação, à gestão das queixas relativas a danos ambientais por parte dos cidadãos e de ONG.

Em Junho de 1998, foi assinada em Aarhus, na Dinamarca, a Convenção sobre Acesso à Informação, Participação Pública e Acesso à Justiça em matéria de Ambiente, já ratificada por Portugal. Entre outros aspectos, a Convenção entende que (a) todas as pessoas a quem seja negado um pedido de informação sobre matérias ambientais devem ter o direito a que essa decisão seja reavaliada por um tribunal judicial ou por um órgão independente; (b) todas as pessoas devem poder questionar e contestar, num tribunal judicial ou num órgão independente, a legalidade processual e substantiva de uma decisão, acto ou omissão, quer por parte da Administração Pública, quer por parte de uma qualquer entidade privada.

Em 2000, a Comissão Europeia adoptou o Livro Branco sobre a Responsabilidade Ambiental que explora o modo de tornar mais eficaz o direito comunitário nesta matéria, concluindo pela indispensabilidade da criação de directivas sobre responsabilidade ambiental. O documento discute, também, a questão do acesso à justiça por parte dos cidadãos e das ONGA no caso de dano ambiental. De acordo com o mesmo, a todos deve ser atribuído o direito de recorrer a tribunal se o responsável pelo dano ou/e o Governo não agirem, bem como em casos urgentes.

De entre a panóplia de directivas do Parlamento e do Conselho Europeu, destaco a Directiva 2003/4/CE, de 28 de Janeiro de 2003, relativa ao acesso do público às informações sobre ambiente,[106] e a Directiva 2003/35/CE, de 26 de Maio de 2003, que estabelece a participação do público na elaboração de certos planos e programas relativos ao ambiente e que altera, no que diz respeito à participação do público e ao acesso à justiça, as directivas 85/337/CEE e 96/62/CE do Conselho. A primeira Directiva indica um conjunto de medidas para a promoção de um maior acesso à informação, considerando que um maior acesso do público às informações sobre ambiente e a sua divulgação contribuem para uma maior sensibilização dos cidadãos em matéria de ambiente, para uma livre troca de opiniões, para uma participação mais efectiva do público no processo de decisão em matéria de ambiente e, eventualmente, para um ambiente melhor.

Para além de zelar pela eficácia deste acesso à informação, os Estados--Membros devem, ainda, garantir que qualquer requerente que considere que o seu pedido de informação foi ignorado ou indevidamente indeferido tenha acesso a um processo, célere e pouco oneroso, pelo qual os actos ou omissões da autoridade pública em causa possam ser reconsiderados.

A Directiva 2003/35/CE incentiva a participação do público, incluindo associações, ONG e grupos, na tomada de decisões relativas ao ambiente, indicando, no seu artigo 3º, que os Estados-Membros devem identificar o público que tem o direito de participar, incluindo as ONG relevantes. Con-

---

[106] Revoga a Directiva 90/313/CEE do Conselho.

sidera ainda que os Estados-Membros devem assegurar que, de acordo com o sistema jurídico nacional relevante, os membros do público em causa: (a) tendo um interesse suficiente ou, em alternativa, (b) invocando a violação de um direito (...), tenham a possibilidade de interpor recurso perante um tribunal ou outro órgão independente e imparcial criado por lei para impugnar a legalidade substantiva ou processual de qualquer decisão, acto ou omissão. Segundo o disposto na Directiva, deve entender-se como interesse suficiente o de qualquer ONG que promova a protecção do ambiente e cumpra os requisitos previstos na legislação nacional.

De referir, no entanto, que esta preocupação comunitária procura promover o acesso dos cidadãos e grupos nos próprios Estados-Membros mais do que, propriamente, ao nível do Direito Comunitário. Não só é o próprio Direito Comunitário a exigir que se esgotem primeiro todos os meios nacionais, considerando a intervenção das suas instituições um último recurso, como também impõe restrições consideráveis a esse acesso: os cidadãos e grupos, designadamente ONGA, apenas podem apresentar uma queixa na Comissão Europeia; as instituições comunitárias actuam somente contra Estados-Membros (e não contra particulares) e desde que haja violação do Direito Comunitário; é ainda limitado o respectivo poder de actuação pelo que, se o Estado não respeitar a ordem para se conformar com o Direito Comunitário, a Comissão apenas pode suspender eventuais fundos e o Tribunal aplicar multa.

2.2. *O acesso à justiça ambiental pelas ONGA em alguns países europeus*[107]

A análise do acesso à justiça, sobretudo por parte de associações ambientalistas e ONG, em alguns países da União Europeia permite entender melhor qual o posicionamento de Portugal nesta matéria. Os ordenamentos jurídicos destes países são muito diversos, obedecendo a tradições legais e culturais concretas, pelo que não vale a pena entrar em grandes pormenores, sob o risco de se cair numa linguagem demasiado técnica para os propósitos do presente trabalho, mas tão-somente esboçar linhas gerais comparativas.

---

[107] A informação apresentada neste ponto resulta de uma recolha efectuada anteriormente, no âmbito da minha dissertação de mestrado, pelo que actualmente os ordenamentos jurídicos reguladores do acesso das ONGA nos países em análise podem ter sofrido alterações.

MOVIMENTOS NA JUSTIÇA

Apesar de diferenças consideráveis, é possível afirmar que a grande maioria dos países sobre os quais foi possível obter informação[108] contempla a participação do público e cria condições para o seu acesso à justiça na protecção do ambiente. Esta tem vindo a ser, aliás, uma tendência crescente, como foi possível constatar pelas alterações legislativas, desde finais dos anos 1980, na Bélgica, Itália, Dinamarca e Alemanha, entre outros. As informações recolhidas permitem, ainda, verificar que, quanto mais formais forem essas condições e mecanismos, mais restritos são os critérios de participação. É assim que, por exemplo, enquanto na maior parte dos países da União Europeia qualquer pessoa pode recorrer ao Provedor de Justiça para que este investigue uma queixa (por exemplo, na Dinamarca, Holanda e Áustria), já no que se refere ao acesso aos tribunais, é necessário provar que se tem um interesse directo na questão. É este último aspecto que interessa aqui analisar.

Baseados no princípio geral da Convenção de Aarhus de que todas as pessoas e associações têm direito a um ambiente saudável e o dever de protegê-lo e melhorá-lo para as gerações futuras, alguns países têm vindo a reconhecer as ONG e as associações ambientalistas como titulares do direito difuso ao ambiente e, consequentemente, como representantes de todos os indivíduos com um interesse geral na protecção do ambiente. Países como a Holanda, Portugal e Irlanda alargaram o acesso à justiça a qualquer pessoa, mesmo que não prove um interesse directo na questão. Outros (e.g. Alemanha, Finlândia, Espanha,[109] Grécia e Luxemburgo) ainda não traduziram o "direito a um ambiente saudável" para o direito a qualquer pessoa recorrer a tribunal para o defender. Se, na Holanda e em Portugal, por exemplo, as ONG podem recorrer aos tribunais para impedir uma actividade que considerem lesiva do ambiente, na Alemanha esse direito é restringido à protecção da natureza.

---

[108] Foi possível obter informação sobre os vários Estados-Membros. O grau de informação obtido é, contudo, diverso, sendo mais pormenorizado no que concerne à França, Itália, Alemanha, Bélgica, Holanda, Reino Unido e Dinamarca.

[109] Em Espanha, foi introduzida, em 1985, a *Ley Orgánica del Poder Judicial*, que alude, especificamente, à protecção de interesses difusos e colectivos, como o ambiente, e a sua protecção por parte de associações e grupos. No entanto, a falta de regulamentação da lei tem levado a que permaneça complexa a atribuição de legitimidade judicial a estes actores.

ACESSO AO DIREITO E À JUSTIÇA AMBIENTAL   163

Para melhor se entenderem os critérios de acesso das ONGA à justiça nos vários Estados-Membros, será útil estabelecer uma distinção entre os diferentes tipos de tribunais.[110]

2.2.1. Tribunais Administrativos

Os tribunais administrativos assumem um papel importante nestas questões, sobretudo nos países em que constituem um sistema autónomo dos tribunais cíveis e penais. Em todos os países analisados é possível uma ONG, e, em alguns casos, até uma associação informal, recorrer aos tribunais administrativos nestas matérias. No entanto, os critérios de acesso divergem, identificando-se três abordagens distintas: uma extensiva, uma intermédia e uma restrita (Sadeleer *et al.*, 2002). A extensiva refere-se àqueles ordenamentos jurídicos que contemplam a acção popular como mecanismo de

---

[110] Como é referido na Constituição da República Portuguesa, "os tribunais são os órgãos de soberania com competência para administrar a justiça em nome do povo" (artigo 202º). Têm, pois, por função assegurar a defesa dos direitos e interesses legalmente protegidos dos cidadãos, reprimir a violação da legalidade democrática e dirimir os conflitos de interesses públicos e privados. Além do Tribunal Constitucional, cuja principal função é apreciar a inconstitucionalidade de normas, e do Tribunal de Contas, que fiscaliza a legalidade das despesas e contas públicas, podemos distinguir duas grandes categorias de tribunais ou jurisdições: a) a jurisdição administrativa e fiscal, que compreende o Supremo Tribunal Administrativo, os Tribunais Centrais Administrativos do Sul e do Norte e 16 Tribunais Administrativos e Fiscais que englobam os anteriores Tribunais Administrativos de Círculo e os Tribunais Tributários; e b) a jurisdição comum ou dos tribunais judiciais, onde se incluem o Supremo Tribunal de Justiça, cinco Tribunais da Relação (Coimbra, Évora, Guimarães, Lisboa e Porto) e os tribunais de Primeira Instância distribuídos pelas várias comarcas de todo o país.
Os tribunais administrativos são competentes para julgar conflitos quando esteja em causa uma relação entre algum sujeito e a Administração Pública ou um ente privado, agindo no exercício de funções de prossecução do interesse público, com poderes de autoridade. Os tribunais judiciais resolvem os conflitos entre sujeitos de direito privado – indivíduos ou pessoas colectivas de direito privado – ou eventualmente entre estes e o Estado sempre que este não esteja a agir no âmbito das suas funções públicas. Os tribunais judiciais julgam os ilícitos penais (a prática de crimes) e civis (a violação de normas legais por parte de particulares, ofendendo os direitos e interesses de terceiros). Os tribunais judiciais de Primeira Instância de competência genérica julgam os ilícitos civis e os penais. Nas comarcas (circunscrições judiciais) já com alguma dimensão e movimento de processos, os tribunais judiciais especializam-se em função da matéria, existindo, por isso, juízos cíveis e criminais. Há outros tribunais especializados, como, por exemplo, o Tribunal de Família e Menores. Não há nenhum destinado a resolver unicamente conflitos ambientais.

participação. Como se irá constatar, este é um instrumento que, precisamente por ser muito abrangente e por abrir espaço à participação dos cidadãos através dos tribunais para a protecção de interesses difusos e colectivos, encontra resistência em muitos Estados. São vários os juízes e legisladores que temem que a acção popular, sobretudo quando percepcionada nas suas potencialidades, contribua para um congestionamento dos tribunais. Num dos relatórios consultados, foi possível verificar que Portugal é dos poucos países da União Europeia (UE) onde as ONG podem usar este instrumento para a preservação do ambiente, embora a Lei da Acção Popular não deixe de impor alguns requisitos para tal. No Reino Unido, o acesso das ONG aos tribunais administrativos é igualmente considerado extensivo, sobretudo para as ONG com alguma longevidade, não existindo, ainda assim, um procedimento como a acção popular.

Nos países com uma abordagem restritiva do acesso à justiça em matérias ambientais, o enfoque é dado à protecção dos direitos individuais (e.g. Espanha, Áustria e Finlândia). A legitimidade para agir da ONG está, assim, dependente da apresentação de um interesse específico na acção, ou seja, da violação de um seu direito individual, como, por exemplo, a construção de um empreendimento que atente contra uma propriedade da ONG. Não há, portanto, legitimidade para agir no caso da violação de interesses difusos. Uma abordagem idêntica prevalece na Alemanha, onde há um certo cepticismo quanto à legitimidade democrática das ONG para agirem enquanto representantes da população num caso em tribunal. Contudo, quer na Alemanha, quer em Itália, onde também predomina esta abordagem, têm vindo a ser introduzidos alguns mecanismos facilitadores do acesso das ONG a tribunal.

A maior parte dos países encaixa numa abordagem intermédia, não sendo necessário que a ONG prove que um seu direito subjectivo foi violado, mas tão-só demonstrar que tem um interesse no caso, ou seja, que há uma ligação entre os seus objectivos e actividades e a causa da acção. Esta abordagem não restringe o acesso das ONG à violação de um seu direito subjectivo, mas também não é tão extensiva quanto a que pressupõe o recurso a tribunal através de acções populares. A definição desse interesse pode ser mais abrangente, como tem vindo a acontecer na Holanda e na Grécia, ou mais restrita, como acontece na Bélgica. Na Holanda, qualquer ONG que tenha participado na preparação pública de uma tomada de decisão pode recorrer a um tribunal administrativo para contestar a decisão final. Na Grécia, a definição de interesse refere-se à protecção do ambiente em geral. Na Bélgica, a ONG tem de demonstrar que a decisão administrativa atenta contra os seus objectivos, por exemplo, de preservação da vida selvagem. O mesmo se passa em França, podendo, inclusive, as associações sem constituição formal recorrer a um tribunal administrativo sempre que uma decisão pública vá contra os seus objectivos. Neste país, aliás, as ONG podem recorrer aos tribunais administrativos por danos morais sofridos por acções ou omissões da autoridade competente. Embora raros, esses casos apresentam uma taxa de sucesso considerável (Sadeleer *et al.*, 2002: 18). Esta é, também, a abordagem na Dinamarca desde 1994, altura em que foi concedida legitimidade às ONG[111] para desencadearem processos de interesse público. No Luxemburgo, as associações apenas têm de provar que o interesse que defendem beneficia a comunidade ou, pelo menos, os membros do grupo.

2.2.2. Tribunais Cíveis

O acesso é mais restrito no que diz respeito aos tribunais cíveis. Países como Portugal, França, Itália, Irlanda e Holanda permitem o acesso das ONG aos tribunais cíveis, embora se possam distinguir aqui dois níveis de acesso. Em Portugal, Holanda e França, as ONG podem recorrer directamente ao tribunal, independentemente de outros procedimentos. O Código Civil holandês permite que as ONG recorram aos tribunais cíveis para requerer às autoridades competentes o cumprimento efectivo e o reforço da legislação ambiental, bem como para processar aqueles que provocaram algum dano ambiental. Esta situação é semelhante, como se irá ver, em Portugal, onde as ONG podem propor uma acção num tribunal cível contra um poluidor ou organismo administrativo com o objectivo de travar actividades ilegais ou lesivas do bem ambiental. Na Bélgica, foi criada, em 1993, uma acção específica para casos ambientais que confere às ONG direitos de acesso aos tribunais de Primeira Instância. A acção assemelha-se a um procedimento sumário e pode resultar na imposição de uma injunção para travar um acto lesivo do ambiente. Num outro modelo (por exemplo, em Itália), o recurso está limitado a procedimentos já existentes, emergindo as ONG como assistentes do requerente. Países como a Alemanha, Finlândia e Grécia[112] não permitem o acesso das ONG aos tribunais cíveis, excepto se estas surgirem como titulares de direitos individuais próprios, como, por exemplo, um direito de propriedade.

---

[111] Até essa altura apenas podiam recorrer aos *Appeal Boards*.

[112] No caso da Grécia, uma Comissão Governamental elaborou uma proposta, em 2000, para uma Acção Popular (*Group Actions Act*) facilitadora deste acesso (Verschuuren *et al.*, 2000: 63).

2.2.3. Tribunais Criminais

Quanto aos tribunais criminais, em termos gerais nem as pessoas nem as associações ou ONG podem agir como procuradores privados ou queixosos em casos de crimes ambientais, excepto quando eles próprios sofrem um dano à sua saúde ou na sua propriedade. Encontram-se dois eixos gerais no que concerne a este acesso específico. Um primeiro, de acordo com o qual o processo penal é da exclusiva competência do Ministério Público (MP) mas que, não obstante, dá aos cidadãos a possibilidade de requerer ao MP que inicie um caso. No caso de o pedido ser negado, há procedimentos que podem ser levados a cabo pelos cidadãos para contestar essa decisão (por exemplo, Alemanha, Itália e Holanda). Num outro eixo, esta tarefa constitui, primeiramente, mas não em exclusivo, uma atribuição do MP, pelo que, em certas condições, os próprios cidadãos podem iniciar o processo (França, Espanha e Reino Unido). A questão é, portanto, saber quem tem legitimidade para propor a acção. Na maior parte dos Estados-Membros, essa legitimidade é atribuída apenas àqueles que sofreram a ofensa. Noutros, há alguma abertura para a actuação das ONG. Em Portugal, Finlândia, Holanda, Grécia e Itália, as ONG podem surgir como assistentes, uma terceira parte, nos processos. O nosso ordenamento jurídico prevê, aliás, que as ONG possam, após dar conhecimento ao MP de uma situação lesiva do ambiente e de ser aberta uma investigação criminal, dar assistência ao magistrado do MP ou, até, no caso de este decidir não prosseguir com a acção, reagir contra essa decisão. Em Itália, as ONG têm acesso aos tribunais criminais, reclamando pela reparação/compensação por danos ambientais em nome dos cidadãos envolvidos ou quando estiver em causa um interesse específico da ONG. No Reino Unido, qualquer pessoa pode, em princípio, desencadear uma acção penal, não sendo este, no entanto, um mecanismo a que as ONG recorram usualmente.

2.2.4. Outros Organismos

Alguns ordenamentos jurídicos contemplam outros organismos que não os tribunais administrativos, cíveis e criminais. É o caso da Dinamarca, que, para além dos tribunais, tem as Comissões de Recurso (*Appeal Boards*) cujo funcionamento é semelhante ao dos tribunais administrativos, e do Reino Unido, que possui o *Planning Inspectorate*. Estes dois organismos parecem ter uma boa aceitação por parte das ONG, que, frequentemente, recorrem a eles em detrimento dos tribunais judiciais. Isto é especialmente verdade no caso da Comissão de Recurso para o Ambiente (*Nature Appeal Board*), na Dinamarca, cujo funcionamento é independente do Ministério do Ambiente, que lida com muitos casos todos os anos, sendo raros os que chegam a tribunal (Sadeleer *et al.*, 2002: 20).

2.3. *Constrangimentos ao acesso*[113]

Não obstante as recomendações do Conselho da Europa e as indicações da União Europeia, e embora seja um direito constitucionalmente consagrado, o acesso ao direito e à justiça reflecte, cristaliza e reproduz formas de discriminação social. As barreiras que se colocam no acesso ao direito e à justiça são, essencialmente, de natureza económica, cultural e social. Os obstáculos económicos prendem-se com os custos, nomeadamente preparos e custas judiciais, honorários de advogados e peritos, gastos de deslocação, e custos resultantes da morosidade (Santos *et al.*, 1996: 486), que tornam a justiça dispendiosa. A estes acrescem obstáculos sociais e culturais, que se prendem, por exemplo, com o grau de conhecimento do direito por parte dos cidadãos, com o sexo, classe social, entre outras variáveis. Estes e outros obstáculos colocam-se ao acesso quer de cidadãos individuais, quer de associações da sociedade civil, mas relativamente a estas outros obstáculos emergem.

Como já se constatou, todos os países impõem requisitos à participação das ONG e associações ambientalistas através dos tribunais. Já se referiram, no Capítulo I, os argumentos daqueles que consideram que o recurso aos tribunais é contraprodutivo para as ONG e movimentos sociais. Há, também, argumentos por parte dos legisladores e magistrados, na óptica do acesso, que sustentam essa posição. Aqueles que defendem a limitação do acesso por parte destes grupos consideram que o recurso excessivo a tribunal poderia resultar num incremento do trabalho dos juízes e, consequentemente, numa maior lentidão na resolução dos casos; e em obstáculos ao desenvolvimento económico; questionam que as ONGA representem, efectivamente, todos os cidadãos; e temem que estes actores abandonem outras formas de luta mais informais (Verschuuren *et al.*, 2000: 17). Com base nestes pressupostos, vários países têm vindo a definir um conjunto de requisitos no acesso aos tribunais. Esses requisitos podem ser introduzidos, caso a caso, pelos próprios tribunais, como acontece no Reino Unido e Dinamarca, ou definidos pela própria lei. Enumero, de seguida, alguns dos requisitos mais comuns (Verschuuren *et al.*, 2000; Sadeleer *et al.*, 2002: 25-28).

---

[113] Em alguns Estados-Membros, os constrangimentos colocam-se apenas no acesso aos tribunais administrativos, noutros, aos tribunais cíveis, noutros, ainda, em ambos.

Um deles é a **personalidade jurídica**. Em grande parte dos países analisados, as associações que recorrem a tribunal têm de estar legalmente constituídas, nomeadamente para se poderem responsabilizar por eventuais custos a serem recuperados. Por exemplo, se, como resultado de uma providência cautelar, uma obra for embargada e, posteriormente, se verificar que a ONG requerente não tinha razão, o dono da obra pode pedir uma indemnização pelos prejuízos causados. Este requisito dificulta a participação de grupos informais, pelo que é nos países que não o impõem (por exemplo, Inglaterra) que se encontram mais acções colocadas em tribunal por tais grupos.

Um outro requisito diz respeito à exigência de um **período mínimo de existência**, geralmente três anos (como na Alemanha e na Bélgica). Na prática, pretende-se que apenas associações já com algum nível de actuação e credibilidade possam propor acções nos tribunais. Este é um critério que exclui, à partida, as associações que surgiram como reacção a um problema específico, como, por exemplo, contra a construção de uma barragem. A França, a Dinamarca e o Reino Unido assumem-se neste ponto como excepções, sendo atribuída legitimidade também às associações constituídas *ad hoc*.

Em alguns países (como Alemanha, Portugal, Luxemburgo e Bélgica) a associação tem de ter **fins não-lucrativos**, de modo a que o recurso a tribunal seja efectivamente usado em prol do interesse público e não com objectivos de competitividade económica.

A necessidade de **compatibilização entre o interesse em causa e os objectivos e actividades da associação** é, como já se referiu, um critério exigido em certos países. Em Portugal (no âmbito da Lei de Acção Popular), na França e na Alemanha é necessário que o interesse em causa esteja contemplado no estatuto da ONG, seja nos seus objectivos, seja nas suas competências. Este requisito pode levar a que, numa interpretação mais restrita, o tribunal recuse vários casos apresentados por ONG por entender que o seu âmbito não vai ao encontro do interesse em causa, e que, portanto, não possuem legitimidade para agir. O contrário também pode suceder. Se a ONG tiver um âmbito muito abrangente, o tribunal pode negar-lhe legitimidade por entender que os seus objectivos não são específicos, como já sucedeu na Bélgica (Sadeleer *et al.*, 2002).

O **âmbito territorial** de actuação da associação é outro requisito frequentemente encontrado e que pode ser consideravelmente limitativo, já que, apesar do ambiente não conhecer fronteiras, estas acabam por ser impostas em termos legais, ou seja, as associações só podem propor uma acção em tribunal como resultado de um dano ambiental perpetrado na sua zona de actuação. Em Itália, por exemplo, só é reconhecida legitimidade às acções com um âmbito nacional. Já em França sucede o oposto: as associações informais podem recorrer ao tribunal administrativo, mas apenas se o problema em questão tiver surgido no seu local de actuação. O âmbito territorial torna, ainda, praticamente impossíveis acções judiciais transfronteiriças, isto é, uma ONG de um Estado-Membro colocar uma acção judicial num outro para proteger um bem comum. Interpretações mais abrangentes podem, contudo, conduzir a essa possibilidade. Em França é possível que ONG suíças e holandesas coloquem casos em tribunal, sendo-lhes reconhecida legitimidade para tal. O mesmo sucede na Holanda, ainda que não haja nenhum caso registado (pelo menos até à data deste estudo). Na Irlanda não é negada legitimidade a nenhum cidadão ou associação estrangeira, quer perante os tribunais administrativos, quer perante os tribunais cíveis. Em Portugal, a Lei de Acção Popular não é clara quanto a esse aspecto, sugerindo uma interpretação menos restrita da lei que tal possa acontecer (Sadeleer *et al.*, 2002: 29).

Se bem que a maior parte dos requisitos esteja definida na lei, muitos acabam por resultar de interpretações dos tribunais e, consequentemente, há países com normas semelhantes, mas com aplicação prática distinta (Sadeleer *et al.*, 2002: 28). Certo é que tais requisitos constrangem o recurso ao tribunal para a protecção do ambiente.

Convém elucidar, ainda, que, mesmo quando o acesso está previsto na lei, há barreiras práticas que o condicionam. Os custos com os processos assumem-se como uma dessas barreiras. Os custos envolvem não só as custas judiciais, mas também as despesas com advogados, peritos, testemunhas, entre outros. Uma breve análise de alguns Estados-Membros demonstra que apenas Portugal, Irlanda e Dinamarca (no que respeita às Comissões de Recurso – *Appeal Boards*) isentam as ONG do pagamento de custas judiciais. No Luxemburgo, o tribunal pode isentar a ONG do pagamento de custas após avaliar a sua situação financeira. No Reino Unido, os tribunais podem, também, isentar a ONG do pagamento das custas se considerarem que a sua acção é, efectivamente, de interesse público. De qualquer forma, as custas não constituem o verdadeiro problema para as ONG mas, sim, as restantes despesas enunciadas, designadamente o princípio de que a parte que perde a acção tem de pagar os honorários do advogado da parte vitoriosa (Reino Unido, Alemanha, Dinamarca e Holanda) (Sadeleer *et al.*, 2002: 31).

Um segundo bloqueio prende-se com a morosidade dos casos ambientais, com especial destaque para Portugal, Itália e Holanda (apenas no que se refere aos conflitos apresentados nos tribunais cíveis). A lentidão da resolução dos processos é incomportável em qualquer caso, contudo assume uma especial gravidade no que concerne às questões ambientais que têm urgência em ser resolvidas.

Finalmente refira-se, também, o desconhecimento dos procedimentos judiciais por parte de muitas associações ambientalistas, pelo que os prazos são ultrapassados e certos casos perdidos por especificidades legais e procedimentais que nada têm que ver com o direito substantivo. Para combater essa insuficiência, foi desenvolvido na Holanda um projecto de criação de *serviços de assistência judiciária* (*Legal Aid Service Centres*) que, munidos de advogados especializados em direito do ambiente, fornecem aos cidadãos e às associações apoio jurídico[114] (Verschuuren *et al.*, 2000: 104).

3. O caso português[115]

Em Portugal, o acesso ao direito e à justiça para protecção do ambiente está consagrado desde a Constituição da República Portuguesa (CRP) de 1976, através da figura da acção popular, que permite a todos, pessoalmente ou através de associações de defesa dos interesses em causa, recorrer a tribunal para promover a prevenção, a cessação ou a perseguição judicial das infracções contra a saúde pública, a qualidade de vida, a preservação do ambiente e do património cultural (artigo 52º, nº 3, da CRP). Se, com efeito, este é um instrumento que pode ser utilizado em vários domínios, parece ser particularmente adequado para as questões ambientais.

A Lei 83/95, de 31 de Agosto, veio regular o direito de participação procedimental e de acção popular, designadamente alguns aspectos da sua tramitação, deixando aqueles que não são especificamente regulados para as regras gerais. Exemplos dessa tramitação especial são as formas de citação dos interessados, a representação processual e o regime de auto-exclusão. Os artigos 2º e 3º desta Lei conferem legitimidade activa às associações defensoras da saúde pública, do ambiente, da qualidade de vida, da protecção de consumo de bens e serviços, do património cultural e do domínio público,[116] bastando,

---

[114] Não foi possível verificar se, até à presente data, este projecto já tinha sido concretizado.

[115] Uma descrição pormenorizada dos meios de acesso ao direito e à justiça ambiental pode ser encontrada no Guia de Acesso à Justiça Ambiental elaborado pelo Euronatura – Centro para o Direito Ambiental e Desenvolvimento Sustentado.

[116] Afigura-se que o âmbito de tutela do direito de acção popular é abrangente, isto é, apresenta um conteúdo de carácter genérico, cuja delimitação negativa há-de posicionar-se num plano casuístico (Teixeira, 1997).

ACESSO AO DIREITO E À JUSTIÇA AMBIENTAL   171

para tal, terem personalidade jurídica, incluírem nas suas atribuições ou nos seus objectivos estatutários a defesa dos interesses em causa e não exercerem qualquer tipo de actividade profissional concorrente com empresas ou profissionais liberais.[117]

No seu artigo 20º, referente ao regime especial de preparos e custas, é referido que, pelo direito de acção popular, não são exigíveis preparos e que o autor fica isento do pagamento de custas em caso de procedência parcial do pedido.

A Lei faz ainda referência ao Ministério Público (MP). O MP tem sempre a mesma legitimidade que o cidadão neste tipo de acções, seja como actor popular, seja através de normas atributivas de legitimidade enquanto defensor da legalidade.[118] O MP pode ainda continuar a acção no caso de desistência por parte do actor popular. O MP possui um horário de atendimento semanal ao público, durante o qual os particulares podem não só receber algum aconselhamento e orientação jurídica, mas também requerer a intervenção do MP em determinados processos nos quais este tenha legitimidade. Cabe, pois, ao MP ponderar os interesses públicos em jogo para definir a sua actuação. A extensão de legitimidade ao MP, neste tipo de acções, não deve ser vista como uma rede de salvação dos actores populares. A regulamentação da acção popular surgiu como forma de efectivar um direito constitucionalmente previsto de acesso da sociedade civil aos tribunais. Deste modo, o MP deve agir segundo juízos de oportunidade, avaliando os interesses em questão e a repercussão que os resultados de uma sentença teriam. À sociedade civil não se pede este juízo, o que implica que há-de haver sempre uma margem de actuação que é reservada aos particulares. Não se reconhece, *ab initio*, ao MP uma legitimidade concorrente com a dos cidadãos ou associações,[119] uma vez que

---

[117] Os diplomas adjectivos possuem normas remissivas de legitimidade. Assim, segundo o artigo 26-A do Código de Processo Civil, "têm legitimidade para propor e intervir nas acções e procedimentos cautelares destinados, designadamente, à defesa da saúde pública, do ambiente, da qualidade de vida, do património cultural e do domínio público, bem como à protecção do consumo de bens e serviços, qualquer cidadão no gozo dos seus direitos civis e políticos, as associações e fundações defensoras dos interesses em causa, as autarquias locais e o MP, nos termos previstos na lei".

[118] Cabe ao MP representar o Estado quando este for parte na causa (artigo 16º), assumindo, deste modo, uma certa ambivalência.

[119] Tal não sucede no contencioso administrativo. O Código de Processo dos Tribunais Administrativos (CPTA) ampliou a possibilidade de intervenção do Ministério Público no âmbito da acção popular, prevendo expressamente a sua legitimidade para impugnar

a defesa do interesse público que incumbe ao MP poderia vir a revelar-se anta-gónica e incompatível com a defesa dos interesses tutelados pela LAP, ao mesmo tempo que a acção popular deixaria de ser verdadeiramente "popular" para se tor-nar "acção pública", deslocando-se o zénite de tutela da via particular para a sua publicização (Teixeira, 1997).

Apesar de considerar este argumento razoável, o mesmo autor entende que é necessário não esquecer que a intervenção do MP se pode "justificar como forma de compensar a inércia da sociedade civil (cidadãos, associações, etc.) – que se traduz num verdadeiro 'défice de cidadania activa' – para a pro-moção jurisdicional de interesses comunitários" (Teixeira, 1997).

Com a Lei de Acção Popular, procurou-se contrariar a erosão do paradigma da acção singular e contribuir para a emergência de um novo paradigma do acesso colectivo à justiça. Assim, para alguns autores, a acção popular veio abrir caminho para uma nova forma de participação, assente em ideais demo-cráticos, ampliando o acesso ao direito e à justiça por parte das associações inseridas em movimentos sociais. Este instrumento reconheceu a importân-cia da actuação destes novos actores ao ter em vista que a sua actuação na arena legal poderia "suprir as deficiências de organização da Administração e corrigir excessos de determinados agentes socio-económicos" (Teixeira, 1997: 16).

Tendo em consideração que a acção popular representa "um apreciável poder de intervenção na coisa pública e revela uma visão essencialmente democrática das relações entre o indivíduo e a organização político-admi-nistrativa" (Andrade, 1967: 141) e que a sua eficácia só se compreende num sistema político em que cada cidadão demonstre preocupação equivalente pelos bens públicos como pelos seus bens privados,

constata-se que nos regimes totalitários tende-se à sua supressão ou restrição, de maneira a excluir a participação dos cidadãos na vida pública. Por esta razão, alguns

---

actos administrativos quando esteja em causa a lesão de valores comunitários (cf. artigo 55º, nº 1, alínea f) e 9º, nº 2, do CPTA). O recurso à acção popular para impugnar actos administrativos estava já genericamente previsto no artigo 12º da LAP. No entanto, não era dada especificamente ao Ministério Público legitimidade para propor a acção, prevendo-se somente a possibilidade de este "no âmbito da fiscalização da legalidade (...) substituir-se ao autor em caso de desistência da lide, bem como de transacção ou de comportamentos lesivos dos interesses em causa" (artigo 16º, nº 3).

autores consideram que as acções populares são um corpo estranho àqueles regimes, sendo qualificados, quando legalmente previstos, de «flores exóticas» (Maior, 1998: 247).

Embora seja visto como tendo um grande potencial na introdução de uma forma de democracia participativa no direito e na justiça, são várias as opiniões que concluem que este instrumento legal tem potencialidades muito mais ricas do que as que a lei lhe confere. De facto, se, por um lado, se verifica que a acção popular se configura como ingrediente de democracia, admitindo a defesa de interesses difusos, colectivos e individuais, através de uma pluralização de legitimados mesmo que não sejam seus titulares pessoais e directos, por outro, ela coloca alguns condicionamentos importantes a esses mesmos legitimados. Em primeiro lugar, exige às associações que tenham personalidade jurídica, ficando, consequentemente, "arredada a legitimidade de grupos ou associações *ad hoc*, ainda que sob controle judicial, como v. g. comissão de moradores de um bairro, mesmo que seja manifesto o interesse social em reconhecer a um tal grupo legitimidade para intervir" (Teixeira, 1997: 16). Em segundo lugar, embora não tenha procedido a qualquer restrição de ordem geográfica – associações de âmbito local e nacional – a questão pode vir a ser colocada em moldes similares à situação do particular, sobretudo no que respeita àquelas que têm um raio de actuação local. Por fim, é sustentado por alguns autores que a acção popular é um mecanismo insatisfatório, porque limitado substantivamente, e, para muitos grupos de cidadãos, inviável financeiramente (Machado, 1981: 26).

Para uma verdadeira aplicação da acção popular, são necessárias não só alterações legislativas de carácter técnico, mas também uma transformação cultural por parte dos operadores judiciários – reconhecendo os actores colectivos como verdadeiros sujeitos de direitos com legitimidade representativa – e dos próprios cidadãos e associações perante os novos reptos que a Lei de Acção Popular arrasta (Teixeira, 1997: 39).

3.1. *Direito à informação*

O conhecimento do direito é tido, hoje em dia, como um direito em si, pelo que muitos o consideram o "direito aos direitos" (Alegre, 1989: 8). Se a aplicação do direito, mais técnica e minuciosa, é, normalmente, tarefa de juristas, o seu conhecimento deve, portanto, ser generalizado. Por um lado, porque, como defende Galanter (1984: 167), o desenvolvimento do acesso à justiça não se cinge ao recurso aos tribunais, mas à introdução de justiça nas relações e transacções quotidianas, o que implica, necessariamente, um conhecimento dos seus direitos e deveres. Por outro lado, de que servirá às pessoas "a sua igualdade perante a lei e a garantia de que podem fazer valer os seus direitos perante os tribunais, independentemente da sua situação económica ou condição social, se não conhecem a lei, nem os limites do seu direito?" (Alegre, 1989: 8).

No que se refere ao acesso ao direito, considerado em sentido restrito, o nosso ordenamento jurídico define um conjunto de normas e mecanismos que asseguram o acesso à informação e à participação do público nos processos de tomada de decisão em matéria ambiental. A Lei nº 46/2007, de 24 de Agosto, que regula o acesso aos Documentos Administrativos e a sua reutilização, garante o acesso a documentos administrativos não nominativos, com origem ou detidos por órgãos do Estado e das Regiões Autónomas que exerçam funções administrativas, órgãos dos institutos e das associações públicas, órgãos das autarquias locais, suas associações e federações, organismos que exerçam responsabilidades públicas em matéria ambiental sob o controlo da Administração Pública e outras entidades no exercício de poderes de autoridade nos termos da lei. Este diploma prevê, contudo, a possibilidade de diferimento da consulta e reprodução de documentos constantes de processos administrativos em que ainda não houve decisão (artigo 6º, nº 3). São exemplos destes documentos, os planos directores municipais, as actas de reuniões de Câmaras Municipais e as informações relativas a licenciamentos concedidos.

Um outro instrumento é o Código de Procedimento Administrativo (CPA) (artigos 53º, 61º e seguintes), que permite aos titulares de direitos difusos em geral intervir em procedimentos administrativos para defender esses mesmos direitos, reconhecendo-lhes, em particular, o direito a serem informados sobre o andamento dos respectivos processos. O CPA impõe, ainda, a todos os processos administrativos, o dever de audiência de todos os interessados antes que seja tomada a decisão final e de informação sobre o sentido provável desta (artigo 100º e seguintes).[120]

---

[120] Segundo o artigo 103º – Inexistência e dispensa de audiência dos interessados:
"1 – Não há lugar a audiência dos interessados: a) Quando a decisão seja urgente; b) Quando seja razoavelmente de prever que a diligência possa comprometer a execução ou a utilidade da decisão; c) Quando o número de interessados a ouvir seja de tal forma elevado que a audiência se torne impraticável, devendo nesse caso proceder-se a consulta pública, quando possível, pela forma mais adequada.

3.2. *Mecanismos extrajudiciais*

Quanto ao acesso à justiça, os cidadãos e os grupos ambientalistas têm ao seu dispor mecanismos judiciais e extrajudiciais. De entre estes últimos, temos as reclamações e recursos à administração, a queixa perante a Comissão de Acesso aos Documentos Administrativos (CADA)[121] quando a Lei que regula o acesso aos Documentos Administrativos e a sua reutilização não é cumprida, os Processos de Contra-Ordenação e a Mediação. Sendo as primeiras formas de participação mais claras, analisemos as últimas.

As autoridades administrativas dispõem de um meio de impor coercivamente, no âmbito de processos de contra-ordenação, coimas e sanções acessórias, como o encerramento de instalações, sancionando assim a violação das normas ambientais. A queixa de uma infracção que constitua contra-ordenação, podendo ser apresentada por qualquer pessoa, dará, em princípio, origem à abertura de um processo de contra-ordenação, no qual a autoridade administrativa[122] vai averiguar se existe ou não infracção. O alegado infractor tem sempre o direito de ser ouvido e pode ser representado por defensor. Caso a autoridade administrativa considere provada a prática da contra--ordenação, aplicará uma coima ao infractor, eventualmente acompanhada de sanções acessórias. Quando a decisão da autoridade administrativa vai no sentido de aplicação de uma coima, o infractor pode recorrer para os tribunais judiciais pedindo o reexame da decisão. De sublinhar que, quanto aos processos de contra-ordenação, os cidadãos e as ONGA não podem impugnar judicialmente a decisão administrativa nem tomar parte como assistentes, quer na fase administrativa, quer na fase judicial. As ONGA podem, no entanto, acompanhar o processo contra-ordenacional, apresentando memoriais, pareceres técnicos, sugestões de exames ou outras diligências de prova até

---

2 – O órgão instrutor pode dispensar a audiência dos interessados nos seguintes casos: a) Se os interessados já se tiverem pronunciado no procedimento sobre as questões que importem à decisão e sobre as provas produzidas; b) Se os elementos constantes do procedimento conduzirem a uma decisão favorável aos interessados."

[121] A CADA é uma entidade pública independente, que funciona junto da Assembleia da República, criada para zelar pelo cumprimento das disposições legais referentes ao acesso à informação administrativa.

[122] Entre estas entidades encontra-se, por exemplo, a Inspecção-Geral do Ambiente e do Ordenamento do Território, a Inspecção-Geral da Administração do Território, o Instituto de Conservação da Natureza, as Câmaras Municipais e as Comissões Directivas das áreas protegidas.

que o processo esteja pronto para decisão final (artigo 10º da Lei das ONGA – Lei nº 35/98, de 18 de Julho).

A mediação ambiental é um meio alternativo de resolução de litígios que se baseia no diálogo entre as partes em conflito, auxiliadas por um mediador, tendo por objectivo a procura de soluções e consensos que satisfaçam os interesses de todas as partes. A mediação não é, ainda, em Portugal, um meio consolidado de resolução de litígios, ficando muito aquém de outros países europeus, designadamente a Bélgica, onde este mecanismo se tem revelado, mesmo no âmbito do direito penal, muito eficaz. A mediação tem algumas vantagens, designadamente, ser um meio mais célere e expedito do que os tribunais; ser controlado pelas partes em conflito, o que leva a que estas, mais do que oponentes, assumam uma postura de colaboração para se encontrar uma solução consensual; ser confidencial; e o mediador ser, em geral, um técnico especializado. A mediação ambiental apresenta, contudo, algumas dificuldades que se prendem, desde logo, com a natureza do próprio ambiente enquanto direito difuso. Não há apenas dois interesses pessoais contrapostos mas, sim, uma multiplicidade de partes e interesses públicos e particulares, eventualmente locais e nacionais, sendo que as partes são, não raras vezes, representantes de grupos. A mediação ambiental pode ser pública ou privada. Em Portugal, a mediação ambiental de âmbito estatal não é, ainda, um mecanismo sólido, escapando ao âmbito dos Julgados de Paz.

3.3. *Titularidade de acesso aos tribunais*

Os tribunais assumem-se como o único mecanismo criado pela ordem jurídica para prevenir ou reprimir um ilícito civil ou penal para defesa do ambiente. Para alguém poder recorrer a tribunal em defesa de um determinado direito ou interesse é necessário ter legitimidade processual, isto é, a lei tem de reconhecer não só a existência desse direito como também o interesse desse agente em defendê-lo.

3.3.1. O Ministério Público

Cabe ao Ministério Público defender em tribunal a legalidade e os interesses públicos e colectivos. É, portanto, sua função propor uma acção em tribunal contra um infractor quando, pelos seus próprios meios ou na sequência de uma denúncia, tenha conhecimento de uma infracção à legislação ambiental (artigo 45º da Lei de Bases do Ambiente e artigo 26º-A do Código de Processo Civil e artigo 9º, nº 2, do Código de Processos nos Tribunais Administrativos). Como já se referiu, o Ministério Público tem nas acções populares um papel de fiscalizador da legalidade e de representante do Estado quando este for parte na causa, dos ausentes, menores e demais incapazes (artigo 16º da Lei de Acção Popular). No âmbito dessa função, o Ministério Público pode tomar o lugar do autor da acção quando entenda que este está a ter um comportamento lesivo dos interesses ambientais em causa, no caso de desistência da lide ou de transacção. No caso dos crimes ambientais, o Ministério Público tem um papel ainda mais importante, uma vez que este órgão tem uma competência genérica para o exercício da acção penal, devendo investigar factos que possam constituir um crime e apresentar a respectiva acusação em tribunal contra os arguidos. Como se poderá ver no Capítulo V, se até à entrada em vigor da Lei de Acção Popular, em 1995, o Ministério Público era, de acordo com estudos então realizados, o mais frequente autor de acções para defesa do ambiente, hoje esse papel parece ser cada vez mais desempenhado pelas ONGA (Euronatura, 2005).

3.3.2. Autarquias Locais

Também as autarquias locais – Freguesias e Municípios – podem recorrer a tribunal para defender os interesses ambientais de que sejam titulares os residentes na área da respectiva circunscrição (artigo 2º da Lei de Acção Popular, 45º da LBA, 26º-A do Código de Processo Civil e artigo 9º, nº 2, do Código de Processos nos Tribunais Administrativos). No entanto, as Câmaras Municipais surgem muito mais frequentemente como rés do que como autoras de acções para protecção do ambiente.

3.3.3. Cidadãos e Organizações Não Governamentais do Ambiente

Finalmente, têm também legitimidade processual os cidadãos e as ONGA (artigo 52º da CRP, artigo 2º da Lei de Acção Popular, artigo 45º da Lei de Bases do Ambiente, artigo 26º-A do Código de Processo Civil e artigo 9º, nº 2, do Código de Processos nos Tribunais Administrativos). Para esta legitimidade muito contribui a Lei nº 35/98, de 18 de Julho, conhecida como a Lei das ONGA.

No que se refere aos cidadãos, no gozo dos seus direitos civis e políticos, isoladamente ou em grupo, é de mencionar que o exercício do direito de acesso à justiça investido em legitimidade popular não é um direito exclusivo dos portugueses, mas também de todos os estrangeiros que em Portugal (ou até mesmo no estrangeiro, caso se esteja perante fenómenos de poluição transfronteiriça com origem em Portugal) detectem ameaças a bens ambientais naturais. Segundo Carla Amado Gomes (2008), a condição de exercício do direito de acção não é ser eleitor, e, portanto, interessado na legalidade dos actos praticados pelos órgãos cujos titulares elege, mas ser pessoa interessada na fruição de bens colectivos. A natureza imaterial e plurilocalizada das utilidades dos bens naturais leva a que qualquer cidadão possa agir em sua defesa, independentemente do contacto efectivo com o bem violado. Na prática, as acções são promovidas por quem está mais próximo do bem, em razão da maior probabilidade de percepção da sua degradação, mas em teoria a legitimidade é extensível a qualquer cidadão nacional ou estrangeiro.

A Lei das Associações de Defesa do Ambiente (LBADA) (Lei nº 10/87, de 7 de Abril) veio dotar, em 1987, as associações ambientalistas do estatuto legal necessário para participarem nos processos de elaboração, negociação e decisão na área das políticas públicas do ambiente. Apesar dos vários aspectos positivos, esta Lei foi considerada muito exigente nos requisitos que as associações tinham de preencher, nomeadamente o número de associados. Segundo a LBADA, as associações para serem definidas como associações locais, regionais ou nacionais teriam de ter um número mínimo de associados: 200, 1000 e 4000, respectivamente. Deste modo, foi aprovada, em 1998, a Lei que define o estatuto das Organizações Não Governamentais do Ambiente, que, mantendo o espectro de participação das associações, veio introduzir algumas alterações significativas referentes, entre outras, aos critérios utilizados na classificação atribuída às associações, na atribuição do estatuto de utilidade pública e na clarificação das possibilidades e meios de participação e de acesso à informação.

De acordo com a Lei das Organizações Não Governamentais do Ambiente (Lei nº 35/98, de 18 de Julho), uma associação é reconhecida como ONGA após o registo junto do Instituto do Ambiente,[123] o qual depende, entre outros requisitos, de um número mínimo de 100 associados. De entre as várias prer-

---

[123] Como resultado da fusão do Instituto do Ambiente (IA) e do Instituto de Resíduos (INR), foi criada a Agência Portuguesa do Ambiente (APA) pelo Decreto-Lei nº 207/2006, de 27 de Outubro, que aprovou a Lei Orgânica do Ministério do Ambiente, do Ordenamento do Território e do Desenvolvimento Regional. Esta fusão teve como objectivo explorar as sinergias entre as instituições e criar condições de maior eficácia na prossecução das políticas de ambiente e desenvolvimento sustentável e a consequente melhoria da qualidade dos serviços prestados aos cidadãos. O processo de reestruturação da APA foi completado pelo Decreto Regulamentar nº 53/2007, de 27 de Abril, e pela Portaria nº 573-C/2007, de 30 de Abril, que definiram, respectivamente, a missão, atribuições e tipo de organização e a estrutura nuclear dos seus serviços e as competências das suas unidades orgânicas.

rogativas decorrentes do estatuto de ONGA, vale a pena destacar aqui o direito de consulta e informação junto dos órgãos da Administração Pública sobre documentos; a legitimidade para iniciar e intervir em procedimentos administrativos em defesa do ambiente; a legitimidade para recorrer a tribunal em defesa do ambiente; e a isenção do pagamento de preparos e custas pela intervenção em procedimentos administrativos e processos judiciais. As ONGA são, em geral, objecto de uma classificação de acordo com a sua dimensão e âmbito geográfico de actuação (local, regional ou nacional), para efeitos do direito de representação em órgãos consultivos locais, regionais ou nacionais. Embora esta distinção não lhes imponha, à partida, qualquer restrição ao recurso ao tribunal, indirectamente acaba por fazê-lo, uma vez que tem de haver coincidência entre o objecto da acção e os fins estatutários da associação (cf. o artigo 7º, nº 3, da Lei 35/98, de 18 de Julho, sobre as ONGA). Uma ONGA do Porto com âmbito local pode, consequentemente, ver recusada a sua legitimidade processual se recorrer a tribunal para impedir a construção de um empreendimento turístico, que se prevê causador de danos ambientais, em Faro. Este não deixa de ser um critério simultaneamente contraditório e frágil. Contraditório porque, perante a noção ampla de ambiente incluída no artigo 66º da CRP (que nos diz que tudo é ambiente: saúde, urbanismo, ordenamento do território, arquitectura urbana, etc.), este critério aparenta ser demasiado restritivo. Ademais, cria-se a ideia de que o legislador pretendeu ser mais generoso com os cidadãos do que com as ONGA. Frágil, na medida em que, mesmo que a associação não possa agir por ter extravasado o âmbito de actuação definido nos seus objectivos estatutários, os seus dirigentes e associados podem fazê-lo investidos em legitimidade popular, desde que sem as vestes institucionais.

3.4. *Meios de tutela judicial*
Os mecanismos de actuação judicial disponíveis variam consoante o resultado que se pretende alcançar e o tipo de conflito para o qual se pede uma resolução. No caso específico da protecção do ambiente há algumas ferramentas que se revelam particularmente úteis.

3.4.1. Os procedimentos cautelares
Pelas especificidades que assume, a protecção do ambiente surge, frequentemente, com um carácter de urgência, pelo que os mecanismos judiciais têm de ir ao encontro dessa urgência, sob pena de, no final da acção judicial, já não existirem os valores ambientais que se pretendiam acautelar. Os procedimen-

tos cautelares constituem, precisamente, a forma de pedir ao tribunal essa regulação urgente. Previamente à propositura da acção ou na pendência da mesma, o seu autor pode apresentar um pedido ao tribunal (distinto mas acessório do pedido principal) no sentido de serem tomadas medidas que acautelem o efeito útil da decisão final que venha a ser tomada na acção principal. Por exemplo, um cidadão ou uma ONGA pode pedir ao tribunal que ordene a suspensão de uma obra, cuja autorização pretende ver declarada ilegal no âmbito da acção principal. No sentido de assegurar a efectividade da providência cautelar, a lei prevê a possibilidade de ser fixada pelo tribunal uma sanção pecuniária compulsória, ou seja, a obrigação do requerido pagar uma determinada quantia diária até ao cumprimento integral da decisão do tribunal. Voltando ao exemplo dado, o dono da obra teria de pagar uma quantia diária por cada dia que continuasse com os trabalhos em violação da ordem de paragem. Além disso, o desrespeito pela providência decretada constitui crime de desobediência. Nos procedimentos cautelares é necessário, sobretudo, que seja demonstrado um fundado receio de lesão grave e irreparável ao direito do ambiente. Sendo feita esta prova sumária, a providência será decretada desde que não cause à outra parte um prejuízo superior àquele que se pretende evitar.

O carácter de urgência dos procedimentos cautelares leva a que a sua apreciação tenha prioridade sobre outros actos judiciais não urgentes, não se suspendendo a sua tramitação no período de férias judiciais. De acordo com a lei, este tipo de procedimentos deve ser decidido em Primeira Instância no prazo máximo de dois meses a contar da apresentação do pedido (ou 15 dias no caso de a providência ter sido decretada pelo tribunal sem audição da parte contrária), no entanto, este prazo é frequentemente ultrapassado (Euronatura, 2005). Se o tribunal decidir decretar a providência cautelar, a regulação mantém-se até que haja uma decisão final na acção principal. A providência caduca, contudo, em algumas situações, se a acção principal não for proposta dentro de 30 dias a contar da notificação da decisão, havendo audição do requerido, ou dentro de 10 dias, se o requerido não tiver sido ouvido antes de determinada a providência. A Lei de Bases do Ambiente (LBA) prevê uma modalidade específica de procedimento cautelar para situações de lesão ou ameaça de lesão do direito ao ambiente: os embargos administrativos (artigo 42º e 45º da LBA). Porém, estes artigos carecem de regras específicas, pelo que, usualmente se recorre às normas gerais reguladoras dos procedimentos cautelares constantes do Código de Processo Civil, entre elas, as que regulam o designado "embargo de obra nova" (artigo 412º e seguintes), na medida em que este procedimento também se destina a fazer cessar uma actividade lesiva de direitos do requerente. A diferença é que o embargo de obra nova permite que os proprietários possam pedir a suspensão de actividades de outros particulares lesivas dos seus bens; já o embargo administrativo permite aos titulares do direito do ambiente pedir a suspensão de actividades de particulares ou da própria Administração que lhes sejam lesivas.[124]

Para além destes procedimentos tipificados, é possível pedir uma providência com qualquer outro conteúdo adequado a prevenir o risco de lesão existente – providências cautelares não especificadas (artigos 381º e seguintes do Código de Processo Civil e 112º e seguintes do Código de Processos nos Tribunais Administrativos).

Embora seja de grande utilidade para a protecção do ambiente, certo é que este meio traz consigo alguns perigos. Se a providência for considerada injustificada ou vier a caducar porque, por exemplo, o requerente não propôs a acção principal dentro do prazo previsto na lei, este será tido como responsável pelos danos causados ao requerido.

3.4.2. Prevenção e cessação de actuações da Administração Pública lesivas do ambiente

Os danos ambientais podem ser causados pela própria Administração Pública, caindo a respectiva jurisdição na competência dos tribunais administrativos. A acção popular administrativa – proposta pelo autor popular contra a Administração Pública – pode assumir qualquer das formas previstas na lei geral do contencioso administrativo. Com a entrada em vigor, a 1 de Janeiro de 2004, das novas regras do contencioso administrativo, este abandonou alguma da rigidez que o caracterizava, passando a existir uma maior diversidade de meios processuais e pedidos que podem ser apresentados perante os tribunais administrativos. De entre algumas das novas possibilidades encontra-se: a de reagir perante omissões da Administração, por exemplo, a falta de fiscalização das actividades de particulares, ou acções materiais; a de actuar preventivamente; a de, em certas circunstâncias, actuar contra particulares; e a introdução da figura dos processos urgentes. Estas e outras possibilidades permitem prevenir lesões ambientais causadas por actuações formais ou materiais da Administração ou mesmo, em determinadas condições, de particulares, condenando-os a actuar de certa forma ou a absterem-se de o

---

[124] Para estas situações existem os procedimentos administrativos do CPTA, como, por exemplo, a suspensão provisória do acto.

fazer desde que haja perigo de lesão futura. Permitem, igualmente, reagir perante lesões actuais ou consumadas, obrigando à cessação de um comportamento lesivo, à eliminação de um acto ou norma ilegal, à reconstituição da situação anterior à lesão ou à indemnização pelos danos causados.

3.4.3. Prevenção e cessação de actividades de particulares lesivas do ambiente

Quando a lesão ou ameaça aos bens ambientais for provocada pela actividade de um particular ou pelo Estado, desde que actuando sem poderes de autoridade pública, é possível recorrer a qualquer das formas de acção previstas no Código de Processo Civil. De acordo com este, a defesa do ambiente pode ser efectivada através da apresentação de pedidos como: a declaração da existência do direito ao ambiente sadio e ecologicamente equilibrado; a condenação na realização de determinada prestação ou na proibição de uma actividade com base na lesão ou perigo de lesão do direito ao ambiente sadio; e a declaração da responsabilidade civil por danos ao ambiente.

3.4.4. Punição de crimes ambientais

De acordo com o artigo 25º da Lei de Acção Popular, os cidadãos e as ONGA podem intervir num processo-crime de diversas formas. Uma delas passa pela apresentação de uma denúncia, queixa ou participação ao Ministério Público. Numa outra forma, constituem-se assistentes no processo, o que lhes permite: intervir em várias fases do processo oferecendo provas e requerendo as diligências que se afigurem necessárias; deduzir acusação (acompanhando a deduzida pelo MP) e requerer abertura de instrução; e interpor recurso das decisões que os afectem. Quando a prática de um crime provoca danos quantificáveis, a lei prevê a possibilidade de, no âmbito do próprio processo-crime, as pessoas que sofreram esses danos, cidadãos ou associações, pedirem que o arguido seja condenado numa indemnização civil. Na prática verifica-se, no entanto, que alguns tribunais recusam apreciar tais pedidos apresentados recorrendo a uma norma do Código de Processo Penal (artigo 82º) que permite ao tribunal remeter as partes para os tribunais cíveis quando as questões forem susceptíveis de gerar incidentes que retardem intoleravelmente o processo penal (Euronatura, 2005).

3.5. *Custos associados a um processo em tribunal*

Uma vez que o acesso ao direito e à justiça é um instrumento de participação e igualdade perante os cidadãos, não pode haver qualquer condicionante económica que impeça um cidadão de exercer este direito. A lei que define o estatuto das ONGA (Lei nº 35/98, de 18 de Julho) isenta-as do pagamento de preparos, custas e imposto do selo pela sua intervenção nos processos que intentem para a protecção do ambiente. Também o Regulamento das Custas Processuais, que entrou em vigor em 20 de Abril de 2009, prevê a isenção de custas a "qualquer pessoa, fundação ou associação quando exerça o direito de acção popular nos termos do nº 3 do artigo 52º da Constituição da República Portuguesa e de legislação ordinária que preveja ou regulamente o exercício da acção popular", ficando, no entanto, "a parte isenta (...) responsável, a final, pelos encargos a que deu origem no processo, quando a respectiva pretensão for totalmente vencida" (artigo 4º, nº 1, alínea b), e nº 6).[125]

É de referir um custo que no caso da protecção do ambiente assume particular importância: a recolha e a apresentação de provas. Mais do que qualquer outro, um processo judicial sobre questões ambientais exige o recurso a informações e conhecimentos diversos como peritagens e pareceres de técnicos, o que encarece o processo. Para colmatar tais custos, o estatuto das ONGA (Lei nº 35/98, de 18 de Julho) consagra a possibilidade de solicitar aos laboratórios públicos competentes a realização de análises sobre a composição ou o estado de quaisquer componentes do ambiente e divulgar os correspondentes resultados. Acresce uma outra fonte importante de informação e de meios de prova: a Administração Pública, que está legalmente obrigada a criar e manter uma base de dados actualizada e acessível com informação ambiental. Na prática, como se irá ver, nenhum destes mecanismos facilitadores funciona eficazmente.

Sintetizando este capítulo, creio que se pode afirmar que, apesar da consagração jurídica de algumas disposições que possibilitam às associações representativas de interesses difusos um papel mais activo na defesa dos mesmos, essa representação fica muito aquém da desejada. Como refere Boaventura de Sousa Santos, "quanto mais caracterizadamente uma lei defende os interesses populares e emergentes maior é a probabilidade de que ela não seja aplicada" (Santos, 1997: 155). A hipótese que aqui avento é a de que a dificuldade em

---

[125] Já anteriormente, com o Código das Custas Judiciais, que entrou em vigor em 1 de Janeiro de 2004, se havia procedido ao alargamento da isenção de custas a qualquer "cidadão, associação ou fundação que seja parte activa em processos destinados à defesa de valores e bens constitucionalmente protegidos, nos termos do nº 3 do artigo 52º da CRP, salvo em caso de manifesta improcedência do pedido" (artigo 2º, nº 1, alínea d), do Código das Custas).

efectivar a protecção de interesses difusos que se assumem como interesses emergentes consagrados na lei se deve menos a um viés cultural, que lhes é desfavorável na tomada jurídica de decisões, do que aos próprios mecanismos (moldura legal e apoio estatal) e agentes (movimentos sociais) que agilizam ou não o acesso para os fazer chegar a essa fase.

CAPÍTULO V

O USO DO DIREITO PELO MOVIMENTO AMBIENTALISTA PORTUGUÊS

Introdução

A crescente importância política concedida ao ambiente um pouco por todo o mundo conduziu, sobretudo nos países Ocidentais, a um enquadramento jurídico-normativo das questões ambientais mais rigoroso. Portugal é tido como um país com um quadro jurídico-normativo avançado no que se refere à protecção do ambiente. Com efeito, a Constituição da República Portuguesa de 1976 é percepcionada como pioneira na consagração de um direito ao ambiente. Não obstante os vários avanços na regulação jurídica do ambiente, não se tem verificado uma efectiva protecção legal do mesmo, prevalecendo uma situação paradoxal em que o Direito do Ambiente é constituído por um conjunto de normas e procedimentos que vão «à frente» da sociedade que os criou:

> Se, por um lado, a abundante produção de instrumentos legislativos vocacionados para a defesa do ambiente contribui para a sua autonomização como um novo bem jurídico e para a consagração formal do direito ao ambiente como um direito fundamental, por outro, as características da sociedade portuguesa como sociedade de desenvolvimento intermédio colocam este direito emergente (...) à margem do núcleo de direitos experimentado como imprescindível pela maioria dos cidadãos (não suscitando, por isso, movimentos sociais fortes e organizados em torno da sua defesa) (Pureza, 1996: 10).

A intervenção cívica em prol dos bens ambientais parece, pois, longe de ser efectivada, apesar de poder ser feita a vários níveis e de diferentes formas.

Na sociedade portuguesa, os tribunais não parecem estar incluídos nos meios privilegiados para se fazer uma denúncia de um qualquer atentado ambiental. A prioridade vai para as autarquias, polícias, Ministério do Ambiente, associações ambientalistas e delegados de saúde (Garcia, 2000: 180; Santos *et al*, 2004).[126] Há várias hipóteses explicativas da escassez de

---

[126] Um estudo conduzido por José Manuel Pureza (1996) sobre as decisões em Primeira Instância de matérias ambientais também denunciou uma baixa litigação ambiental, com apenas 60 casos (24 civis, 20 penais e 16 administrativos) identificados num período de cinco anos, evidenciando-se a preferência por formas autocompositivas de resolução de litígios.

mobilização social para a tutela judicial do ambiente. Uma primeira poderá ser a persistência de um défice de cidadania activa que marca a sociedade portuguesa e que é vista pelo peso da inacção relativamente aos conflitos ambientais. Outra, relaciona-se com a forte desconfiança dos cidadãos em relação aos tribunais como instâncias formais de resolução de litígios, prevalecendo a ideia de que o direito não produz verdadeiras mudanças na sociedade, logo não merece ser mobilizado. A inacessibilidade da via judicial é, igualmente, uma componente fundamental. Acresce a este aspecto, a opinião de que os tribunais são altamente burocráticos e ainda muito distantes, pelo que a preferência recai em formas de resolução de litígios mais expeditas e flexíveis. Uma última hipótese prende-se com a não interiorização do direito do ambiente como um direito real, resultado da condição semiperiférica da sociedade portuguesa, em que os direitos de segunda geração estão ainda em boa medida por realizar e os direitos de terceira geração, como o direito a um meio ambiente saudável, são relegados para segundo plano. Isso não significa que haja um desconhecimento desses direitos mas, sim, que há uma maior consciência dos direitos económicos e sociais por parte dos cidadãos. Neste capítulo procuro analisar a mobilização do movimento ambientalista para a tutela judicial do ambiente.

Tenho vindo a caracterizar o movimento ambientalista português, a comentar as suas formas de acção preferenciais e a esboçar o quadro de acesso ao direito e à justiça por parte das Organizações Não Governamentais do Ambiente (ONGA). Essas informações convergem, neste capítulo, para uma análise do potencial emancipatório do direito nas lutas do movimento ambientalista português. Com este objectivo, dou voz à experiência e às opiniões de diversos activistas. O universo de entrevistados revelou-se muito diverso: pessoas com um passado marcado pelo activismo e pela ligação a várias associações e outras com uma experiência recente como activistas; pessoas com e sem formação académica e profissional; activistas com formação académica em áreas conexas ao ambiente e outros com formação diversa; dirigentes actuais e antigos dirigentes; cientistas e cépticos da ciência; voluntários e profissionais; etc. Estas e outras características influenciaram o rumo de cada entrevista e o sentido que as pessoas atribuem ao direito, quer nas lutas ambientalistas, quer nas suas vidas pessoais.

As conversas com os activistas demonstraram que muitos deles desenvolveram um conhecimento significativo do direito e dos seus modos de funcionamento, evidente na linguagem legal e técnica a que, frequentemente, recorreram. No entanto, esta é sustentada por ideias de justiça ambiental e por uma forte consciência política. Ou seja, foi possível verificar que, na luta pela defesa do direito do ambiente, os activistas desenvolveram uma linguagem técnica, quer no domínio das ciências naturais, quer na área legal, credível o suficiente para dialogar e influenciar o público, os meios de comunicação e o poder judicial, político e económico. Acresce que a entrevista permitiu que os activistas reflectissem sobre a evolução e a postura do movimento ambientalista e sobre o papel do direito nas suas lutas de um modo mais geral e holístico.

Recorreu-se, ainda, à análise de alguns processos judiciais propostos pelas ONGA como forma de ilustrar as convicções e as vivências dos activistas face ao direito em geral e aos tribunais em particular.[127]

1. A litigação judicial pelas ONGA

Revelou-se uma tarefa impossível apurar o número real de casos levados a tribunal por ONGA e associações ambientalistas uma vez que as bases de dados do Ministério da Justiça não possibilitam a identificação do autor, nem reconhecem casos especificamente ambientais. Como forma de colmatar a ausência de informação, recorreu-se a estudos anteriores que aplicaram inquéritos quer a ONGA, quer a tribunais. Foi essa a metodologia utilizada no relatório *Access to Justice in Environmental Matters* (Sadeleer *et al.*, 2002). Os resultados obtidos através da aplicação de questionários a ONGA e tribunais, embora ficassem aquém do esperado, permitem uma aproximação à realidade do contencioso das ONGA. O Gráfico V.1[128] mostra o total de casos levados a tribunal por ONGA nos países analisados nesse estudo:

---

[127] A eficácia das estratégias encetadas por um qualquer movimento deve, na esteira de Della Porta e Rucht (2002), ser analisada também com recurso a casos específicos, avaliando as suas principais vantagens, bloqueios, actores envolvidos e resultados. Assim, procurou-se ilustrar as opiniões dos activistas sobre o direito e os tribunais com casos específicos que foram realçados pelos próprios actores. Não sendo analisados em detalhe, estes casos surgem como exemplos práticos das reflexões dos activistas e dos possíveis usos emancipatórios do direito. A selecção dos casos foi mormente orientada pelas referências dos activistas nas entrevistas e está longe de esgotar o universo de casos iniciados por ONGA. Note-se que alguns destes casos tinham acções pendentes na altura da elaboração deste estudo, pelo que, actualmente, podem já ter sido concluídos.

[128] Os dados apresentados no relatório referido e aqui reproduzidos referem-se a estimativas e devem ser entendidos como tal. As considerações metodológicas sobre este apuramento podem ser consultadas em Sadeleer *et al.* (2002).

GRÁFICO V.1. Número de casos apresentados por ONGA (1996-2001)

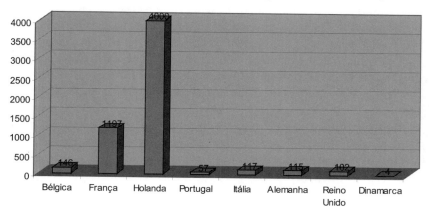

Fonte: Sadeleer *et al.*, 2002

Como é possível verificar, o contencioso das ONGA é reduzido, sobretudo no que concerne à Dinamarca,[129] Portugal e Reino Unido, contando a Holanda e a França com um maior número de casos em tribunal. Quando se traz para a análise o enquadramento jurídico-normativo de acesso das ONGA aos tribunais definido no Capítulo IV, conclui-se que este não é um elemento determinante do número de casos apresentados. Viu-se mais atrás que Portugal é um dos países que, no quadro geral da Europa Ocidental, oferece uma maior abertura à participação das ONGA através dos tribunais. Pelo contrário, a Holanda tem vindo a avaliar a restrição do acesso pelo receio de um congestionamento dos tribunais. Os dados constantes no Gráfico V.1 sugerem, pois, que há condicionantes sociais e culturais mais prementes.

O relatório citado disponibiliza, ainda, alguns dados mais específicos relativamente à mobilização dos tribunais por parte das ONGA em Portugal que importa aqui dar a conhecer. No período entre 1995 e 2002, o grosso do contencioso das ONGA refere-se a procedimentos perante o tribunal administrativo. Embora os autores do relatório advirtam que estes números são estimati-

---

[129] A Dinamarca incorre numa situação especial, já que possui, para além dos tribunais, as Comissões de Recurso (*Appeal boards*) cujo funcionamento é semelhante ao dos tribunais administrativos, sendo um – Comissão de Recurso para o Ambiente (*Nature Appeal Board*) – especialmente vocacionado para lidar com matérias ambientais. São, por isso, raros os casos que chegam efectivamente a tribunal (Sadeleer *et al.*, 2002: 20).

vas, admitindo números reais superiores, foi apurada a ocorrência de 61 casos: 20 iniciados por cidadãos e 41 cujos autores foram ONGA. Desses 41 casos, 21 referem-se ao acesso a documentos administrativos, nem sempre cedidos pela Administração Pública, mesmo após pareceres favoráveis da Comissão de Acesso aos Documentos Administrativos (CADA) (veremos mais adiante que esta se assume como uma dificuldade séria no recurso a tribunal por parte das ONGA); e 9 à anulação de um acto administrativo (Andrade e Cavalheiro, 2002: 20). No que diz respeito aos temas conflituantes, dominam as questões relacionadas com a protecção de áreas e de espécies protegidas, com a água e com a construção de infra-estruturas. O grau de sucesso dos casos é relativo: as ONGA ganharam 19 dos 41 casos apurados, sendo que 17 se referiam ao acesso a documentos administrativos; e perderam 17 (5 casos ainda estavam pendentes à data de análise). De sublinhar que 12 casos foram perdidos com base em argumentos formais e apenas 5 com base em argumentos substantivos (Andrade e Cavalheiro, 2002: 19).

Já no que concerne aos tribunais cíveis, os processos parecem ser menos frequentes – foram identificados apenas 29 casos, 15 a cargo de ONGA –, mas melhor sucedidos, o que se pode dever ao facto de a parte oponente não ser o Estado ou, a ser, este surgir despido da sua autoridade, isto é, como um qualquer cidadão, sendo consideravelmente menor a pressão sobre o juiz. Como referem Isabel Andrade e Gonçalo Cavalheiro, "os tribunais cíveis parecem ser mais receptivos, ao avaliarem o interesse em causa, a valorizarem mais a protecção do ambiente do que outros interesses económicos privados" (Andrade e Cavalheiro, 2002: 21). De facto, as ONGA saíram vitoriosas em 5 casos, em 2 obtiveram um sucesso parcial e foram derrotadas em apenas 2 casos por razões de matéria substantiva.[130] Uma vez mais, o tema recorrente nestes casos foi a protecção da natureza.

Finalmente, foram identificados somente 11 procedimentos penais iniciados após a denúncia de um cidadão ou de uma ONGA, não sendo viável a identificação do autor. Muitos destes casos foram arquivados (Andrade e Cavalheiro, 2002: 22).

Os dados não são um espelho exacto da realidade, mas não deixam de constituir uma aproximação interessante que denuncia o parco recurso que

---

[130] Cinco casos estavam pendentes e num dos casos não se obteve a informação necessária para apurar o seu sucesso.

as ONGA fazem dos tribunais, não obstante o quadro legal que, se não potencia, pelo menos não impede o seu acesso ao direito e à justiça.

No inquérito aplicado no âmbito do presente estudo, também se perguntou às ONGA se já tinham tido algum caso em tribunal como autoras, rés ou testemunhas. A grande maioria (61%) nunca teve uma acção em tribunal e 39% afirmaram já ter tido pelo menos uma acção.[131] Nestes 39% encontram-se, principalmente, ONGA de âmbito local e regional; as ONGA nacionais admitem ter participado num maior número de casos. No caso que selecionaram como mais importante, a maioria das ONGA surge como autora do processo, seguindo-se aquelas que participaram como testemunhas ou assistentes e, residualmente, como rés ou arguidas.

Para melhor ilustrar o tipo de conflitos em que as ONGA estiveram envolvidas, foi-lhes solicitado que descrevessem o caso tido como mais importante. Nestes, prevalecem as providências cautelares para impedir uma determinada construção e as respectivas acções principais. Quanto ao desfecho dos casos enunciados, 63% das ONGA afirmaram que o caso foi resolvido com sucesso para o ambiente e para a associação, o que, como se verá mais à frente, se deve em grande medida à preparação cuidada dos processos.

O indicador do sucesso, a par de um quadro jurídico-normativo facilitador do acesso ao direito e à justiça por parte das ONGA e de uma crescente institucionalização do movimento ambientalista, seria, à partida, indiciador de um contencioso mais significativo do que aquele que foi identificado. Mas, de facto, os dados empíricos recolhidos sugerem uma reduzida litigação judicial, permitindo recorrer à imagem metafórica da pirâmide da litigiosidade utilizada no estudo coordenado por Boaventura de Sousa Santos *et al.* (1996) e adaptá-la aos conflitos ambientais levados a cabo por ONGA.

1.1. *A pirâmide da litigação*

A pirâmide da litigação permite dar conta "do modo como são geridas socialmente as relações litigiosas numa dada sociedade. Sabendo-se que as que chegam aos tribunais e, destas, as que chegam a julgamento são a ponta da pirâmide, há que conhecer a trama social que intercede entre a ponta e a base da pirâmide" (Santos *et al.*, 1996: 44). Obviamente que, sendo os litígios construções sociais, estes vão assumindo especificidades concretas consoante o objecto do conflito, os actores envolvidos, os recursos disponíveis, etc.

---

[131] Responderam a esta questão 33 ONGA.

A pirâmide não atende pois a essas especificidades, nem tão pouco a iniciativas como campanhas ou actividades regulares das ONGA, mas somente à sua actuação provável numa determinada luta, geralmente considerada, quando o recurso a tribunal é equacionado, segundo o que foi sugerido através das entrevistas e inquérito.

O que a pirâmide nos diz é que a transformação dos conflitos em litígios judiciais é apenas uma alternativa e não é, como se viu pelos dados, a mais provável.

FIGURA V.1. Pirâmide da Litigação

Adaptado de Santos *et al.*, 1996

Os primeiros patamares referem-se à emergência de uma situação de lesão ambiental e à sua percepção e avaliação. A situação de lesão ou de emergência de lesão para o ambiente pode ser percepcionada pela própria ONGA ou por cidadãos[132] e assume sempre moldes diferentes. O direito do ambiente não raras vezes é percepcionado de acordo com uma lógica individualista de repressão e prevenção dos atentados ambientais mediante a compreensão de

---

[132] A situação de lesão ou possível lesão ambiental pode, também, ser percepcionada por uma entidade, como uma autarquia ou pelo Ministério Público. No entanto, para os propósitos desta pirâmide, temos aqui apenas em conta aquelas que são identificadas por ONGA e cidadãos.

outros direitos, esses, sim, tidos como imprescindíveis, dos quais se destaca o direito à propriedade. É assim que, quando recorre a tribunal pelos cheiros resultantes das descargas poluentes de uma empresa que se situa nas imediações da sua casa, o sujeito surge como titular de um direito de propriedade que está protegido contra a emissão de fumos, ruídos ou cheiros susceptíveis de prejudicar o exercício desse direito. Não há aqui qualquer transposição para um entendimento de responsabilidade ambiental, sendo o ambiente "apenas um pretexto, entre outros, para activar a defesa das fruições da propriedade que são, elas sim, o verdadeiro bem jurídico-económico protegido" (Pureza, 1996: 17). Ou seja, a legitimidade para a atribuição de meios jurídicos de defesa do ambiente está, neste quadro, dependente da titularidade de direitos reais como o de propriedade. Se, de acordo com algumas opiniões, esta é a via mais adequada para a protecção do ambiente, considerando-se "que as normas reguladoras do ambiente se destinam também à protecção dos interesses dos particulares, que desta forma são titulares de direitos subjectivos públicos" (Silva, 2000: 16), tal entendimento não deixa de traduzir uma certa instrumentalização da natureza para usufruto do ser humano e protegido apenas nesse sentido. Neste contexto, o direito do ambiente é, ainda, um direito associado à modernidade, subalternizado à realização dos direitos de propriedade e, até, de personalidade, e, consequentemente, precarizado nas suas potencialidades de transformação das relações entre ser humano e natureza. Recuperando o que já foi dito no Capítulo I, o recurso a tribunal e o uso do direito do ambiente nesta acepção individualista pode assumir-se, adaptando a teoria produzida por Boaventura de Sousa Santos (2000: 168-169), como uma tendência de repetição, essencialmente regulatória, que visa uma maior segurança técnica e ambiental, mas também a protecção de direitos de matriz individualista, e não tanto como uma tendência de melhoria que terá fins emancipatórios.

Ora, este entendimento subalternizante do ambiente contribui para que não só a base da pirâmide aqui considerada não corresponda à realidade efectiva das situações de lesão ambiental, mas também para que a passagem do primeiro para o segundo patamar da figura geométrica esteja marcada por uma triagem que tem menos que ver com o direito do ambiente do que com direitos individuais. Contudo, não se pode esquecer que esta não é uma pirâmide para os cidadãos individualmente considerados, mas para as ONGA, pelo que essa triagem obedece a critérios mais rigorosos. Com efeito, foram vários os activistas, sobretudo das ONGA de âmbito nacional, que relataram diversos casos de lesão ambiental dados a conhecer através de denúncias de cidadãos. Nestes casos, cabe às ONGA proceder à sua avaliação e seleccionar aquelas que merecem uma dedicação mais exaustiva e uma maior mobilização de recursos:

> (...) o critério é ver primeiro as situações em que esteja em causa uma lesão mais profunda e mais genérica do ambiente, evitando tanto quanto possível casos particulares. Como pode imaginar, chegam aqui com muita frequência questões que são mais de vizinhança e questões em que estão em causa sobretudo direitos de propriedade ou direitos de personalidade. Procuramos recorrer mais a situações em que esteja em causa uma pluralidade de lesados, uma lesão de âmbito mais vasto, mais profundo, do bem ambiental, encarado como um bem difuso (*Activista 7, entrevista pessoal*).

> O nosso tipo de postura normalmente distinguia duas situações nos casos de particulares: ou o particular reportava realmente uma agressão ao ambiente ou, como acontecia em grande parte dos casos, o particular estava preocupado com outro tipo de questões, com problemas seus ligados ao direito de propriedade, mas que nada tinham que ver com o ambiente. Quando assim era, encaminhávamos o particular para a instituição que lhe podia dar apoio, mas dizendo-lhe "isto não se trata de uma agressão ambiental, o que se trata é de um problema, que merece tutela, sim, mas no âmbito do direito de propriedade" (*Activista 12, entrevista pessoal*).

Ao efectuarem esta triagem e ao promoverem o acesso dos cidadãos aos tribunais para a protecção do bem ambiente, as ONGA contribuem para um reforço do direito ambiental em Portugal.

Associações com uma maior visibilidade pública, em particular a Quercus, acabam por ser receptoras de um número muito elevado de denúncias, disseminando-se, em vários sectores da sociedade, a ideia de que estas são dotadas de poder suficiente para alterar situações de injustiça ambiental, o que não deixa de ser reflexo, porventura, de uma certa institucionalização:

> A imagem da Quercus é tão boa, felizmente, que as pessoas confundem-nos com uma instituição governamental. (...) Digamos que há muita gente que tem uma imagem da Quercus desadequada. O volume de denúncias que nos chega é muito grande e há algumas, algumas, não, muitas, que são graves e que mereciam a nossa atenção. A verdade é que com a estrutura que nós temos, que é puramente voluntária, e como a maioria das pessoas trabalha, é quase impossível dar seguimento a todas. Aquilo que nós tentamos fazer é uma triagem daquelas que são realmente

194 MOVIMENTOS NA JUSTIÇA

importantes e tentar encaminhar a coisa. Nas outras, aquilo que fazemos é recorrer a uma lista de entidades que se podem contactar. Aquilo que as pessoas pensam é que a Quercus tem algum tipo de autoridade legal que vai obrigar as pessoas a fazer isto ou aquilo (*Activista 2, entrevista pessoal*).

Os passos seguintes, tendo sido considerado que a situação se reveste de uma gravidade significativa para o ambiente, passam pela reclamação junto das entidades responsáveis, das entidades competentes e pela denúncia pública.[133] No mesmo sentido vão as palavras de vários activistas:

Primeiro, avaliamos a gravidade da situação e recolhemos informação. Em seguida, definimos a forma de actuação. Na maior parte dos casos, depois da recolha de informação, as entidades responsáveis são questionadas sobre esses assuntos e caso não se obtenha resposta satisfatória procedemos à denúncia pública para pressionar a resolução do problema (*Activista 5, entrevista pessoal*).

Tentamos recolher primeiro informação junto das entidades competentes que deveriam supostamente fiscalizar ou autorizar uma determinada agressão ambiental. (...) Essa informação nem sempre era dada e quando não era dada fazíamos de imediato uma intimação judicial para que a informação fosse prestada e os tribunais obrigavam a entidade pública, muitas vezes eram órgãos de poder local – a prestar as informações solicitadas. Depois, ou a entidade pública adoptava a conduta correcta, o que também acontecia muitas vezes, ou seja, apercebia-se de que teria que tomar medidas relativamente àquele caso, ou não adoptava. Quando não adoptava, recorríamos geralmente a outras entidades antes de chegar à litigiosidade, como a Inspecção-Geral do Ambiente, a Provedoria de Justiça, se fosse o caso, entidades comunitárias, órgãos da União Europeia – caso estivesse em causa o direito comunitário ou financiamentos oriundos da União Europeia – e recorríamos à comunicação social fazendo uma nota de imprensa indicando o que se estava a passar. (...) E actuávamos normalmente nestes parâmetros. Ou seja, procurando de alguma forma agir com pedagogia junto das entidades públicas responsáveis ou recorrendo às entidades que seriam competentes para resolver o problema (*Activista 12, entrevista pessoal*).

---

[133] Já se constatou isto, aliás, no Gráfico III.6, que apresenta como acções preferenciais das ONGA, numa luta específica, o diálogo e a negociação com as pessoas/entidades responsáveis e, caso a negociação se revele infrutífera, o recurso aos média.

O contacto e as negociações com os responsáveis pelo dano ambiental e/ou com as entidades da tutela oficial estão, frequentemente, a cargo do advogado da ONGA e são feitos numa base formal:

> O que o advogado mais vezes faz é escrever cartas a pedir informação. Ou seja, uma pessoa envia uma carta a uma entidade qualquer a pedir uma informação que é pública e essa entidade recusa. O advogado escreve uma carta a dizer que, nos termos do decreto x, solicitamos informação, o que geralmente não resulta. O advogado envia então uma segunda carta onde diz que vai accionar a entidade competente por não ter cumprido o disposto no decreto x. E, normalmente, é esta segunda carta que resulta. Mas muitas vezes nem à segunda (*Activista 1, entrevista pessoal*).

A denúncia nos meios de comunicação surge como forma de pressionar a entidade responsável a ceder às exigências da ONGA e constitui uma estratégia recorrente no decurso do conflito. A sua eficácia vai depender, como se viu no Capítulo III, não apenas do interesse da questão, mas também das relações que a ONGA mantém com os média.

A par da denúncia pública, ou após esta não surtir qualquer efeito, as ONGA procuram a tutela oficial para o conflito:

> Quando as entidades públicas não intervinham de imediato e não pareciam muito preocupadas em resolver a situação, ou recorríamos a tribunal ou recorríamos ao Ministério Público. Enfim, tentamos sempre canalizar a situação para quem é competente para a resolver (*Activista 12, entrevista pessoal*).

No inquérito aplicado às ONGA era pedido que indicassem quais os órgãos/entidades preferenciais a que recorrem para uma denúncia.

As respostas sugerem como entidades prioritárias o Ministério do Ambiente e o Instituto do Ambiente (agora Agência Portuguesa do Ambiente), tendo ainda sido referidos outros institutos de âmbito mais específico, bem como as autarquias. Os tribunais parecem ser accionados apenas como segunda opção e após terem sido frustrados outros esforços iniciais. Para além disso, instituições como Câmaras Municipais, Média e Polícia são segundas opções mais prováveis. Embora tal não seja referenciado no Gráfico V.2, foram vários os activistas que nas entrevistas apontaram a Comissão Europeia como uma das entidades privilegiadas para denúncias ambientais. O papel da Comissão Europeia e do direito comunitário nas lutas ambientalistas será discutido mais à frente, contudo, importa aqui referir que esta estratégia pode substituir à partida o recurso aos tribunais nacionais.

GRÁFICO V.2. Entidades prioritárias

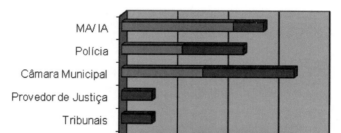

n: 32

O recurso a tribunal surge, em regra, no topo da pirâmide, e após o recurso a outras instâncias não produzir os efeitos desejados ou, em certas situações, após se terem esgotado as formas de protesto populares.[134]

> Nos casos mais graves, em que continua a não haver resposta, por vezes recorremos à via judicial (*Activista 5, entrevista pessoal*).

> O tribunal é um recurso de *última ratio*. Só em último caso é que recorremos para tribunal (*Activista 4, entrevista pessoal*).

> Raramente chega a questões legais porque esse é o último recurso e até porque é um recurso de confronto e o nosso objectivo é não chegar a esse ponto e ir tentando sensibilizar. (...) Eu diria que a acção judicial surge quando todas as alternativas possíveis da nossa parte foram esgotadas (*Activista 2, entrevista pessoal*).

---

[134] Foi este o caso de diversas lutas contra o tratamento de resíduos, como a luta contra o aterro do Oeste ou o de Taveiro, em Coimbra.

Apesar de no decurso das entrevistas nos terem sido referenciados casos em que se chegou a um acordo prévio com as partes litigantes, essa situação não é frequente, pelo que as ONGA que recorrem a tribunal seguem, em regra, para julgamento.

De sublinhar que nos conflitos ambientais o recurso a tribunal pode ser assumido como uma primeira estratégia por via de uma providência cautelar iniciada pela ONGA para evitar a concretização efectiva de algum dano ambiental. Nestes casos, o recurso a tribunal surge logo nos primeiros patamares:

> A via judicial raramente é a primeira hipótese. Há situações em que sim. Por exemplo, estou-me a recordar do caso do abate de sobreiros de Benavente. O abate já estava em execução porque foi um processo político extraordinariamente e anormalmente rápido (*Activista 7, entrevista pessoal*).

A ponta da pirâmide é, pois, constituída pelos litígios ambientais que são resolvidos por julgamento, uma percentagem reduzida mostrando que se temos um direito do ambiente que vai à frente da sociedade, "como que desafiando à consolidação de actores sociais que consistentemente os tornem efectivos" (Pureza, 1999: 164), os actores sociais parecem não estar a responder a este desafio. O recurso pouco expressivo aos tribunais tem factores explicativos, alguns oriundos do próprio sistema jurídico e judicial, outros da própria organização e modos de acção das ONGA. É sobre esses factores que me irei debruçar nos pontos seguintes.

2. Bloqueios no acesso aos tribunais

São vários os bloqueios que se podem identificar no acesso aos tribunais e no acesso à justiça ambiental e que acabam por condicionar a mobilização social para a tutela judicial do ambiente. Aspectos jurídicos e judiciais, tais como a tardia regulamentação do direito de acção popular e a ausência de instrumentos processuais adequados às características particulares do ambiente, são cruciais. Diferentes problemas merecem ser referidos, como a burocracia excessiva que torna moroso um processo sobre um bem que não pode esperar. A lentidão e a difícil tramitação judicial levam a que os direitos acabem, muitas vezes, limitados na sua essência.[135] Este problema assume particular

---

[135] A investigação desenvolvida pelo Observatório Permanente da Justiça Portuguesa (OPJ) tem vindo a demonstrar que a morosidade se assume como um forte obstáculo ao

importância no quadro do exercício dos direitos fundamentais e de cidadania e, consequentemente, constitui, desde logo, uma violação do direito de acesso aos tribunais, onde se inclui o direito a uma protecção jurídica eficaz e em tempo útil (Gomes *et al.*, 1999).

Outros factores, directamente relacionados com a morosidade, acabam por se assumir como barreiras significativas. Destaco aqui dois. Desde logo, o facto de os mecanismos processuais serem excessivamente burocratizados, formais e complexos, tornando-os mais lentos e opacos e, consequentemente, contribuindo para um direito pouco compreensível para aqueles que dele fazem uso. Para além disso, verifica-se que nos últimos anos a litigação cresceu exponencialmente nos tribunais, incapacitando-os de satisfazer a procura de justiça. Esta situação é tanto mais grave quando se verifica que, em particular na sociedade portuguesa, se está perante o crescimento de uma "litigação de massa" constituída por empresas que são litigantes frequentes e que, para cobrar as suas dívidas, colonizam a justiça cível.[136] Tal desvitalização da função judicial levou a que os tribunais agissem de uma forma distante da conflitualidade social emergente. Nos tribunais há uma concentração funcional na microlitigiosidade individual em detrimento da macrolitigiosidade social. Este desajustamento entre a procura e a oferta do sistema judicial e a concentração da litigação em litígios sem conflito ou de baixa intensidade têm contribuído para a ineficiência, inacessibilidade e morosidade dos tribunais, abafando e banalizando o desempenho do sistema judicial.

Acresce a estes problemas, entre outros, a falta de meios, nomeadamente de infra-estruturas e recursos humanos; a formação destes últimos; a necessidade urgente de informatização do sistema e a melhoria da comunicação entre tribunais, os seus profissionais e outras entidades ligadas à justiça; a

---

acesso à justiça, uma vez que este acesso implica, também, que a decisão seja proferida dentro de um prazo razoável.

[136] De acordo com dados do Ministério da Justiça, entre 1990 e 2004, as principais acções declarativas cíveis foram, com uma expressão acima dos 50% em quase todos os anos, as dívidas civis, comerciais e de prémio de seguro, seguidas de longe dos casos de divórcio, regulação do exercício do poder paternal, despejo de prédio urbano, inventários, incidentes e acidentes de viação. O peso das dívidas no total da litigação cível faz emergir as pessoas colectivas (sociedades do sector financeiro ou comercial) como os grandes mobilizadores do sistema de justiça cível. Para termos uma melhor ideia do peso das dívidas basta atentar na média de 2000-2004 (últimos dados definitivos conseguidos) e ver que, considerando a totalidade das acções de dívidas declarativas, cerca de metade tem um valor inferior a 1000 euros e 35,4% inferior a 500 euros (Gomes *et al.*, 2006).

desjudicialização e informalização dos procedimentos; e a ausência de um efectivo sistema integrado composto por mecanismos alternativos de resolução de litígios.

Ora, estes e outros bloqueios não se colocam apenas ao cidadão individualmente considerado, mas também aos cidadãos colectivamente agrupados na defesa de interesses que não são individuais, mas colectivos. Como é defendido no estudo *Os Tribunais nas Sociedades Contemporâneas*,

> (...) Acresce ainda que o sistema de apoio judiciário não abrange a tutela dos interesses colectivos ou difusos dos grupos sociais mais vulneráveis, sem dúvida a área de garantia dos direitos de cidadania que se nos afigura de valor mais estratégico nos próximos tempos (Santos *et al.*, 1996: 502).

Os pontos seguintes são dedicados à identificação e análise de alguns bloqueios ao acesso das ONGA ao direito e à justiça.

2.1. *Bloqueios legais no acesso aos tribunais*

As entrevistas realizadas denunciaram um conjunto de dificuldades legais que parecem obstar ao acesso das ONGA aos tribunais, bem como à efectiva realização de justiça em matérias ambientais. Um dos bloqueios amplamente mencionados diz respeito ao acesso à informação. Como já foi referido no Capítulo IV, o ordenamento jurídico português define um conjunto de normas e mecanismos que asseguram o acesso à informação do público nos processos de tomada de decisão em matéria ambiental. No entanto, não raras vezes a Lei de Acesso aos Documentos Administrativos não é cumprida, dificultando o início da preparação de um processo judicial por parte da ONGA:

> A questão da ERSUC foi uma das coisas. Eles não nos cediam uma série de documentação porque argumentavam que aquilo não era uma entidade pública e, portanto, não estava ao abrigo da lei, do que nós discordávamos porque não era uma entidade pública, mas era uma entidade com noventa e tal por cento de financiamento público e a dúvida era se aquilo se aplicava ou não se aplicava. E eles acabaram por dar, tarde e a más horas, dificultando o processo (*Activista 2, entrevista pessoal*).

A dificuldade prática em aceder a informação pública, como está previsto na lei, pode assumir diversas formas, levando mesmo à inviabilização da acção judicial:

200 MOVIMENTOS NA JUSTIÇA

(...) já não estávamos a tempo de interpor a acção, já tinha passado o prazo, porque tivemos muita dificuldade na obtenção de informação. A informação foi-nos chegando aos soluços, a conta-gotas (...). Portanto, temos muitas vezes dificuldades no acesso à informação porque aí colocam-nos entraves e, quando nos viabilizam a consulta de processos, temos dificuldade em pedir fotocópias, há alguns elementos que nos são negados, os processos apresentam-se muitas vezes desorganizados e incompletos e ficamos sem perceber se essa falha existe ao nível da entidade administrativa que tem os processos incompletos e desorganizados ou com elementos extraviados ou, pura e simplesmente, nos são sonegados determinados elementos mais comprometedores (*Activista 7, entrevista pessoal*).

As ONGA recorrem, pois, com frequência à Comissão de Acesso aos Documentos Administrativos (CADA) para que as entidades em questão sejam obrigadas a ceder a documentação pedida. Entre 1995 e 2002, foram apresentadas 85 queixas à CADA – 35 por ONGA –, das quais foi dado um parecer desfavorável a apenas oito (Andrade e Cavalheiro, 2002: 22). No entanto, curiosa foi a posição da Administração Pública face a pareceres que a obrigavam a ceder a informação solicitada: em 45 casos permitiu o acesso, em 13 insistiu na recusa ao acesso e em 27 não deu qualquer resposta à CADA (Andrade e Cavalheiro, 2002: 22). Os activistas consideram, assim, que

Alguns direitos que estão consagrados são mais letra morta do que outra coisa. Temos o direito de contar com a colaboração da administração pública, que, às vezes, é mais letra morta do que outra coisa, porque se assim não fosse não precisávamos de recorrer a tantas intimações para a obtenção de documentos ou prestação de informações (*Activista 7, entrevista pessoal*).

O caso do empreendimento do Abano (ver Caixa 1) é, a este respeito, ilustrativo:

Falei com os advogados que apoiavam a LPN [Liga para a Protecção da Natureza] e o primeiro passo foi obtermos as informações, portanto, os documentos que estavam na Câmara de Cascais. Demorou mais de meio ano e foi um advogado que foi lá. Ou seja, se fosse eu, provavelmente nunca me tinham dado os documentos. Esse foi logo o primeiro problema: obter a documentação. A LPN tinha a colaboração de um grupo de advogados que consideram que faz parte do dever deles este tipo de colaboração e, por isso, fizeram isto gratuitamente. Ora, evidentemente que, se eu tivesse que pagar isto, era impensável. É logo um problema de base. Depois tive de esgrimir com quase todos, desde a secretária até ao porteiro da Câmara de Cascais, para conseguir os documentos. No final do ano conseguimos obter os documentos (*Activista 6, entrevista pessoal*).

Caixa 1 – Caso do Abano

Em 18 de Abril de 1996, na sequência de um parecer favorável da comissão directiva do Parque Natural Sintra-Cascais, a Direcção-Geral do Turismo aprovou a localização de um complexo hoteleiro, englobando urbanizações, hotéis e campos de golfe, na Ponta do Abano. Considerando que tal construção colocava em causa a preservação de uma zona da Rede Natura 2000 – rede ecológica europeia de zonas especiais de preservação – e que violava directivas comunitárias, em especial a Directiva 85/337 que obriga à realização de estudos de impacto ambiental que não foram realizados para esta construção, a Plataforma Salvar Sintra (da qual faz parte a Liga para a Protecção da Natureza) deduziu contra a Marinha-Guincho, Inv. Tur. Imob. SA, um pedido de embargo administrativo e a LPN apresentou uma queixa contra o Estado Português junto da Comissão Europeia.

Em Março de 2000, a Salvar Sintra entregou junto do Tribunal Administrativo de Cascais um pedido de providência cautelar que visava a interrupção da construção. O Tribunal, tendo dúvidas da legitimidade para decidir o caso, enviou o processo para o Tribunal da Relação de Lisboa que, em uma semana, afirmou num acórdão a competência daquele decidir a providência cautelar, reenviando o processo para o Tribunal Administrativo de Cascais.

Embora, de acordo com a lei, este tipo de procedimentos deva ser decidido no prazo máximo de dois meses, desde a apresentação do pedido (ou 15 dias no caso de a providência ter sido decretada pelo tribunal sem audição da parte contrária), apenas dois anos depois, em 7 de Março de 2002, o Tribunal Administrativo de Cascais decidiu embargar a construção do hotel e do campo de golfe, deixando de fora os dois aldeamentos projectados para a mesma zona que, entretanto, já tinham sido construídos. A acção principal continuou pendente.

No que se refere à queixa perante a Comissão Europeia apresentada pela LPN em 1999, a Comissão entendeu existir efectivamente uma violação das normas comunitárias na aprovação do projecto do empreendimento do Abano, já que a não realização de um estudo prévio vai contra a directiva sobre a avaliação dos impactos ambientais, na alínea que refere que "os Estados-Membros tomarão as disposições necessárias para que, antes da concessão da aprovação, os projectos que possam ter um impacto significativo no ambiente, nomeadamente pela sua natureza, dimensões ou localização, sejam submetidos à avaliação dos seus efei-

> tos". A Comissão decidiu, assim, em 2002, levar o Estado Português ao Tribunal Europeu de Justiça. As autoridades portuguesas alegaram que o projecto em causa não preenchia, pela sua dimensão, os requisitos legais que tornavam exigível uma avaliação de impacto ambiental, tendo sido avaliada a compatibilidade do projecto com o Plano de Ordenamento do Parque Natural Sintra-Cascais, e que este iria localizar-se numa zona do parque com vegetação em estado degradado devido aos incêndios. Em 2004, o Tribunal Europeu julgou improcedente a acção contra Portugal, considerando, no acórdão de 29 de Abril, que "não basta provar que um projecto vai ser construído no interior de um parque natural para se presumir que terá um impacto significativo no ambiente" e que não estavam reunidas provas suficientes desse impacto.

A esta dificuldade acrescem os custos económicos na obtenção de informação. Como também já foi dito, a lei que define o estatuto das ONGA (Lei nº 35/98, de 18 de Julho) isenta-as do pagamento de preparos, custas e imposto do selo. No entanto, a obtenção de informação parece ter custos elevados para as ONGA:

> Tivemos de pagar imenso para aceder à informação a que temos direito legalmente e constitucionalmente. Temos todo o acesso à informação, mas esse legislador deve equacionar o quanto temos de pagar por ela, porque não temos nenhum tipo de desconto, ou seja lá o que for, para, por exemplo, obtenção de fotocópias ou certidões, que, quando são autenticadas, é ainda pior. (...) Quando temos a informação, temos de pagar e pagar bem por ela. Cada fotocópia tem o preço tabelado, o preço de organismo público, mas que muitas vezes é elevado e, quando se pedem dezenas, centenas de folhas ou mesmo de documentos, fica uma fortuna (*Activista 7, entrevista pessoal*).

Um outro bloqueio legal no acesso ao direito e à justiça por parte das ONGA prende-se com os critérios de elegibilidade que, não obstante serem hoje mais flexíveis, fruto de reformulações da Lei de Acção Popular, continuam a dificultar que certas ONGA travem as lutas em prol da defesa do ambiente nos tribunais. É deste modo que o âmbito de actuação da associação definido segundo a Lei das ONGA leva a que o interesse pessoal e directo continue a dar expressão à tutela do ambiente, contribuindo para a permanência de uma concepção subalternizante do direito do ambiente relacionada com os direitos de propriedade e de personalidade. Este é, aliás, um problema de direito processual, na medida em que "as vias processuais típicas não se encontram adaptadas à protecção dos interesses difusos, em virtude de não reconhecerem capacidade judicial activa aos entes representativos desses interesses, ou aos cidadãos individualmente" (Maior, 1998: 262). Esta dificuldade contribui para uma "indefinição crescente na determinação do campo e dos instrumentos institucionais a escolher pelos detentores ou pelos aspirantes à titularidade desses direitos, para a sua concretização" (Cluny, 2003: 138).

Os activistas referiram ainda a parca colaboração entre ONGA e Ministério Público (MP). Do que resulta da análise do acesso ao direito e à justiça por parte das ONGA efectuada no Capítulo IV, cabe ao MP defender em tribunal a legalidade e os interesses públicos e colectivos, como o ambiente, propondo acções em tribunal contra um infractor quando, pelos seus próprios meios ou na sequência de uma denúncia, tenha conhecimento de uma infracção à legislação ambiental. Efectivamente, o MP é o responsável mais frequente pelo impulso processual para a tutela do ambiente enquanto interesse difuso (Pureza, 1996: 144), tendo colaborado com as ONGA em vários processos, alguns deles *leading cases* do Direito do Ambiente em Portugal, como é o caso das Cegonhas Brancas. Neste caso específico, o MP, na sequência de uma solicitação da Quercus, acusou a administradora da herdade da Quinta Grande de ser a autora de um crime grave de natureza ambiental por ter vendido para corte três pinheiros que serviam de suporte a 27 ninhos de cegonha branca que, consequentemente, foram destruídos (ver Caixa 2).

CAIXA 2 – CASO DAS CEGONHAS BRANCAS

Em Março de 1988, deslocou-se ao concelho de Coruche um grupo de trabalho do núcleo de Lisboa da Quercus, com o fim de efectuar o recenseamento da cegonha branca existente na área. Com esse objectivo, visitaram a Herdade da Quinta Grande, onde constataram a existência de três pinheiros mansos que suportavam 27 ninhos de cegonha branca, 23 dos quais com ovos. Com vista à sensibilização das pessoas para a importância dessa espécie, os activistas colocaram cartazes e contactaram a administradora da Herdade, pondo-a ao corrente do facto. Dois dias depois, e apesar de a administradora estar alertada para a protecção da cegonha branca, os três pinheiros mansos foram derrubados e destruídos os ninhos a que serviam de sustentáculo. A administradora já havia vendido os três pinheiros a um madeireiro e nada mencionou aos membros da Quercus. Foi acusada, na sequência desse acto, de conduta dolosa e condenada pela autoria de

> um crime, segundo a sentença proferida em 23 de Fevereiro de 1990 no processo nº 278/79, do Tribunal Judicial de Coruche. A sentença surgiu como inovadora, enunciando um enquadramento do respectivo regime jurídico ao nível nacional e comunitário. Refere a sentença que, "sendo hoje indiscutível a importância que a protecção e a salvaguarda do ambiente assume, assiste-se, assim, ao aparecimento de um novo ramo do direito – o Direito do Ambiente – cujos princípios fundamentais, dos quais obtiveram já consagração legislativa, segundo tendências mais ou menos universais detectadas do direito nacional de diversos países e do direito internacional, serão muito sinteticamente os seguintes: o homem tem o direito fundamental a viver num ambiente sadio e ecologicamente equilibrado; a protecção do ambiente é do interesse público; a obrigação jurídica de não degradar o ambiente; a protecção dos cidadãos (considerada como pilar básico da política do ambiente); o poluidor-pagador (...)". Enfatizando a importância da protecção do ambiente, a arguida foi condenada na pena de 80 dias de prisão, substituídos por multa, e ao pagamento de uma indemnização.

Contudo, face às dificuldades das ONGA, em termos de meios e capacidade técnica, seria desejável que o MP tivesse um papel, senão pró-activo, pelo menos mais interventor, ou seja, que este fosse capaz de dar resposta e seguimento às queixas e denúncias por aquelas apresentadas. Mas tal desejo parece não passar, actualmente, do plano de intenções:

Não fazemos muitas participações ao Ministério Público porque, de facto, temos casos em que essa participação saiu gorada em termos de expectativas, mas posso estar a ser injusta. Acho que o Ministério Público fica muitas vezes aquém do que poderia e deveria fazer em termos de iniciativa porque, afinal de contas, cabe-lhe também, nos termos da respectiva lei orgânica, assegurar a tutela do ambiente, inclusive desencadeando acções conducentes a acautelar, prevenir, reparar, etc. Há muitos casos em que as associações participam e depois não há *feedback*, não há sequência, não há acolhimento por parte do Ministério Público. (...) Nós denunciamos tantas situações na comunicação social, era de esperar que nas mais diversas comarcas deste país fossemos contactados pelos delegados do Ministério Público. Eu estou aqui há dez anos e não me lembro de atender o telefone e do outro lado estar um delegado do Ministério Público. (...) Não estamos a substituir o Ministério Público, nem podemos. Agora, há situações em que a nossa actuação é cumulativa, digamos assim, porque há objectivos que supostamente seriam do Ministério Público e que são também os nossos. Simplesmente os meios de actuação é que são diversos. Acho é que podia haver uma sinergia maior do que aquela que tem existido (*Activista 7, entrevista pessoal*).

Em certas situações, as participações das associações ao MP são simplesmente arquivadas, como foi referido no inquérito; noutras, é efectivamente dada procedência à queixa, mas a preparação do processo fica essencialmente a cargo da associação:

> Nós não temos capacidade para levar tudo a tribunal. Nós andamos a fazer o trabalho do Ministério Público e da Câmara. Andamos a fazer de fiscais da Câmara, de saber quando é que as urbanizações violam os PDM [Planos Directores Municipais] e andamos a fazer o papel do Ministério Público a pôr acções porque o Ministério Público não põe porque não tem recursos. O Ministério Público tem actuado quando nós solicitamos, mas nós é que temos de preparar muito bem os processos, temos de ver muito bem as gafes, os documentos que provam não sei o quê... temos de fazer praticamente tudo (*Activista 11, entrevista pessoal*).

É necessário ter-se em conta, ainda, que, se em alguns casos, designadamente aqueles que resultam da canalização das queixas e denúncias das ONGA, o MP surge como responsável do interesse público e como acérrimo defensor da causa ambiental, "quando o conflito se dá com a posição assumida pelo poder público, regista-se um retraimento do Ministério Público e uma significativa perda de intensidade da defesa do ambiente" (Pureza, 1996: 145). Ou seja, quando o MP actua na qualidade de defensor do Estado, assume uma atitude nem sempre coincidente com a protecção e defesa dos interesses difusos em conflito, opondo-se às ONGA. Este foi, por exemplo, o caso da Nova Ponte sobre o Tejo, em que o MP, face ao recurso interposto pela LPN contra a decisão do Conselho de Ministros, surgiu como defensor do Estado e pugnou pela inexistência de uma Zona de Protecção Especial no Estuário do Tejo, pela inaplicabilidade directa da Directiva 79/409/CEE, também conhecida por "Directiva das Aves", e pela observância do princípio da proporcionalidade na decisão da localização da nova ponte (ver Caixa 3).

Caixa 3 – Caso da Nova Ponte sobre o Tejo

Em Março de 1992, a LPN recorreu da deliberação do Conselho de Ministros que aprovou a localização da nova ponte sobre o Tejo. No entender da LPN, o acto impugnado aprovou a localização da nova ponte na Zona de Protecção Especial do Estuário do Tejo, ameaçando a diversidade e a riqueza da avifauna. Daqui resultaria a deterioração dos habitats actualmente existentes e a consequente perturbação das aves protegidas, dando lugar a uma clara violação do n° 4 do artigo 4° da Directiva 79/409/CEE. Uma vez que, por essa altura, não havia sido criada legislação destinada à aplicação interna da directiva, a legislação a aplicar seria o próprio artigo. O Supremo Tribunal Administrativo, em Acórdão de 14 de Março de 1995, considerou que a deliberação do Conselho de Ministros que aprovou a localização da nova ponte sobre o Tejo não violava o n° 4 do artigo 4° da Directiva 79/409/CEE. Entendeu o Supremo que da Directiva referida "não resulta a condenação de todas as actividades potencialmente geradoras de perturbação das aves selvagens, mas apenas das actividades com 'efeito significativo', cujo conceito se apresenta de forma vaga e indeterminada (pois não especifica quais as actividades ou situações causadoras de poluição ou deterioração dos habitats, nem quais as perturbações de 'efeito significativo' que afectem as aves), o que confere à norma falta de precisão do seu conteúdo, não sendo suficientemente precisa e incondicional para permitir ao Tribunal saber se a deliberação do Conselho de Ministros viola ou não a referida norma da Directiva. Para o Estado transpor a Directiva tinha que precisar melhor o seu conteúdo, nomeadamente através de uma tipologia de actividades potencialmente gravosas para as aves selvagens". De acordo com esta interpretação, a Directiva não foi violada pelo que não resulta para o Estado uma obrigação perfeitamente clara, precisa e incondicional. O Supremo concluiu, do mesmo modo, que, contrariamente ao entendimento da LPN, a deliberação do Conselho de Ministros não tinha de ser sujeita ao processo prévio de Avaliação de Impacto Ambiental porque as normas do Decreto-Lei n° 186/90, de 6 de Junho, que o regem "não são aplicáveis à fase da localização da nova ponte, mas tão-somente na fase da elaboração do projecto e da concepção da construção da obra".

A LPN veio interpor um recurso, solicitando que o tribunal esclarecesse o termo junto do Tribunal Europeu e argumentando que, "nos termos do artigo 177° do Tratado de Roma, o reenvio prejudicial ao Tribunal de Justiça das Comunidades Europeias é obrigatório nas questões de interpretação do Tratado de Roma, bem como dos actos adoptados pelas instituições da Comunidade, sempre que aquelas sejam suscitadas em processo pendente perante um órgão jurisdicional nacional cujas decisões não sejam susceptíveis de recurso judicial previsto no direito interno". O acórdão do Supremo Tribunal Administrativo, de 14

O USO DO DIREITO PELO MOVIMENTO AMBIENTALISTA PORTUGUÊS 207

de Outubro de 1999, veio negar provimento a esse recurso alegando que apenas face "a dúvida incontornável sobre o seu conteúdo, se justificará o recurso prejudicial ao Tribunal de Justiça. (...) A ausência de dúvidas do tribunal nacional sobre a interpretação dessa prescrição e a conclusão pelo seu efeito directo tornam injustificado o reenvio prejudicial para o Tribunal de Justiça".

De referir ainda o recurso interposto pelo GEOTA[138] junto do Supremo Tribunal Administrativo, requerendo a suspensão da eficácia do despacho do Ministro das Obras Públicas, Transportes e Comunicações que aprovou o Estudo de Impacto Ambiental (EIA) elaborado pela Lusoponte nos termos do contrato intercalar, sem que os cidadãos da área afectada participassem na consulta pública do EIA. Argumentou, igualmente, a violação do princípio da ponderação dos interesses ecológicos, salvaguardado pelo artigo 66º da Constituição da República Portuguesa; e a violação do nº 4 do artigo 4º da Directiva 79/409/CEE não minimizando os impactos na Zona de Protecção Especial do Estuário do Tejo. A autoridade recorrida contra-alegou que não se verificaram impactos significativos e que esta obra era financiada pela União Europeia, entidade que financia unicamente projectos ambientalmente viáveis. O Supremo pronunciou-se apenas sobre o despacho recorrido, considerando que se tratava de um acto administrativo interno, logo irrecorrível (como tinha sugerido um parecer do MP), não emitindo nenhum juízo sobre a questão ambiental.

A difícil e pouco presente colaboração entre MP e ONGA leva a que os resultados do Inquérito sobre a avaliação dessa colaboração não sejam surpreendentes: oito ONGA consideraram-na nada importante, seis como importante e apenas quatro a avaliaram como muito importante. O elevado número de não respostas (15) sugere que nem sempre as ONGA encaram o MP como uma entidade com a qual possam trabalhar em prol da defesa do ambiente ou que desconhecem as suas funções em matéria de protecção ambiental.

Um outro bloqueio que surge na passagem para o recurso a tribunal consiste na ausência de protecção das ONGA em caso de derrota do processo por elas proposto e de exigência de indemnização pela outra parte litigante:

E depois há sempre o risco de a coisa se virar contra nós e sermos processados por alguma razão e a integridade estrutural e financeira da associação ficar também

---

[137] As informações sobre este recurso específico resultam de Pureza (1996).

em risco, o que para uma empresa não é muito grave porque tem menos lucros ou mesmo prejuízos naquele ano, mas a coisa passa; para a associação, se formos multados numas dezenas de milhares de contos ou assim, pode significar o fim da associação (*Activista 2, entrevista pessoal*).

O facto de pormos uma acção por interposta pessoa ou ONGA tem a ver com o facto de a LPN ter muito património. Temos as terras em Castro Verde, temos esta sede, e é um património físico que é valioso. Portanto, o problema é se temos um processo em tribunal e temos de pagar custas ou se, por acaso, perdemos e temos de pagar as custas do arguido ou, ainda, se nos põem um processo exigindo uma indemnização por termos parado uma obra... é complicado. Então, normalmente nós damos o apoio técnico a pequenas ONGA que não têm património e, portanto, esses custos não lhes podem ser imputados. (...) Porque a continuidade da associação ficaria em risco (*Activista 3, entrevista pessoal*).

Para fazer face a tal dificuldade, as ONGA encontram, frequentemente, subterfúgios que permitem preservar a continuidade da associação, como aconteceu no caso do Abano (Caixa 1), em que ONGA como a LPN, embora conduzissem na prática o processo judicial, participaram apenas como elementos da Plataforma Salvar Sintra, autora real do caso. Os activistas equacionam, portanto, se as ONGA, pelo papel que desempenham na vigilância e fiscalização da protecção ambiental, não deveriam ser protegidas por lei nesta matéria.

Alguns dos problemas enunciados poderiam ser minimizados com a criação e proliferação de mecanismos alternativos de resolução de litígios (ADR) para as questões ambientais a que as ONGA pudessem recorrer:

Se existissem mecanismos mais expeditos em matéria de arbitragem, como existem os centros de arbitragem dos conflitos de consumo – e também em termos internacionais já existe alguma tendência para o recurso à arbitragem em matéria ambiental –, penso que veríamos com muito bons olhos a introdução desses mecanismos se funcionassem como na área de consumo. Tinham uma componente informativa; os centros de arbitragem também têm essa componente de atendimento e informação aos cidadãos, cidadãos na dupla óptica, de consumidores e de agentes económicos. Ainda para mais, os árbitros, tanto quanto eu sei, são pessoas com formação mesmo ao nível da própria magistratura, não sei se em todos os centros é assim, mas haveria uma garantia acrescida de qualidade relativamente às próprias decisões. (...) Agora, o recurso à arbitragem é uma solução cara. Portanto, uma arbitragem que fosse instituída nesta matéria teria de ser equacionada a partir de custos. Não podia ser uma forma de aceder à justiça tão cara que se tornasse iníqua, só acessível a privilegiados (*Activista 7, entrevista pessoal*).

Para além de facilitar e agilizar a resolução de conflitos, os mecanismos alternativos de resolução de litígios (ADR) podem desempenhar um papel muito importante na resolução de conflitos ambientais, fornecendo, na tentativa de conciliação entre as partes, soluções criativas que extravasam a dicotomia derrota/vitória (Dryzek, 1997: 88). No entanto, em Portugal, os ADR têm, ainda, uma utilização residual e não se adaptam à questão ambiental.

2.2. *Bloqueios organizacionais*

Na linha da teoria da mobilização de recursos, pode-se efectivamente afirmar que a opção pelo recurso a tribunal depende, desde logo, dos recursos afectos à ONGA, não só financeiros, mas também humanos. Através das entrevistas realizadas foi possível apurar que este aspecto é determinante para a acção de protesto que se pretende desenvolver, quer pela quantidade reduzida de colaboradores activos, quer pela sua formação:

Os obstáculos no recurso aos tribunais são mais endémicos, ou seja, são mais ao nível da falta de capacidade das próprias associações. Não creio que haja tanta dificuldade em termos externos. Penso que as dificuldades maiores estarão mais ao nível das próprias associações. Em primeiro lugar, de acorrerem a todas as situações com que são confrontadas. Temos diariamente participações, denúncias ambientais muito diversas, sejam questões particulares, sejam mais diversas e colectivas e difusas e, portanto, temos uma total incapacidade de acorrer a todas as solicitações e de instaurar todo o tipo de acções que gostávamos de instaurar. Portanto, é mais a esse nível: falta de recursos humanos e falta de recursos materiais para fazer face a todas as situações em que gostaríamos e que se calhar deveríamos intervir (*Activista 7, entrevista pessoal*).

Temos advogados próprios, embora na sua maioria colaborem como voluntários da Associação. O ideal seria termos recursos permanentes a este nível, mas os custos financeiros são neste momento ainda incomportáveis para a Quercus. (...) Se existirem recursos suficientes, julgo que cada vez mais é necessário fortalecer a actuação pela via judicial suportada por bons recursos humanos na área do direito e do ambiente. Esta forma de actuação teria com certeza resultados mais concretos na defesa do ambiente (*Activista 5, entrevista pessoal*).

Sabe-se já que o à-vontade dos activistas para com certas formas de protesto é um aspecto fundamental nas opções tácticas das ONGA. O recurso a tribunal não é excepção, até porque exige um conhecimento não só da legislação ambiental, nacional e comunitária, mas também dos meandros labirínticos que o acesso ao direito e à justiça continua a exigir:

> A lei existe no papel e a ideia que existe no papel é dizer que o sistema é muito transparente e que não há problema nenhum, mas na prática ninguém usa isto. Porque isto é difícil, não é fácil: Isto levanta questões de complexidade técnica e jurídica que não é fácil (*Activista 11, entrevista pessoal*).

O Gráfico V.3 mostra o nível de informação das ONGA inquiridas relativamente a estas matérias.

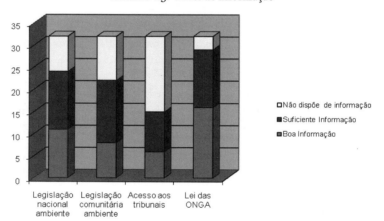

GRÁFICO V.3. Nível de informação

n: 32

Os dados evidenciam que o direito não é uma área com a qual os activistas se sintam muito familiarizados.[138] O nível de desconhecimento das ONGA

---

[138] A este respeito, o dirigente de uma ONGA refere que a carência de informação que sentem prende-se, essencialmente, com áreas específicas do ambiente, necessárias para a fundamentação dos processos judiciais, e não tanto com questões de acesso ao direito: "Nós estamos relativamente bem fornecidos de juristas. Não é bem esse o nosso problema. O nosso problema até é mais a análise de questões do que pôr as acções em tribunal. Arranjar peritos, isso é que é o grande problema."

é maior no que se refere ao acesso aos tribunais, embora fosse de esperar um conhecimento mais sólido no que diz respeito à legislação nacional e à legislação comunitária do ambiente. A falta de informação em relação ao acesso aos tribunais é mais marcada nas ONGA locais do que nas de âmbito regional e nacional. As ONGA aparentam ter um nível de conhecimento mais profundo em relação à lei que as rege. Para combater estas carências, são já várias as ONGA que recorrem a gabinetes de advogados ou que têm mesmo incorporado um gabinete jurídico. O número é ainda inexpressivo, com apenas 25% das ONGA a afirmar que possui um gabinete jurídico (74% não possuem gabinete). Os gabinetes jurídicos são constituídos, principalmente, por advogados que trabalham *pro bono* e por advogados estagiários que as ONGA de maior dimensão acolhem.[139] Algumas ONGA mantêm uma colaboração frequente com escritórios de advogados profissionalizados:

O que decide se avançamos ou não é a segurança do caso, a disponibilidade do advogado – o advogado pode estar assoberbado de trabalho e não conseguir pegar em mais coisas –, o dinheiro disponível, a nossa disponibilidade para coligir dados, informação para juntar ao processo. Porque, por nossa vontade, colocávamos o Estado em tribunal não sei quantas vezes (*Activista 1, entrevista pessoal*).

Temos um advogado estagiário que consegue ir trabalhando, na melhor das hipóteses, em dois casos e, muitas vezes, são casos que demoram cinco ou seis anos e ele não pode estar esse tempo todo connosco. Nós somos muito o treino de muitos jovens advogados e aos quais devemos imenso. (...) E temos um escritório de advogados que trabalham *pro bono* consoante as suas possibilidades (*Activista 3, entrevista pessoal*).

As pessoas que colaboram connosco fazem-no em regime mais ou menos regular, consoante as suas disponibilidades. Remuneração directa raramente ou nunca. O que pode acontecer é nós pagarmos despesas ou estarmos associados a cidadãos e, nessa medida, o advogado é remunerado directamente pelos cidadãos representando-nos também, ou então nós surgimos como assistentes no processo (*Activista 7, entrevista pessoal*).

---

[139] Foi referido a este respeito que não são raros os casos em que os advogados estagiários, após se profissionalizarem, mantêm a colaboração com as ONGA.

A colaboração dos advogados com as associações pressupõe uma certa identificação daqueles com a causa ambiental, embora nem sempre seja possível afirmar que são activistas. Tal é mais frequente quando são as próprias direcções das ONGA a incentivar os associados com formação em direito a especializarem-se em direito do ambiente, através da frequência de cursos específicos e pós-graduações.

Para além disso, vários dirigentes, num processo autodidacta, começam a desenvolver conhecimento informal em matéria de direito:

> Isto é praticamente tudo um trabalho voluntário, não há ninguém remunerado. Eu não sou especialista nem em ambiente, nem em direito, nem em coisíssima nenhuma, mas tive de fazer-me um bocado especialista para poder desmontar o discurso tecnocrático da Câmara, do Governo... porque todas aquelas decisões são altamente fundamentadas (*Activista 11, entrevista pessoal*).

> Eu, por realmente achar que é este o caminho, matriculei-me há dois anos no curso de direito e acho que se tivesse o curso em direito fazia muito mais pela causa ambiental (*Activista 6, entrevista pessoal*).

A ausência de um gabinete jurídico e de advogados próprios resulta, portanto, menos de uma falta de vontade do que de uma incapacidade para recrutar juristas e advogados. Num estudo conduzido por Robert Olaf Vos (1999) demonstra-se que a dedicação e profissionalismo dos advogados são fundamentais para o sucesso da acção judicial. De facto, apenas 23% das ONGA apreciaram a existência de um gabinete jurídico como pouco importante; entenderam estas que, num quadro de carência de recursos humanos, há áreas mais prementes do que a do direito, até pela escassa utilização que dariam a esse gabinete. De acordo com algumas opiniões, tal deveria estar a cargo de outras entidades que funcionassem como suporte da ONGA, caso esta decidisse avançar com uma acção judicial. Outras defendem mesmo que avançar com o caso para tribunal não é competência das ONGA mas, sim, do MP e de outras entidades fiscalizadoras, pelo que a necessidade de um gabinete jurídico torna-se desadequada:

> A Liga limita-se a participar a quem de direito (município, Direcção-Geral do Ambiente e outros organismos) os atropelos ao ambiente que nota e a enviar sugestões; não entra em conflito (*Liga dos Amigos dos Campos do Mondego, resposta ao inquérito*).

Por sermos uma ONGA local, o que julgamos importante é os voluntários terem acesso a formação e a informação em diversas matérias de forma a desenvolver um bom trabalho, sem haver necessidade de criar um gabinete jurídico cujo volume de trabalho não fosse justificado (*Associação de Protecção da Natureza do Concelho de Trancoso, resposta ao inquérito*).

Não cabe às ONGA executar ou fazer cumprir as leis. Se tiverem um conhecimento básico da sua existência, deverá ser suficiente para que um alerta junto de quem de direito as faça cumprir. Noutros casos, o recurso a um parecer pode ser feito pelos associados (juristas) de forma mais barata, ou a avenças de forma um pouco mais cara. Só se justificará um gabinete jurídico quando a instrução de processos assumidos pela associação forem em grande número (*Os Montanheiros – Sociedade de Exploração Espeleológica, resposta ao inquérito*).

Considero que um gabinete jurídico por cada ONGA é exagerado e um excesso de recursos. É preferível, tal como existiu no passado no extinto IPAMB, um gabinete de apoio jurídico para todas as ONGA (*A Rocha – Associação Cristã de Estudo e Defesa do Ambiente, resposta ao inquérito*).

Um outro conjunto de ONGA considera, contudo, que a existência de um gabinete jurídico numa associação é muito importante (54%) ou importante (23%),[140] evidenciando uma outra forma de encarar o direito. Para estas, o recurso a tribunal faz parte dos seus repertórios de protesto, pelo que a existência de um gabinete jurídico se revela fundamental. Acresce que a importância do direito não surge meramente para a resolução de conflitos complexos, mas também para a obtenção de informação e no próprio funcionamento quotidiano da ONGA:

Embora para assuntos complicados a LPN recorra a um escritório especializado, é importante que na vida corrente e nas decisões mais importantes exista sempre uma informação jurídica competente (*Liga para a Protecção da Natureza, resposta ao inquérito*).

---

[140] Sublinhe-se que, embora estivesse considerada nas opções de resposta a esta questão, nenhuma ONGA afirmou que a existência de um gabinete jurídico numa ONGA não é nada importante.

Toda a fundamentação sobre qualquer assunto requer apoio jurídico e por vezes até a própria sobrevivência da associação (*Gê-Questa, resposta ao inquérito*).

Todas as acções, actividades, tomadas de posição, denúncias e outra qualquer intervenção de uma organização têm de ser feitas com base na legitimidade e legalidade dos seus actos, de forma a garantir a sua independência, credibilidade moral e idoneidade (*Quercus, resposta ao inquérito*).

Os casos que por vezes pegamos e que não têm o desfecho desejado poderiam ser tratados de outro modo. A existência de um gabinete jurídico daria à associação um outro carisma (*Associação para o Estudo e Defesa do Ambiente do Concelho de Alenquer, resposta ao inquérito*).

A existência de um gabinete jurídico com mais elementos permitiria atempadamente estudar toda a legislação, propor nova ou modificá-la, além de apresentar um sem-número de protestos lesivos do ambiente que não se apresentam por falta de meios humanos (*Centro Português de Actividades Subaquáticas, resposta ao inquérito*).

A mesma opinião foi evidenciada por diversos activistas nas entrevistas realizadas:

Para mim, seria impensável uma associação, seja ela de que cariz for, e que se queira minimamente eficaz, não estar dotada de meios, directos ou indirectos, de recurso à via jurídica, seja ela judiciária ou uma actividade de informação, de aconselhamento, de encaminhamento, até de informação para o interior relativamente aos procedimentos. (...) Até mesmo para as necessidades internas de funcionamento é necessário haver conhecimento jurídico nas mais diversas áreas, seja na área dos recursos humanos, seja na área dos contactos com a administração pública (*Activista 7, entrevista pessoal*).

Foi realçado, aliás, que a presença do direito é fundamental logo na constituição da associação e, posteriormente, no enquadramento legal das suas acções:

É fundamental ter advogados a participar logo desde o início. Desde a constituição. É uma ONG, é uma associação, é um grupo de cidadãos constituídos anonimamente? Legalmente, assim que se estabelecer o que é que é, nós próprios temos de saber nas nossas acções o que podemos fazer daí em diante, quais as nossas fronteiras legais. Depois saber que validade legal tem a informação que nos chega. O que é que um *e-mail* vale? O que é que uma fotocópia escrita que foi copiada de uma Câmara Municipal vale? O que é que uma coisa assinada pelo Presidente de uma Junta vale? Em termos de prova concreta para a avaliação de um ilícito... Depois para avaliar os casos no terreno. Por exemplo, no caso da denúncia de fumos de uma fábrica... quem é que pode entrar na fábrica? Quem é que pode falar? Se retirarmos de lá determinado tipo de informação podemos usá-la em que circunstâncias? Depois de tudo isto avaliado temos de ponderar que tipo de informação pode sair cá para fora e, se sair, quais são as consequências disso. Advogados, novamente. Portanto, em todos os passos está presente a acção legal. Depois, o advogado também precisa de estar presente para avaliar as consequências legais da nossa actividade (*Activista 13, entrevista pessoal*).

O caminho desejado por algumas ONGA seria, então, na esteira da tendência já identificada para a profissionalização, a constituição de gabinetes jurídicos profissionalizados que não dependessem apenas da colaboração de advogados *pro bono* ou de voluntários com formação em direito, e que não obrigassem as ONGA a proceder a uma selecção tão restritiva dos conflitos que devem seguir a via judicial (situação agravada pela ausência de uma maior proactividade por parte do MP):

Portanto, o facto de não existir recurso aos tribunais, para além dos aspectos de não se querer levar a um nível mais elevado de confrontação, é também um sintoma de alguma fragilidade das próprias associações. Isto é, se as associações estivessem mais profissionalizadas, com uma capacidade de intervenção mais forte, seria natural que os processos apresentados em tribunal surgissem proporcionalmente. Uma vez que não existe essa profissionalização, procuramos dirimir as nossas diferenças com base naquele acordo tácito ou possível com as instituições, com muita paciência e com uma espera muito dilatada face ao que seria aceitável (*Activista 4, entrevista pessoal*).

Uma forma encontrada para alcançar essa profissionalização, sem ocupar em demasia a associação com questões meramente jurídicas, nem descaracterizá-la, foi a criação de associações e redes destinadas em exclusivo à promoção de uma cidadania ambiental activa através do direito, designadamente o CIDAMB e, mais recentemente, a RADICA.

2.2.1. CIDAMB

Em 2000, foi fundada, pela Quercus, GEOTA e Liga para a Protecção da Natureza, a Associação Nacional para a Cidadania Ambiental (CIDAMB). Entre os seus objectivos, a ONGA propõe-se possibilitar a actuação dos direitos dos cidadãos e das ONGA no âmbito da prevenção e repressão dos danos ambientais, urbanísticos e culturais; contribuir para a difusão e dinamização da cidadania ambiental; fomentar a investigação no direito do ambiente, em especial no que respeita à actuação dos meios de prevenção e controlo pelos cidadãos e ONGA; e promover o desenvolvimento de uma educação ambiental entre juristas. Na prática, o CIDAMB emerge, essencialmente, como uma base de apoio jurídico às associações fundadoras, permitindo rentabilizar os juristas e advogados de cada uma e, para além disso, como forma de "separar um bocadinho as águas entre a parte jurídica e as associações enquanto entidades", evitando, assim, colocar em causa o património das associações (*Activista 2, entrevista pessoal*).

Um outro fim, ainda que encapotado, prende-se com a credibilidade que resulta de uma acção conjunta de três grandes associações:

> De um modo geral, o GEOTA só o faz em associação com a Quercus ou com a Liga porque consideramos que é importante que se perceba que o recurso aos tribunais resulta de uma sintonia de posições das principais, ou se quisermos, das associações mais representativas de uma determinada área. Isto é, na minha perspectiva não faria muito sentido, a não ser em situações muito excepcionais, que uma dada associação, nomeadamente o GEOTA, recorresse aos tribunais contra o Estado português sem que essa posição fosse a posição partilhada pelas associações da mesma área com as quais estabelecemos desde há muito tempo laços de trabalho muito fortes. E, portanto, não existindo entendimento nesta matéria, algo estaria ainda por discutir na sociedade, e em particular do seu círculo mais restrito da área do ambiente, para chegarmos a uma posição comum (*Activista 4, entrevista pessoal*).

Os resultados parecem, no entanto, ter ficado aquém do esperado, levando a que, em alguns casos, as ONGA fundadoras avançassem individualmente:

> Desde logo, debatemo-nos com dificuldades de articulação entre as três associações. Ainda assim conseguimos patrocinar algumas acções. Houve acções interpostas pelo CIDAMB, por exemplo, a dos Sobreiros de Benavente. Também a de um empreendimento comercial em Ourém que estava a ser implantado em área de reserva agrícola, de reserva ecológica, em violação do PDM local. Há outras

situações em que continuamos, nós, Quercus, a avançar para a via judicial individualmente (*Activista 7, entrevista pessoal*).

Na altura em que as entrevistas com os activistas ligados ao CIDAMB foram realizadas, o CIDAMB parecia atravessar um período de instabilidade e de indefinição face ao futuro:

> O CIDAMB é uma experiência que não é conclusiva. O CIDAMB teve algumas vicissitudes, designadamente a saída da sua figura de proa[141] (...) e, portanto, como pode imaginar, tratou-se de uma certa perturbação no seio da associação. Perturbação essa que levou a ponderar a possibilidade de extinção dessa associação. Houve alguma discussão interna sobre esta matéria (*Activista 4, entrevista pessoal*).

> Na altura havia uma determinada sintonia entre as três associações, depois as direcções foram mudando e a sintonia inicial que era óptima foi-se diluindo. Depois vinha outra pessoa para a direcção que nem sequer tinha acompanhado o surgimento e a génese do CIDAMB. A partir daí era muito difícil trabalhar. O CIDAMB ainda existe, mas está numa situação muito inactiva neste momento, está numa encruzilhada para ver se vai continuar ou não (*Activista 7, entrevista pessoal*).

Um dos caminhos apontados nas entrevistas parece ser o da expansão do CIDAMB para outras associações:

> Quanto ao CIDAMB, eu prognosticaria um futuro mais interessante se, de facto, constituísse, por assim dizer, um veículo fundamental, um instrumento privilegiado das associações que, pela sua dimensão, pelo seu carácter local, pelo seu carácter regional, ou até pelo seu carácter sectorial, não tenham recursos nem capacidades para constituir os seus próprios gabinetes. (...) No fundo, seria quase como uma caixa de correio, o sítio onde afluiriam todas as questões, as queixas dos cidadãos de todos os cantos do país para depois poderem ter um tratamento, não gosto da palavra normalizado, mas um tratamento à altura do tratamento que as associações nacionais podem fazer e que, de outra forma, as de menor dimensão estão impedidas de realizar. (...) Agora, na minha perspectiva ainda estamos muito longe disso (*Activista 4, entrevista pessoal*).

---

[141] O entrevistado refere-se a José Sá Fernandes, que saiu do CIDAMB em 2005.

O funcionamento do CIDAMB como plataforma de várias ONGA parece estar, ainda, longe de ser efectivo.

2.2.2. RADICA

A importância conferida ao direito para a protecção do ambiente e a sensibilização de juristas e advogados para as matérias ambientais estão também na origem do processo de criação de uma Rede de Acção para a Denúncia e a Intervenção em Crimes Ambientais (RADICA):

> Nos últimos tempos, as acções preponderantes entroncam todas numa matriz jurídica. A questão dos sobreiros, a questão dos túneis, etc., tudo isso foi por matriz jurídica. Daí que o direito tenha, de facto, uma importância fundamental. E é também uma correlação de forças porque as empresas têm os seus próprios advogados e do nosso lado infelizmente ainda não há muitas pessoas disponíveis porque os grupos ambientalistas não nadam em fundos (*Activista 10, entrevista pessoal*).

> Se ganhámos muitos direitos com o 25 de Abril, e para o cidadão comum se abriu um infindável conjunto de ferramentas para intervir na sociedade em que se insere, a verdade é que o cidadão precisa de ter atrás de si uma quantidade enorme de conhecimento e muitas vezes de dinheiro para exercer os seus direitos. Se a rede [RADICA] permitir ao cidadão comum fazer o mínimo de esforço possível para conseguir satisfazer o número máximo de direitos que tem, acho que a batalha já está ganha (*Activista 13, entrevista pessoal*).

A rede, ainda em fase de construção aquando da elaboração do presente estudo, procura agregar ONGA, associações e grupos de cidadãos e, para tal, como forma de sensibilização e formação, tem desenvolvido um conjunto de iniciativas, entre elas a realização de oficinas sobre o papel do direito na intervenção ambiental. Como foi amplamente realçado pelos activistas, a RADICA não procura substituir o CIDAMB, mas antes revitalizá-lo e, se possível, ir um pouco mais além da sua concepção inicial:

> Percebemos que há uma fraca interacção entre o global das associações. (...) Uma das coisas que nos surgiu no ano passado em conversa com algumas pessoas foi que fala-se muito do trabalho em rede, mas faz-se pouco. Então nós começámos a pensar porque não fazer uma rede de interacção entre advogados e ambientalistas, até porque as linguagens são muito diferentes e é difícil os activistas entenderem os advogados e os advogados entenderem os activistas. E essa conciliação de esforços

poderia dar alguma coisa nova. Existe já um centro de informação que é o CIDAMB, criado pela Quercus, LPN e GEOTA, mas a saída do Sá Fernandes teve um preço elevado para o CIDAMB que ficou um bocadinho desactivado. Se a rede que estamos a criar puder ajudar a ressuscitar o CIDAMB já ficaríamos muito contentes. Mas não queríamos ficar só por aí (*Activista 9, entrevista pessoal*).

A RADICA pretende que a sua intervenção passe pela criação de uma base de dados informatizada sobre ilícitos ambientais, seleccionando alguns deles para visitas *in loco*. Com este objectivo, solicitará os dados a vários organismos públicos, apoiando-se em pareceres da CADA no parlamento e procurando suporte legal sempre que necessário.[142]

3. A crescente alternativa: o direito comunitário e o direito internacional

O direito estatal não é uma fonte de direito exclusiva, pelo que é necessário entender as dinâmicas que se estabelecem entre as diferentes escalas de produção de direito a partir de cima e de baixo. No encalço de Boaventura de Sousa Santos (2000), que defende que o Estado nunca deteve o monopólio do direito, noto no movimento ambientalista português uma tendência crescente para a articulação de diferentes escalas de produção do direito e dos modos de o legitimar, sobretudo do direito nacional com o direito comunitário e o direito internacional. É assim que as associações, ONGA e grupos de cidadãos questionam e confrontam a aplicação da legislação e a produção de políticas nacionais do ambiente, exigem a transposição das regulações e directivas europeias e internacionais, e questionam as suas apropriações hegemónicas por parte do Estado e de grupos económicos (Nunes *et al.*, 2005: 364).

Por um lado, na maior parte dos processos judiciais iniciados por ONGA, estas valem-se das directivas europeias, convenções internacionais, protocolos e acordos multilaterais para fundamentarem as suas posições e demonstrarem inequivocamente que se está perante um comportamento lesivo do ambiente. Tal aconteceu em todos os processos mencionados no presente capítulo e que se vieram a assumir como *leading-cases* em matéria ambiental. Como consequência, os próprios juízes, sobretudo dos tribunais superiores, redigem e fundamentam as suas decisões com recurso a essas mesmas

---

[142] Informação retirada do panfleto informativo distribuído no 1º *Workshop* sobre *O Direito na Intervenção Ambiental*, realizado a 18 de Fevereiro de 2006.

referências do direito comunitário e internacional, contribuindo para a sua explicitação. Obviamente que há excepções, como a decisão do Supremo Tribunal Administrativo, no caso da nova ponte sobre o Tejo, em não explicitar o nº 4 do artigo 4º da Directiva 79/409/CEE, como tinha sido pedido em recurso.

Por outro lado, é crescente o recurso das ONGA a mecanismos de efectivação da legislação que não os nacionais. Os bloqueios atrás enunciados contribuem para que algumas ONGA entendam que os custos para a associação (tempo despendido, recursos humanos e financeiros) são mais comportáveis quando se apresenta uma queixa junto da Comissão Europeia. Para alguns activistas, contudo, a apresentação de queixas junto da Comissão não deve ser vulgarizada mesmo que se mostre eficaz:

> Sou sensível à exposição negativa que resulta para o país em si, para Portugal, da apresentação de uma queixa por um dado incumprimento do governo, embora considere que o governo não tem necessariamente de ser o espelho do país, mas é um seu representante do ponto de vista político. E, portanto, eu diria que, por norma, não gostaria que esse fosse o caminho necessário para dirimir algumas divergências que possam existir entre as associações e as entidades governamentais. Posto este ponto prévio, que eu considero que é basilar, eu diria que nas situações em que o governo ou os sucessivos governos, que é a situação mais comum, assumem uma atitude de, digamos, dilatação exagerada ou inaceitável em termos temporais das decisões, nos casos em que, pura e simplesmente, nem sequer respondem de forma aceitável aos pedidos de esclarecimento, às posições que as associações ou a sociedade civil vão tomando face a determinadas factos... Ou seja, quando há um mutismo ou uma atitude de clara, por assim dizer, insensibilidade face a questões de interesse nacional que as associações na área do ambiente colocam e não há conveniente resposta, eu penso que aí não existirá outra forma que não recorrer aos tribunais comunitários na apresentação de queixas. Mas eu penso que não deve ser vulgarizado este processo sob pena de o banalizar face às próprias instâncias superiores e face às pessoas, ao cidadão comum que dirá que por dá cá aquela palha lá estão aqueles indivíduos a colocar em papos de aranha o bom nome de Portugal (...) (*Activista 4, entrevista pessoal*).

Este crescente recurso à Comissão Europeia acontece porque, por um lado, muitas das infracções cometidas atentam contra o direito comunitário e, por outro, porque a União Europeia só financia projectos que sejam ambientalmente viáveis, pelo que certas construções podem ser paradas por falta de fundos:

Tendo em conta que a União Europeia tem cada vez mais mecanismos de pressão sobre os seus Estados-Membros, nomeadamente através da atribuição de fundos, as queixas à Comissão Europeia constituem uma forma de levar Portugal à correcção das situações anómalas existentes (*Activista 5, entrevista pessoal*).

Uma das vantagens do recurso à Comissão Europeia, para além de ser mais expedito em termos procedimentais, é a possibilidade de esta impedir a concretização das obras bloqueando o seu financiamento por entender que, efectivamente, a queixa apresentada constitui prova de que a obra teria impactos negativos no ambiente. Foi este o resultado, por exemplo, de uma queixa apresentada em 1998 pela LPN para travar a construção da Barragem de Odelouca, no Algarve, que violava a Directiva Habitats:

> Começou-se a delinear um processo em tribunal com os advogados mas não se avançou por questões técnicas que se prendiam com o escritório. Mas a queixa à Comissão permitiu bloquear os fundos e neste momento as obras da barragem estão paradas porque não há fundos. (...) Por isso vamos directamente à Comissão, porque a Comissão funciona sobretudo como uma força de bloqueio. Se não houver dinheiro para Odelouca, não é construída porque não há dinheiro (*Activista 3, entrevista pessoal*).

Articulando o direito comunitário com o direito nacional e fazendo uso dos mecanismos disponíveis às duas escalas, as ONGA têm, pois, apresentado várias queixas à Comissão Europeia referentes a violações de directivas comunitárias. Para o sucesso das queixas apresentadas é crucial que estas sejam bem fundamentadas, legal e cientificamente, evidenciando que são fortes os motivos para a não construção:

> Já fomos convidados para dar palestras sobre as nossas queixas porque são muito bem fundamentadas. Se uma queixa chega à Comissão sem estar devidamente fundamentada, eles não a vão deitar fora porque percebem que há ali um fundo de razão, mas as coisas não estão bem explícitas e isso dá-lhes muito mais trabalho. (...) Quando apresentamos uma queixa, vai sempre com uma série de anexos, vai quase um processo em tribunal pronto (*Activista 3, entrevista pessoal*).

Acontece, contudo, que em alguns casos, apesar do bloqueio nos fundos comunitários, as obras avançam ainda assim, frustrando os objectivos das ONGA. Assim aconteceu, entre outros, com o caso das queixas apresentadas em relação ao transvase entre o Douro e o Tejo, à construção da auto-estrada Lisboa-Algarve e à nova Ponte sobre o Tejo. Contribuem para tal inúmeros factores, entre eles a morosidade que caracteriza o processo de decisão da Comissão Europeia:

> A Comissão, normalmente recebe uma queixa, depois envia os nossos argumentos ao Governo português, o Governo português responde e depois andamos nisto anos. A nossa queixa mais antiga é de 1995 e é uma queixa relativa ao transvase entre a Bacia do Tejo e a Bacia do Douro. O transvase tem muitos problemas em termos biológicos. (...) A única coisa que nós pedíamos era única e exclusivamente que não se fizesse o transvase, que se utilizassem sistemas de rega distintos o que em termos de engenharia não é nada difícil de fazer (...). Entretanto a Comissão nomeou um perito independente, que afinal não era assim tão independente, que considerou que o estudo era inconclusivo. Na nossa opinião, mesmo que fosse inconclusivo, é necessário usar o princípio da precaução. Mas não (*Activista 3, entrevista pessoal*).

A morosidade deve-se, muitas vezes, ao crescente número de queixas com que a Comissão tem de lidar. De facto, certas ONGA usam crescentemente esta via de acção como medida prévia ou complementar ao recurso a tribunal, razão pela qual acabam por ser criticadas por não esgotarem antes as instâncias nacionais. Mas a lentidão na decisão dos processos prende-se, igualmente, com a pressão e o *lobby* exercido pelos Governos dos Estados-Membros, o que leva alguns activistas a equacionarem a eficácia deste mecanismo:

> Claramente o sistema de queixas está a funcionar mal, e muito lentamente. Em minha opinião funciona mal acima de tudo porque a Comissão Europeia não tem tido força para contrapor à forte pressão política feita pelos Governos e arrasta por isso os processos, evitando ao máximo enviar casos para tribunal. Os Governos aprenderam que, por graves que sejam as violações ambientais que cometam, o mais provável é os processos morrerem com o tempo! (Jorge M. Palmeirim, 2003).[143]

> As queixas comunitárias são mais mediáticas, mas têm um problema. Geralmente a Comissão Europeia dá mais crédito à administração do país do que às associações. (...) Não é um mecanismo eficaz. Umas vezes resulta, outras não. Porque está sujeito a pressões (*Activista 1, entrevista pessoal*).

---

[143] Comunicação apresentada em 27 de Janeiro de 2003, em Bruxelas, no encontro *Environmental Governance and Civil Society – Challenges and Opportunities for Europeans*.

Apesar de a morosidade levar a que, mesmo em caso de vitória, as obras já tenham sido efectivamente construídas, a Comissão pode, não obstante, impor certas medidas de minimização do impacto ambiental, levando a que o processo não tenha sido totalmente inútil, como aconteceu no caso da nova Ponte sobre o Tejo:

> No caso da Ponte Vasco da Gama, nós – LPN, Quercus e GEOTA – lutámos não contra a ponte em si, mas contra a sua localização. E como a história, que não foi assim muito longa, nos veio dar razão, aquela ponte não veio resolver problemas nenhuns de trânsito na Ponte 25 de Abril, nem escoar o trânsito do centro de Lisboa. Nem nenhuma medida de minimização dos impactos ambientais foi cumprida. Foram cumpridas apenas aquelas mais imediatas e visíveis, como a questão das luzes, mas não de preservação do Estuário do Tejo. Isto originou um processo na Comissão Europeia que depois nos veio dar razão, mas já se tinha construído a ponte e não se ia deitar a ponte abaixo. Então o que a Comissão fez foi impor algumas medidas, algumas restrições, nomeadamente a não construção de uma urbanização no Samouco (*Activista 3, entrevista pessoal*).

Mas as queixas podem, efectivamente, conduzir à formalização de uma queixa contra o Estado Português por parte da Comissão Europeia junto do Tribunal Europeu das Comunidades, como aconteceu no caso do empreendimento do Abano (ver Caixa 1). Neste caso específico, e após uma queixa da LPN em 1999, a Comissão Europeia entendeu que a aprovação do projecto por parte do Estado Português consubstanciava uma violação das normas comunitárias respeitantes a matérias ambientais. Contudo, aquando da decisão, parte do empreendimento já estava construído. A Comissão apresentou queixa contra o Estado Português no Tribunal Europeu, o qual, em 2004, decidiu julgar improcedente a acção da Comissão Europeia contra Portugal, defendendo que "não basta provar que um projecto vai ser construído no interior de um parque natural para se presumir que terá um impacto significativo no ambiente". Apesar da derrota, todo o processo, desde a formalização da queixa da LPN até à decisão da Comissão Europeia em levar o Estado Português a tribunal, foi muito mediático e relançou na opinião pública algumas questões sobre a responsabilidade ambiental do Estado.

O uso do direito comunitário e internacional, em conjugação com o recurso a tribunais nacionais, pela mesma associação ou grupos de cidadãos, é paradigmático, pois, de uma pluralidade de ordens jurídicas que constitui

MOVIMENTOS NA JUSTIÇA

diferentes possibilidades de acção pelo direito em escalas distintas e permite reconhecer possibilidades contra-hegemónicas no uso do direito estatal.

4. Olhares dos activistas sobre os constrangimentos regulatórios e as possibilidades emancipatórias do direito

As formas de protesto dos movimentos sociais não são passíveis de ser reduzidas a figuras geométricas, pelo que a pirâmide descrita nos pontos anteriores merece uma complexificação. Conforme já se viu, os mecanismos legais facilitadores do acesso à justiça não conduzem, forçosamente, a um maior recurso a tribunal. Assim, para além dos bloqueios que se colocam ao acesso ao direito e à justiça e da escassez de recursos para concretizar esse acesso, é necessário averiguar as opiniões dos activistas em relação ao recurso ao direito como estratégia a ser desencadeada numa luta. De facto, se a teoria da mobilização de recursos se revela indispensável para perceber o modo como o direito surge, ou não, nos repertórios do movimento ambientalista, também as políticas de identidade, aqui entendidas no sentido da identificação dos activistas com determinadas formas de acção, são fundamentais. Tal reflexão é crucial para avaliar se o recurso aos tribunais faz parte dos repertórios de protesto da associação, mas não chega à pirâmide devido aos obstáculos atrás enunciados, ou se, pelo contrário, é à partida relegado pelos activistas por não o considerarem uma via privilegiada de acção.

Através do inquérito procurou saber-se, em primeiro lugar, qual a importância que os activistas conferem aos tribunais como via de acção:

As percentagens referidas no Gráfico V.4 evidenciam os tribunais como um recurso importante para os activistas. Com efeito, foram residuais as opiniões que apontam os tribunais como pouco importantes e nulas as que os consideram nada importantes nas lutas ambientalistas. Os constrangimentos à potenciação dos tribunais como recurso para as ONGA, muitos deles comuns aos cidadãos individuais, prendem-se, sobretudo, com os custos associados a um processo judicial, com os recursos necessários e, em especial, com a morosidade da justiça:

> Os tribunais seriam muito importantes, quer para as ONGA, quer para qualquer entidade. Dada, no entanto, a lentidão em tempo real dos tribunais, estes tornam-se inócuos e não defendem a justiça de facto (*Centro Português de Actividades Subaquáticas, resposta ao inquérito*).

Já vimos decisões de tribunais (...) que são meros paliativos para quem polui e não vão de encontro a uma defesa efectiva do ambiente (*Associação de Protecção da Natureza do Concelho de Trancoso, resposta ao inquérito*).

GRÁFICO V.4. Importância dos tribunais como via de acção para as ONGA

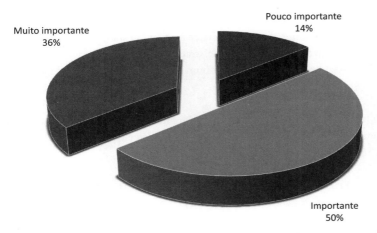

São um garante dos direitos dos cidadãos. Só não são mais importantes porque muitas vezes se conseguem os mesmos objectivos recorrendo a «expedientes» mais rápidos (*Os Montanheiros – Sociedade de Exploração Espeleológica, resposta ao inquérito*).

Não é fundamental porque, quando uma Associação não tem profissionais, não pode perder tempo na justiça. Estar com casos no tribunal vai necessariamente afectar o desenvolvimento do trabalho normal da Associação (*Onda Verde, resposta ao inquérito*).

Os próprios tribunais não nos merecem absoluta confiança. É triste. Os juízes não estão sensibilizados para estas questões. Houve um juiz que nos respondeu há uns anos atrás que, num país onde se mata tanta gente e onde há tanto roubo, o que é que interessava haver uns animais em cativeiro. (...) Por isso tentamos manter-nos naquilo que tem alguma possibilidade de sucesso (*Activista 1, entrevista pessoal*).

Um outro conjunto de respostas exalta as vantagens do recurso ao tribunal como via de acção privilegiada para fazer cumprir a lei:

Tendo em conta a gravidade e persistência nos atropelos à legislação vigente de determinado tipo de agentes financeiros, e na incapacidade de algumas entidades oficiais em pôr cobro às fortes pressões destes poderosos grupos, torna-se imprescindível o recurso aos tribunais para a reposição da legalidade (*Quercus, resposta ao inquérito*).

O tribunal é o principal recurso que, neste momento, pode colocar travão nos desmandos da Administração, seja em que área for. Mesmo sabendo que os interesses que se movimentam no seio da Magistratura são muito poderosos e influentes, consideramos ser vital recorrer aos tribunais para fazer cumprir a lei (*NDMALO-GE, resposta ao inquérito*).

Cada vez mais os tribunais são mais importantes, porque **cada vez mais a luta ambiental é baseada na lei e não em resultados científicos** (*A Rocha – Associação Cristã de Estudo e Defesa do Ambiente, resposta ao inquérito*).

Embora a sua eficácia fique muito aquém das expectativas e a aplicação das sentenças não surta qualquer efeito visível ou sejam tão distanciadas no tempo que se tornem inconsequentes, a sentença e a jurisprudência ficam sempre para registo e para recurso futuro (*Água Triangular, resposta ao inquérito*).

Apesar dos elevados custos que decorrem das acções judiciais, desde familiares, sociais, profissionais, materiais, há casos em que, pela sua elevada importância ambiental e patrimonial que urge salvaguardar, vale a pena tamanho sacrifício (*Crepúsculos, resposta ao inquérito*).

Os tribunais são um recurso importante na medida em que servem de suporte à aplicação da legislação (*URZE – Associação Florestal da Encosta da Serra da Estrela, resposta ao inquérito*).

Esta é, pois, uma forma de luta crescentemente contemplada nos repertórios de protesto de várias associações ambientalistas:

É sem dúvida muito importante o recurso aos tribunais para a resolução de algumas questões que afligem o ambiente. A Quercus tem tido nesta área uma experiência recente que indica ser esta uma forma privilegiada de conseguir resultados muito concretos (*Activista 5, entrevista pessoal*).

O USO DO DIREITO PELO MOVIMENTO AMBIENTALISTA PORTUGUÊS   227

Legitimar uma causa ambiental nos meios próprios que são os tribunais é uma forma completamente legítima de intervir, de legitimar a causa da acção e, por isso, o que nós temos de ter hoje cada vez mais é uma maior sensibilidade ambiental nos tribunais portugueses, nos juízes e em todos os interlocutores da legislação e daqueles que a fazem (*Activista 6, entrevista pessoal*).

Uma vantagem do recurso ao tribunal é que continua a estar acima das questões económicas e partidárias. É o mais imparcial que se consegue ter. E consegue-se fazer respeitar a lei de uma forma que de outra maneira não se conseguia (*Activista 2, entrevista pessoal*).

Eu acho que as estratégias têm de ter algum resultado. Tentar ter só um aspecto pedagógico é importante, mas continuamos sempre na mesma. Falamos, falamos, falamos, mas agimos pouco. Os tribunais de facto funcionam. Desde logo permitem fazer cumprir as leis que existem; elas podem não ser perfeitas, mas existem e achamos que isso é fundamental (*Activista 11, entrevista pessoal*).

Sublinhe-se, no entanto, que o recurso a tribunal pode fazer parte do conjunto de acções exequíveis no decurso de uma luta apenas enquanto possibilidade dificilmente concretizada, ou seja, enquanto meio de pressão sobre as autoridades competentes:

Muitas vezes o segredo está em exercer alguma pressão e as entidades responsáveis aperceberem-se de que estão permanentemente a ser fiscalizadas e, quando menos se espera, obtém-se uma vitória em prol do ambiente porque consegue-se que, de facto, alguém faça alguma coisa. Porque as associações têm muito pouco poder. Têm apenas um poder de legitimidade alargado que os particulares não têm. Ou seja, podem intervir ou dar início a procedimentos que sozinhos os particulares não podem porque não têm interesse objectivamente em agir. Ou podem exercer alguma influência sobre certas entidades porque começamos a aborrecê-los com perguntas, começamos a questionar a actuação deles (*Activista 4, entrevista pessoal*).

Eu acredito muito no direito, mas como meio de pressão, sobretudo ao nível do governo, do poder autárquico ou a nível de uma empresa (*Activista 8, entrevista pessoal*).

Assim, os activistas fazem uso de determinadas características da litigação, nomeadamente o facto de a outra parte no conflito, em regra o Estado ou alguma empresa, recearem os prejuízos económicos resultantes de uma derrota judicial e mesmo da morosidade típica do decurso de um processo em tribunal; os efeitos simbólicos e morais dos direitos que podem implicar a deslegitimação junto da opinião pública e custos políticos significativos; e, ainda, o receio de, com base na derrota judicial, se multiplicarem acções judiciais semelhantes. As potencialidades assim entendidas da litigação e os efeitos negativos que pode ter também para o próprio movimento, já aqui analisados, levam a que "a litigação seja melhor sucedida quando surge como uma ameaça não concretizada" (McCann, 1991: 242), uma vez que são os seus efeitos simbólicos e o poder que confere a quem a ela recorre que constituem a vantagem primordial (Turk, 1976). Contudo, os activistas devem, em todos os casos, estar dispostos a concretizar essa ameaça e seguir com o processo em tribunal.

Para algumas ONGA, o recurso a tribunal tem mesmo vantagens em relação a outras vias de acção, como demonstra o Gráfico V.5.

Como aludem os dados, uma percentagem significativa de ONGA (79%) entende que o recurso a tribunal traz vantagens específicas em relação a outros meios de acção, entre elas, a criação de jurisprudência, a credibilização da acção, uma maior captação da atenção dos média e uma defesa effectiva do ambiente. Entendem, no entanto, que, comparativamente com outras estratégias, o recurso a tribunal contribui em menor medida para um aumento da consciência ambiental, objectivo fundamental para as associações do ambiente, e mobiliza menos pessoas. O debate em torno destes aspectos é exposto nos pontos que se seguem.

4.1. *Criação de jurisprudência e activismo judicial dos tribunais superiores*
Uma das vantagens – a que reúne maior consenso entre os activistas (89% dos respondentes à questão) – é a criação de jurisprudência. Em Portugal a jurisprudência não constitui uma fonte de Direito, isto é, por contraponto aos modelos anglo-saxónicos, não existe a obrigatoriedade de julgar de acordo com decisões anteriores em casos semelhantes. Apesar disso, os juízes socorrem-se, várias vezes, de decisões anteriores para fundamentar as suas próprias decisões:

> Sendo obtida uma decisão favorável há sempre a vantagem de servir de *case study*. Não temos propriamente um modelo anglo-saxónico que funcione na base do precedente, mas é sempre uma referência. A jurisprudência ambiental em Portugal nunca mais será a mesma em matéria de conservação da natureza depois do caso das Andorinhas de Nisa. Foi um caso que ficou nos anais, foi muito importante, estava muito bem fundamentado. E pode servir também de referência em termos internacionais, porque não? Tantas vezes estudamos acções de tribunais espanhóis, de tribunais alemães, até brasileiros (*Activista 7, entrevista pessoal*).

GRÁFICO V.5. Vantagens do recurso a tribunal como forma de protesto

n: 28

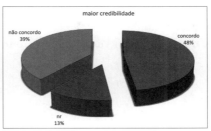
n: 30

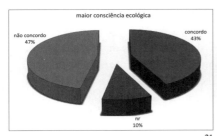
n: 31

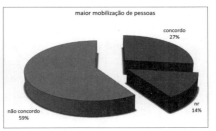
n: 30

n: 30

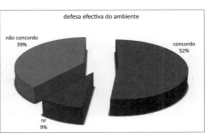
n: 31

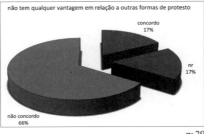
n: 29

MOVIMENTOS NA JUSTIÇA

Efectivamente muitos juízes recorrem ao caso das Cegonhas Brancas (ver Caixa 2) e das Andorinhas de Nisa (ver Caixa 4) para julgarem casos análogos. As sentenças de ambos os casos são tidas como documentos fundamentais na defesa do ambiente, até pela informação e interpretação que fornecem sobre o direito do ambiente nacional e comunitário.

CAIXA 4 – ANDORINHAS DE NISA

Portugal é um país de destino para grandes populações de andorinhas que migram de África e que cá fazem os seus ninhos. Em 1999, existiam cerca de 400 ninhos nas paredes do Palácio da Justiça de Nisa (Alentejo). Através de ofício datado de 6 de Novembro de 1997, o secretário do tribunal de Nisa pede permissão ao Ministério da Justiça para limpar as paredes exteriores do tribunal e retirar os ninhos das andorinhas. A 7 de Janeiro de 1999, depois de contactado pelo Ministério da Justiça, o Instituto para a Conservação da Natureza (ICN) diz que a remoção dos ninhos tem de ser feita até 31 de Janeiro e que já não há tempo para esperar pela formalização do contrato para remoção dos ninhos e sugere a implementação de mecanismos para evitar o aparecimento de mais ninhos no futuro. A 15 de Janeiro de 1999, todos os ninhos são removidos e previne-se o surgimento de outros. Apenas a 4 de Março de 1999 é emitido o acto administrativo formal do Secretário-Geral da Justiça onde se contrata uma empresa para desenvolver os trabalhos de limpeza e remoção.

Em Março de 1999, o FAPAS (Fundo para a Protecção dos Animais Selvagens), organização não governamental do ambiente, contacta informalmente o Ministério da Justiça com o objectivo de se colocarem ninhos artificiais nas paredes do tribunal e se retirarem os mecanismos que impedem a construção de novos ninhos, contudo a tentativa de diálogo não tem qualquer sucesso. Como consequência, em 23 de Março de 1999, o FAPAS intenta contra o Estado Português uma providência cautelar em que pede que o requerido seja obrigado a retirar das paredes do Palácio da Justiça de Nisa tudo o que impeça a nidificação de aves selvagens, a não impedir tal nidificação e, ainda, que seja condenado a pagar uma sanção pecuniária, mais concretamente, uma caução pecuniária compulsória diária em valor não inferior a 300 000$00 a reverter para a LPN e para a QUERCUS, até que o requerido cumpra integralmente o decretado na providência. O Estado vem deduzir oposição, sustentando que agiu em conformidade com as autorizações legais e tendo em vista a preservação de um edifício e a saúde dos funcionários e utentes.

A 22 de Março de 1999, o Tribunal de Primeira Instância de Nisa, aceitando apreciar um processo em que, de algum modo, estava envolvido, indeferiu a pretensão, fazendo prevalecer a visão de que os dejectos, o pó e os parasitas ligados à nidificação colocavam em causa um interesse maior: o da saúde pública. O FAPAS apresenta de imediato um pedido de recurso, para a Segunda Instância e, paralelamente, apresenta queixa a diversas entidades, designadamente ao Ministério Público do Tribunal Administrativo de Círculo de Lisboa.

Em Janeiro de 2000, também o Tribunal da Relação de Évora rejeita o recurso, confirmando a decisão da Primeira Instância, pelo que o FAPAS apresenta um novo recurso para o Supremo Tribunal de Justiça.

Em simultâneo, o Ministério Público inicia um processo (28 de Fevereiro de 2000) nesse tribunal pedindo a anulação do acto administrativo emitido pelo Secretário-Geral do Ministro da Justiça, em que se contrata uma empresa para colocar mecanismos preventivos da nidificação. Três meses mais tarde, a 30 de Maio de 2000, o FAPAS solicita ao Tribunal Administrativo de Lisboa para intervir no processo administrativo como assistente do Ministério Público, autorização que foi concedida um ano mais tarde. A 18 de Junho de 2000, o Tribunal Administrativo de Lisboa decide não dar provimento ao processo administrativo por existir já um processo civil iniciado entretanto pelo FAPAS. Quer o FAPAS, quer o Ministério Público recorrem da decisão. O Supremo Tribunal Administrativo, em Acórdão de 15 de Janeiro de 2004, decide conceder provimento aos recursos jurisdicionais, revogando a sentença recorrida, para prosseguimento do recurso contencioso.

A decisão do Supremo Tribunal de Justiça referente à providência cautelar é lida a 27 de Junho de 2000. Naquela que foi considerada pelos média como "uma peça de raro fervor ambientalista" (*Público*, 8 de Julho de 2000), o Supremo Tribunal de Justiça dá razão ao FAPAS e anula a decisão da Segunda Instância, obrigando o Estado Português a retirar das paredes do Palácio da Justiça todos os instrumentos que impeçam a nidificação e a não impedir, seja por que meio for, essa mesma nidificação. O acórdão, considerando que não há conflito de interesses entre a protecção da nidificação e a protecção da saúde pública, refere que o objecto de conflito não se prende com a nidificação na Primavera de 1999 mas, sim, com o direito de nidificação de uma ave migratória selvagem. Acrescenta, ainda, na esteira de Gomes Canotilho, "que o ambiente é caro, mas nunca demasiado caro" e que uma visão antropocêntrica do ambiente no seu limite pode ter resultados desastrosos, como aconteceu na China ao exterminarem-se as aves para proteger as colheitas de arroz, ou na Amazónia, ao destruir-se a floresta para estradas. No caso

> específico do Estado português, o acórdão defende que este "não pode consagrar constitucionalmente o direito ao ambiente, defender uma política de ambiente, subscrever tratados internacionais que o vinculam, elaborar Leis e Decretos-Lei de defesa da vida selvagem e depois com a sua actuação negar tudo isso".
>
> Dois dias depois, o FAPAS intenta a acção civil principal, pedindo ao tribunal que obrigue o Estado Português a remover todos os aparelhos preventivos da nidificação das paredes do Palácio de Justiça de Nisa; a abster-se de qualquer acção que impeça a nidificação; a não destruir os ninhos existentes; a desenvolver os trabalhos necessários para minimizar os efeitos da destruição dos ninhos; a pagar uma indemnização por danos ambientais, que pode ser usada em campanhas de consciencialização da população acerca da necessidade de protecção das aves selvagens. Até à data de análise deste caso, o processo ainda se encontrava pendente.

Mas a jurisprudência criada pode ir, igualmente, contra os interesses defendidos pelas ONGA. Por contraponto com os dois processos enunciados, o caso da Quinta do Taipal, embora não tenha sido iniciado por nenhuma ONGA, é uma referência em termos jurisprudenciais, embora, como nos referiram, pelas piores razões. Neste caso, o Ministério Público apresentou uma providência cautelar e subsequente acção principal, para defender uma parcela da quinta que servia de habitat a espécies de animais raros e protegidos que aquela entidade entendeu ameaçadas pelos trabalhos de enxugo dos terrenos para a cultura do arroz. O juiz de Montemor-o-Velho deu procedência à acção e, recorrendo a legislação nacional, comunitária e internacional, balizou os limites do direito de propriedade e condenou os réus a absterem-se de executar quaisquer trabalhos de enxugo. Após a interposição de recurso, o Tribunal da Relação de Coimbra confirmou a decisão do Tribunal de Primeira Instância, entendendo que a protecção do ambiente deve prevalecer sobre o direito de propriedade. Contudo, o Supremo Tribunal de Justiça, após novo recurso, decidiu que "só a Administração, o Governo, pode criar servidões administrativas ou restrições da utilidade pública, mediante o pagamento de uma compensação indemnizatória", acrescentando que não cabe aos tribunais criar zonas protegidas. O Supremo julgou, pois, que o direito de propriedade tinha sido colocado em causa nas decisões anteriores:

> No Caso da Quinta do Taipal, da primeira à última instância, fomos assistindo a um decréscimo de ênfase colocada na tutela do direito ao ambiente. O caso até foi desencadeado pelo Ministério Público, foi sua iniciativa, a Primeira Instância

reconheceu totalmente a importância da conservação daquele espaço, que era um espaço riquíssimo do ponto de vista de habitats aquáticos, a Segunda Instância já colocou uma ênfase, a nosso ver excessiva, no direito de propriedade, direitos de personalidade, etc., e depois o Supremo foi um revés total porque considerou que não era competência do poder judicial criar áreas protegidas quando essa não era a intenção. A intenção era que o poder judicial reconhecesse a todos nós, cidadãos, o poder de beneficiar daquele habitat que era um habitat protegido, quer pela legislação nacional, quer pela legislação internacional. Mas não deixou de ser curioso por ser o Supremo (*Activista 7, entrevista pessoal*).

A criação de jurisprudência ambiental depende em grande medida da sensibilidade dos juízes para com a questão ambiental. Casos como este e como o da nova Ponte sobre o Tejo (Caixa 3), denunciam uma menor compreensão do fenómeno ambiental e reduzida propensão para encontrar soluções criativas e ecologicamente sustentadas dos juízes dos tribunais superiores, seja o Supremo Tribunal de Justiça ou o Supremo Tribunal Administrativo. São neste sentido as palavras de José Manuel Pureza,

> Verificam-se algumas resistências da parte dos magistrados dos tribunais superiores em dar um acolhimento mais amplo e construtivo aos novos valores jusambientais, preferindo manter-se no quadro da aplicação estrita dos cânones da dogmática clássica, que raramente oferecem uma resposta eficaz face à irreversibilidade dos danos ambientais. (...) A um inquestionável rigor técnico-jurídico corresponde um notável empobrecimento na afirmação/formulação do direito ao ambiente, aliado, por vezes, a uma revalorização dos direitos subjectivos clássicos, que a primeira instância subalterniza (1996: 151).

Alguns dos activistas entrevistados também assentem na menor susceptibilidade dos juízes dos tribunais superiores para com a protecção ambiental, admitindo, porém, que os magistrados, em geral, estão cada vez mais bem preparados para lidar com processos que incidam nestas matérias:

> Os magistrados começam a estar preparados, também já têm muito tempo para estar. Para já, temos uma Constituição pioneira em matéria ambiental. Consagramos o direito fundamental ao ambiente desde 1976, mal de nós se o poder judicial ainda não está sensibilizado e apetrechado e preparado para consagrar na prática um direito que está constitucionalmente consagrado. Agora, sabemos também que a nossa experiência nos diz, com algumas excepções, que os magistrados mais jovens

234   MOVIMENTOS NA JUSTIÇA

têm mais permeabilidade, mais sensibilidade e até mais formação nesta área. (...) Temos constatado que os juízes das mais altas instâncias, seja do Tribunal Constitucional, seja do Supremo, administrativo e judicial, por vezes não têm tanta sensibilidade para esta área como seria esperado que tivessem uma vez que são magistrados de topo de carreira. Mas lembro-me de que na acção que frequentei no Centro de Estudos Judiciários me ter apercebido que grande parte da assistência, aliás, como era normal que fosse, era composta por magistrados mais novos, mas também havia alguns magistrados de tribunais superiores. Lembro-me, por exemplo, de um Sr. Juiz Desembargador que depois até veio a colaborar muito de perto connosco e é hoje presidente da mesa da assembleia do CIDAMB. Tem os seus limites em termos de estatuto como é evidente, é magistrado e, portanto, há toda uma série de incompatibilidades, mas fora disso é uma pessoa que tem dado toda a colaboração e todo o apoio (*Activista 7, entrevista pessoal*).

De facto, em alguns casos, como o das Andorinhas de Nisa (Caixa 4), é notória uma certa abertura dos tribunais superiores à novidade jusambiental, sendo possível encontrar acórdãos com um evidente activismo judicial ambiental.

A jurisprudência portuguesa evidencia, pois, dois tipos de resposta face à escassez de meios processuais específicos ou à indeterminação das normas ambientais. A primeira prende-se com um papel mais interventor dos tribunais, que passa por uma maior flexibilidade ou criatividade face ao silêncio ou ambiguidade do legislador. A segunda resposta revela uma atitude mais passiva e de inércia por parte do juiz, mantendo a prevalência dos direitos de tipo clássico e admitindo apenas limitadamente a matriz dos direitos ambientais (Pureza, 1996: 159-160). A opção por uma destas respostas tem marcado e marcará, sem dúvida, o perfil da prestação do poder judicial em matéria ambiental.

4.2. *As decisões judiciais: implementação e efectivação*

Como se viu no Capítulo I, um conjunto de autores argumenta que, se por um lado, são os grupos mais desfavorecidos e mais necessitados que menos possibilidades têm para recorrer a tribunal, por outro, aqueles que possuem essas condições entendem que este é um recurso caro, ineficaz, que desmobiliza iniciativas populares, não permite uma efectiva execução da decisão judicial e enfatiza a vitória judicial sobre a implementação de políticas e a mudança social genuína (McCann, 1991: 226).

A análise empírica efectuada no presente estudo sugere que "o alvo primordial numa acção judicial é, naturalmente, parar uma determinada coisa ou condenar" (*Activista 2, entrevista pessoal*), pelo que se considera que houve uma vitória quando, efectivamente, o dano foi prevenido ou totalmente reparado. A derrota judicial pode, portanto, conduzir à desmobilização de associados e população, pelo menos no que se refere àquele problema concreto.

O recurso a tribunal como via de acção é, pois, equacionado pelos efeitos práticos das decisões judiciais mesmo quando estas são favoráveis às ONGA. Não é de estranhar, assim, que haja alguma clivagem (Gráfico V.5) entre os activistas que consideram que o recurso a tribunal contribui para uma efectiva defesa do ambiente comparativamente a outros meios de acção (57%) e aqueles que assim não o entendem (43%). Com efeito, diversos activistas afirmaram que, mesmo sendo favorável à ONGA, a decisão judicial acaba por ter um efeito prático nulo ou mesmo reduzido devido, sobretudo, à morosidade que parece caracterizar o andamento da justiça em Portugal:

Muitas vezes até acabamos por obter ganho de causa quando o dano está perfeitamente consumado e o que se pretendia evitar já está construído, quando aquilo que se pretendia acautelar já está deteriorado. É reconhecido que um dos aspectos negativos do nosso sistema judicial é a sua morosidade, a sua lentidão, que, por vezes, acaba por inviabilizar o efeito prático que se pretendia, que era ou acautelar ou, pelo menos, repor tanto quanto possível. É a impossibilidade de obter um resultado eficaz tanto quanto possível preventivo em tempo útil (*Activista 7, entrevista pessoal*).

A este respeito surgem os exemplos do caso do Abano, cuja obra total não foi parada, o caso da nova Ponte sobre o Tejo, que foi efectivamente construída e o caso dos Sobreiros de Benavente (Caixa 5) que obteve uma decisão favorável, mas não impediu o abate de um número considerável desta espécie de árvores:

Colocámos o processo em Março de 2000. Metemos esta providência cautelar que, segundo a lei, em 30 dias é decidida. Passou o ano todo de 2000. Em 2001, passado um ano e tal, soubemos que o Tribunal Administrativo de Cascais tinha enviado o processo para a Relação de Lisboa dizendo que não tinha competência para decidir o caso. O Tribunal da Relação de Lisboa fez um acórdão em tempo recorde, numa semana reenviou o processo para o Tribunal Administrativo de Cascais dizendo que eles tinham competência para decidir e tinham de decidir. Entretanto o juiz que tinha o processo no Tribunal Administrativo de Cascais saiu e veio outra senhora.

Não sei porque é que ele saiu, mas saiu. A juíza que veio resolveu pegar nisto. E foi connosco ao terreno, mas entretanto um terço da obra já tinha sido construído. As casas que eram mais importantes do ponto de vista do rendimento já tinham sido construídas. Ela decidiu a acção administrativa a nosso favor, a favor do embargo, mas embargou dois terços da obra; o que já estava construído não embargou. O que faltava construir era o hotel e o campo de golfe (*Activista 6, entrevista pessoal*).

CAIXA 5 – SOBREIROS DE BENAVENTE

A Portucale – Sociedade de Desenvolvimento Agro-Turístico, ligada ao grupo Espírito Santo – procurou construir na Herdade da Vargem Fresca, em Benavente, um empreendimento turístico com moradias, dois campos de golfe, um centro hípico, uma barragem e um campo de tiro, num terreno com cerca de 510 hectares. A construção do empreendimento turístico implicava o abate de mais de 2600 sobreiros, uma espécie protegida por lei que só pode ser abatida em situações de imprescindível utilidade pública ou com fins exclusivamente agrícolas. No final do último Governo de Cavaco Silva o abate já havia sido autorizado, mas foi revogado pelo Governo seguinte, com António Guterres como Primeiro-Ministro. Em 2005, quatro dias antes das eleições legislativas de 20 de Fevereiro, três ministros do Governo de Pedro Santana Lopes – Luís Nobre Guedes, Ministro do Ambiente, Telmo Correia, Ministro do Turismo, e Costa Neves, Ministro da Agricultura – autorizavam o abate dos sobreiros por considerarem o empreendimento de "imprescindível utilidade pública" para a economia local e para a criação de postos de trabalho. Cerca de duas semanas depois do Despacho Conjunto 204/2005, a Quercus apresentou no Tribunal Administrativo e Fiscal de Leiria uma providência cautelar para suspender a eficácia do citado despacho, argumentando que o empreendimento não tinha quaisquer fins de utilidade pública (nomeadamente construção de escolas ou hospitais) e carecia de avaliação de impacto ambiental. No jornal *Público*, de 12 de Março de 2005, o presidente da Quercus afirmava: "Tememos que a decisão do tribunal não vá a tempo de evitar o corte dos restantes sobreiros." No entanto, a 15 de Março do mesmo ano, o Tribunal de Leiria mandou suspender o corte dos sobreiros, devendo a Portucale suspender "de imediato, o arranque e corte de sobreiros, autorizado pelo referido despacho". Na sequência deste processo, a 28 de Março é revogada a decisão do anterior Governo de maioria PSD/CDS-PP por um despacho conjunto dos ministros do Governo PS do Ambiente, Francisco Nunes Correia, da Economia, Manuel Pinho, e da Agricultura, Jaime Silva, afirmando que "não

> se encontra devidamente fundamentado o imprescindível interesse público do empreendimento e que o processo não está suficientemente instruído em termos legais, nomeadamente por ausência de declaração de impacte ambiental".[144]

A descoincidência entre o tempo do ambiente e o tempo da justiça poderia ser minimizada se, efectivamente, a lei fosse cumprida no seu limite e fossem demolidas as obras já construídas e lesivas do ambiente:

> Se se prevê em determinadas situações de dano ambiental a reposição natural, a reconstituição da situação originária, para nós uma vitória seria pura e simplesmente a demolição, que, aliás, em matéria de urbanismo está prevista. A partir do momento em que se chega à conclusão que aquele empreendimento, aquela construção, aquela obra, aquela ampliação, seja o que for, é ilegal, a consequência necessária, inelutável, seria a reposição. Nunca uma indemnização pela desvalorização; isso não interessa. O que interessa é que a situação volte ao seu original. Mas raramente acontece. (...) A partir do momento em que temos decisões, sejam decisões judiciais, sejam decisões administrativas, a partir do momento em que temos decisões e que não são executadas, que não são cumpridas, que são dadas moratórias, que são dadas todas as hipóteses e mais algumas, e em que não há decisão, pura e simplesmente, em que não há actuação, seja do poder executivo, seja do poder judicial, a partir daí tem de haver uma falta de vontade política ou incapacidade ou incompetência, ou tudo isso. Não encontro outra explicação (*Activista 7, entrevista pessoal*).

Além do mais, os activistas entendem que a efectividade das decisões judiciais ainda é colocada em causa pela quase inexistência de procedimentos para reclamar indemnizações e outras formas de compensação no âmbito da justiça restaurativa por danos ambientais ou, pelo menos, pela parca tradição judicial nesta matéria, sobretudo quando a reposição da situação anterior não é possível.[145]

---

[144] Fonte: *Lusa*, 10 de Maio de 2005.

[145] Há acções em que se não pede apenas a cessação do comportamento lesivo (ou potencialmente lesivo) ou a actuação positiva no sentido da prevenção do dano, mas já o ressarcimento de um dano ambiental. Segundo a Lei de Bases do Ambiente (artigo 48º), o Código Civil (artigo 566º/1) e a Lei 67/2007, de 31 de Dezembro (artigo 3º/2), a

MOVIMENTOS NA JUSTIÇA

Uma coisa que temos pouco e que devíamos ter mais era recebermos o pagamento de coimas. Muitas vezes são aplicadas coimas a infractores e essas coimas também podiam ter um efeito mais pedagógico em vez de irem para os cofres do Estado e uma pessoa sabe lá para onde é que aquilo vai, podia haver uma componente, por exemplo, de uma parte daquela coima ser afecta a uma associação ou então a acção específica. Isto também tem a ver com a formação e a sensibilização dos magistrados. (...) Já tem havido uma ou outra decisão que vai nesse sentido. Por exemplo, situações de infracção à legislação da caça em que os indivíduos são intimados a prestar um X número de horas de trabalho cívico ou frequentar um curso de formação ministrado por uma associação: por exemplo, a Liga já foi contactada para esse efeito e lembro-me em concreto de um caso em que dois indivíduos foram condenados a prestar serviço voluntário à Liga durante X horas e depois um deles até se tornou sócio da Liga. (...) Nós já fomos beneficiados com o produto de uma ou duas coimas, que me recorde. Não é o montante que está em causa. É mais a intenção social que parece interessante (*Activista 7, entrevista pessoal*).

Prevalece o entendimento de que uma protecção judicial efectiva do ambiente só terá lugar quando os danos ambientais, a par de outros interesses públicos e privados, começarem a ser mensuráveis economicamente.

Finalmente, é questionada a capacidade da decisão aplicada ir para além da resolução do caso concreto e contribuir para uma maior consciência ambiental. Os activistas encontram-se divididos nesta matéria, considerando a maioria (53% contra 47% das ONGA) que o recurso a tribunal não contribui, efectivamente, para a promoção da consciência ambiental. Para a activista de uma ONGA, os efeitos educativos decorrentes das decisões judiciais favoráveis ao ambiente só terão lugar quando o contencioso for significativo:

Claro que se nós tivéssemos recursos até os usaríamos mais, até porque em termos educativos poderia funcionar a médio e longo prazo. Como aconteceu nos EUA: quando começaram a surgir muitos casos em tribunais ambientais, chamemos-

---

reconstituição *in natura* é o modo preferencial de efectivar a responsabilidade do agente de um dano ambiental. Contudo, há casos em que as medidas de reparação primária e complementar não são suficientes para repor o *status quo ante* do bem lesado. Nesses casos são requeridas medidas compensatórias pecuniárias. Ora, uma vez que tratamos de bens difusos e supra-individuais, foi criado o Fundo de Intervenção Ambiental (criado pela Lei 50/2006, de 29 de Agosto, e implementado pelo Decreto-Lei 150/2008, de 30 de Julho).

-lhes assim, a sensibilidade, quer do país, quer dos tribunais, mudou e, portanto, as coisas começaram a funcionar melhor (*Activista 3, entrevista pessoal*).

Algumas opiniões recolhidas nas entrevistas, bem como a análise dos casos mencionados parecem, à primeira vista, seguir na esteira do pensamento de Rosenberg (1991), discutido no Capítulo I, isto é, para a incapacidade dos tribunais conseguirem expandir as suas decisões em matéria ambiental e compelir as pessoas e a administração pública, para além das partes envolvidas, a agirem visando a protecção do ambiente. Para tal contribui a centralidade dos objectivos económicos na sociedade e a persistência de uma ideia de progresso associada à construção e industrialização que levam a que as decisões judiciais, ainda que tragam consigo um escopo transformador das lógicas hegemónicas, encontrem resistência por parte das relações sociais dominantes (Krieger, 2003). A ser assim, o movimento ambientalista corre o risco de travar apenas pequenas batalhas, o que é particularmente grave no caso deste movimento, uma vez que a concretização do seu objectivo – a protecção do ambiente e a promoção de uma consciência e políticas ecológicas – implica mudanças sociais estruturais profundas (Hunt, 1990: 319).

Contudo, foi referido que a mais-valia das decisões judiciais vai muitas vezes para além da resolução do caso concreto, em particular quando se tornam um exemplo a ser seguido, contribuindo para um aumento da consciencialização do público e prevenindo futuras violações. Parece ser este o caso das Andorinhas de Nisa e, em certa medida, dos Sobreiros de Benavente. No primeiro, a decisão favorável do Supremo Tribunal de Justiça levou a que, posteriormente, em situações semelhantes surgissem várias denúncias públicas por parte de cidadãos. Mesmo o Instituto de Conservação da Natureza mudou a sua actuação e, contrariamente ao que sucedeu no caso das andorinhas de Nisa, tomou a iniciativa de iniciar procedimentos de contra-ordenação ao abrigo da referida legislação de protecção das aves selvagens:

> Noutros casos, em que nos fazem denúncias a dizer que já estão a tirar os ninhos em tal sítio, telefona-se para lá ou manda-se um *fax* a dizer que isto é protegido por lei, ir ver o decreto tal e dizemos que ganhámos a providência cautelar no Tribunal de Nisa quando eles puseram umas redes para impedir que elas nidificassem, por isso nem se lembrem de pôr redes. Usamos como exemplo uma coisa que nos foi favorável (*Activista 1, entrevista pessoal*).

240 MOVIMENTOS NA JUSTIÇA

No caso dos Sobreiros de Benavente, para além da dimensão preventiva, o processo acabou por ir mais além do que as ONGA inicialmente tinham previsto:

> No caso dos Sobreiros houve um resultado que superou todas as expectativas. Não apenas os abates foram suspensos, como acabou por desencadear situações de investigação que estavam para além do nosso horizonte (*Activista 7, entrevista pessoal*).

Os activistas entendem, de facto, que o objectivo fundamental do recurso aos tribunais é imediato e que visa impedir uma situação específica. Ainda assim conseguem identificar vantagens mais abrangentes, como o fomento da consciencialização ambiental, a promoção do conhecimento da legislação ambiental e a fiscalização séria das actividades do Estado:

> Na minha opinião, o objectivo não é tanto ir contra o sistema, mas chamar a atenção do sistema e dizer que os cidadãos não estão propriamente a dormir, e que o facto de elegerem os dirigentes não significa que aceitem tudo, e que há uma atenção e uma pressão sobre eles, e que não é só de quatro em quatro anos ou de cinco em cinco anos que eles se têm de lembrar do que as pessoas pensam. Têm de ser chamados à atenção para aquilo que a sociedade quer. (...) Por vezes os cidadãos têm a sensação de que o Estado não fiscaliza, não protege, que não vivemos realmente num verdadeiro Estado de Direito. E o facto de ser dada responsabilidade aos movimentos cívicos de repararem uma situação que o sistema judicial considerou errada, por um lado, é uma responsabilização dos próprios movimentos cívicos e, por outro, é uma forma de devolver à sociedade alguma da responsabilidade pelos seus próprios destinos. (...) E as pessoas também ficam a achar que vale a pena fazer denúncias ambientais; não é aquela sensação de impotência, mas a pessoa vê que a sua acção na denúncia e protecção activa de uma coisa que lhe é querida faz diferença e depois vê que essa consequência é dupla. Não só deixou de ter aquilo no seu bairro, como contribuiu para a melhoria das condições ambientais gerais. Também tem uma vantagem a longo prazo de tentar mostrar que a legislação ambiental é lei, que não se pode impunemente e sistematicamente ignorá-la e pode, portanto, ter um efeito preventivo (*Activista 2, entrevista pessoal*).

Foi ainda referido que uma decisão favorável do tribunal contribui para a mobilização e organização dos cidadãos preocupados com a questão em conflito:

Há muitos casos em que, se nos estamos a opor a um empreendimento e o empreendimento já está lá pronto a estrear e com lotes à venda, como no caso do Abano, consideramos que efectivamente foi um fracasso, e um fracasso que está ali amargamente à nossa vista, resta-nos a consolação que tem uma série de lotes à venda, mas é uma fraca consolação. Agora, serviu de ponto de partida para um movimento cívico que se gerou tendo como primeiríssima linha de actuação a contestação a esse empreendimento e que rapidamente foi generalizado à defesa de todo o parque (*Activista 7, entrevista pessoal*).

Verifica-se, portanto, que os tribunais, apesar de serem percepcionados, sobretudo, como mecanismos de resolução e prevenção de danos ambientais concretos e contextualizados no tempo e no espaço, possibilitam outros ganhos que não são indiferentes aos activistas na selecção das suas formas de protesto. Este aspecto não é, contudo, suficiente para se analisar se, de facto, o recurso ao direito propicia um certo fechamento do movimento e o orienta para batalhas específicas que não produzem grandes alterações na consciencialização ambiental ou se, pelo contrário, os activistas conseguem inseri-lo em lutas mais amplas.

4.3. Law in books: *a intervenção na legislação*

Tenho vindo a enfatizar o recurso a tribunal como modo privilegiado de utilização do direito na acção do movimento ambientalista. Contudo, se esta é uma questão importante, está longe de esgotar as possibilidades de aplicação do direito ao serviço da protecção do ambiente. A produção de legislação, nacional e internacional, é cada vez mais um processo que envolve Estados, instituições nacionais, regionais e internacionais, grupos de cidadãos, peritos e ONG. Como se constatou neste e em capítulos anteriores, a protecção ambiental em Portugal é marcada, sobretudo após a adesão de Portugal à União Europeia, por uma discrepância entre a lei escrita e a lei aplicada na prática. Neste ponto cabe questionar se o quadro legislativo progressista em termos de protecção ambiental contribui para um compromisso das associações numa certa estabilidade pela mera fiscalização da lei ou se, paralelamente, há um esforço no sentido de aperfeiçoar essa legislação e levá-la a uma definição de ambiente mais próxima da ecologia.

Cary Coglianese (2001) defende que os avanços legislativos em termos de protecção ambiental propiciam um certo conformismo por parte do movimento ambientalista, que se vê, assim, condenado a travar pequenas batalhas judiciais para perpetuar vitórias passadas. No seu entender, quando a legislação

242 MOVIMENTOS NA JUSTIÇA

ambiental prevê um conjunto amplo de possíveis danos ambientais, em regra confinados à protecção da natureza e vida selvagem, acaba por balizar o que se entende por ambiente e, nessa medida, o público em geral torna-se menos sensível para questões menos palpáveis e mais abrangentes, embora não menos graves, como o aquecimento global. Nesta medida, normas legais e normas sociais acabam por se abraçar num compromisso com um quadro regulatório estável que pode dificultar a expansão legislativa (Coglianese, 2001: 88).

Torna-se evidente no discurso dos activistas que uma legislação progressista, com efectiva aplicação, é um passo fundamental, senão o mais importante, na protecção ambiental. Nesta matéria, a União Europeia tem dado um contributo indispensável, emergindo Portugal como um *latecomer* no cenário da política ambiental europeia, limitando-se a importar a legislação da União Europeia (Gonçalves, 2002):

> A nossa legislação ainda vem muito a reboque da própria legislação comunitária. A legislação comunitária tem um efeito quer acelerador, quer impulsionador, quer rectificativo da própria legislação nacional. Não que nós não a tenhamos, já a tínhamos (...), a legislação do domínio público, a legislação da água, etc., que são diplomas bastante antigos. Mas é evidente que houve uma mudança inegável a partir de meados dos anos 1980. Basta ver que a Lei de Bases do Ambiente é de 1987 e foi um marco fundamental na consagração do direito e de uma política do ambiente em Portugal, apesar das limitações que tem. Um dos defeitos que se lhe aponta é que tem uma visão ainda muito antropocêntrica e todo o nosso ordenamento jurídico ambiental ainda encerra um bocadinho dessa visão. Falta-nos uma visão mais ecocêntrica que reconheça direitos à própria natureza. A tutela deste bem ainda existe muito numa perspectiva de ser útil ao próprio Homem, à qualidade de vida, apesar da menção à qualidade de vida já ter desaparecido da Constituição. Seja como for, é inegável o impulso e, se não fosse a nossa integração e a própria fiscalização que as instâncias comunitárias exercem sobre todos os Estados-Membros, haveria matérias entre nós que, decerto, permaneceriam por regular. Basta ver os atrasos e a deficiência na transposição de directivas. Se calhar não somos o caso mais grave (...), mas nós também temos sido maus alunos face ao direito comunitário nesta matéria (*Activista 7, entrevista pessoal*).

Embora concedam que este enquadramento legislativo possibilitou a expansão do movimento ambientalista em Portugal e o remeteu, num quadro de institucionalização progressiva, para um papel mais fiscalizador e menos transformativo, alguns activistas referiram que a alteração legislativa em alguns domínios continua a ser um objectivo porque "isto é um ciclo vicioso:

por um lado há mais legislação que protege o ambiente, mas, por outro, o nível de refinamento das ameaças tornou-se maior" (*Activista 2, entrevista pessoal*). Outros referiram que as leis existentes nem sempre vão ao encontro de uma real defesa do ambiente e, por isso, devem ser alvo de contestação e não de conformismo.

Com o propósito da mudança legislativa, há activistas, sobretudo das ONGA com um maior nível de organização, que participam em processos de alteração legislativa, a nível nacional e comunitário:

> Nós fazemos muitas propostas de alteração legislativa, mesmo em termos comunitários. Nós somos membros do *Environmental European Bureau* que tem uma grande força de *lobby* dentro da Comissão (*Activista 3, entrevista pessoal*).

A receptividade às propostas legislativas das ONGA nem sempre é significativa na prática:

> Gostaríamos de ver muito mais em relação ao direito de participação, concretamente na elaboração de legislação. Há muita legislação que é publicada e em que nós ou não temos conhecimento prévio dela ou, quando o temos, não temos sequer tempo útil para nos pronunciar. Por vezes dão-nos diplomas e um prazo de 48 horas para nos pronunciarmos, o que eu considero manifestamente insuficiente para uma análise minimamente séria de um diploma que muitas vezes é exigente e complexo (*Activista 7, entrevista pessoal*).

> Também tivemos, isto foi há mais anos, o arquivamento de questões sobre o abate do lobo. Primeiro porque há um problema na lei. O decreto-lei que regulamenta a lei contradiz em parte a mesma. Nós propusemos uma solução para esse problema que nunca foi aceite. Os deputados da Assembleia da República disseram-nos que mais valia não mexer porque a sensibilidade neste momento não estava para proteger o lobo, mas para o caçar. Isto foram os deputados que nos disseram. A nossa proposta caiu em saco roto. E era uma proposta feita com o advogado para deixar cair a contradição e fazer um texto harmonioso (*Activista 1, entrevista pessoal*).

As ideias apresentadas merecem dois comentários. O primeiro refere-se ao tipo de mudanças legislativas propostas pelas ONGA, que parecem tratar--se mais de aperfeiçoamentos de leis já existentes, ou da criação de leis que vão ao encontro do paradigma normativo previamente definido e aceite pelas instâncias governativas nacionais e comunitárias, do que de transformações radicais. O segundo prende-se com o espaço de actuação das associações ao nível da elaboração/alteração de leis que se desenha como predominantemente institucional e encaixado nas permissões à participação da sociedade civil pelo Estado.

4.4. *Impactos do direito no movimento ambientalista: percepções dos activistas*

Na análise efectuada no Capítulo I sobre as possibilidades emancipatórias do direito para os movimentos sociais, verificou-se que um conjunto de autores defende que esta não é uma via de acção privilegiada para os movimentos sociais, nomeadamente por impor que a luta seja travada na arena estatal, por drenar os recursos do movimento, por falhar na captação da atenção dos média, pela impraticabilidade das decisões judiciais, pelo parco activismo judicial e pela criminalização da acção dos movimentos. Uma outra corrente, enfatizando o potencial emancipatório do direito, destaca os tribunais como garante supremo de direitos consagrados, aponta para os efeitos educativos das decisões judiciais, enumera casos de juízes progressistas e sublinha a independência dos tribunais.

No presente capítulo tenho vindo a testar alguns destes aspectos, evidenciando o próprio debate, mais ou menos consciente, que o movimento faz sobre algumas destas questões. Debruço-me agora sobre as consequências do uso do direito para o próprio movimento. Um primeiro aspecto a realçar é o de que as vantagens e as desvantagens do uso do direito surgem simultaneamente, dependendo o seu impacto real do lugar que esta táctica assume na estratégia global do movimento ambientalista. Verifica-se que as desvantagens do uso do direito e do recurso aos tribunais pelo movimento ambientalista são minimizadas pelo uso paralelo de outras formas de acção:

> A existência de tribunais independentes assenta na ideia de separação de poderes que existe nos Estados de Direito democráticos, portanto, a possibilidade de recurso a tribunal é um direito fundamental das pessoas, das associações, enfim. O recurso a tribunal não é substituível por qualquer outro. É importante que exista. (...) O tribunal tem razão de ser, é importante que exista, não é substituível por nenhum outro, resulta por vezes mas só quando as partes demonstram que têm razão, quando o conseguem fazer em tempo útil e quando conseguem produzir a prova necessária (*Activista 12, entrevista pessoal*).

Com efeito, é visível que, para a maioria das associações e ONGA, esta é apenas uma possível acção dentro de um repertório mais vasto que pode incluir procedimentos legais e judiciais, mas também acções tidas pelos oponentes como ilegais (como bloquear uma estrada), irracionais (e.g. apresentação de modos de produção de ciência não convencionais) e/ou ilegítimas (e.g. invadir uma conferência). É assim que, por exemplo, nos diversos casos judiciais apresentados, a acção judicial foi acompanhada por outras iniciativas do movimento destinadas a sensibilizar o público em geral e a captar a atenção dos meios de comunicação social. No caso dos Sobreiros de Benavente, recorreu-se à comunicação social e sobrevoou-se os terrenos com um helicóptero. Já em relação às Andorinhas de Nisa, foram feitas manifestações na Vila e entregaram-se embalagens de insecticida aos juízes de Nisa como forma de chamar a atenção para o desequilíbrio ecológico provocado pela destruição dos ninhos.[146] Numa acção solidária com os utentes da Ponte Vasco da Gama, os ambientalistas apelaram à desobediência civil não violenta, chamando assim a atenção para um traçado que consideraram desadequado.[147] Este tipo de iniciativas simbólicas é fundamental por diversos motivos.[148] Desde logo, porque "as questões ambientais não se resumem a questões legais" (*Activista 5, entrevista pessoal*) – por vezes nem são coincidentes –, nem o recurso a tribunal para resolver um problema concreto permite, como já referimos, a resolução de todos os problemas ambientais:

> Claro que se houver ilegalidades é possível impugná-las e é possível anular actos administrativos, etc., etc., mas isso não resolve tudo. Primeiro, porque não há sempre ilegalidades. Outras vezes, as ilegalidades que existem são uma ponta do *iceberg*. Nós temos, por exemplo, uma licença que está mal atribuída ou que está a ser ultrapassada por uma urbanização, que estão a construir mais do que está licenciado e impugna-se, embarga-se, e depois o que é que acontece? Então e o resto? Não acabamos com os problemas gerais da urbanização nem com os interesses imobiliários. **E se temos algo que não é ambientalmente correcto, mas que está legal, que não tem problema nenhum? Nós não conseguimos intervir por essa via. (...) Nenhum tribunal vai dar razão a quem não a tenha legalmente** (*Activista 12, entrevista pessoal*).

Em segundo lugar, porque nem sempre as decisões são favoráveis à ONGA, correndo-se, nesses casos, o risco, enunciado pelos críticos do direito, de des-

---

[146] Fonte: *Expresso*, 20 de Março de 1999.

[147] Fonte: *Público*, 1 de Setembro de 1994.

[148] No caso dos movimentos populares de base local, é provável que este repertório inclua formas de acção mais violentas e ilegais, surgindo o recurso a tribunal como acção de *ultima ratio* e a acção mais, ou a única, institucional.

246 MOVIMENTOS NA JUSTIÇA

mobilização das pessoas associadas ao movimento e de desvitalização da luta. Para além do esmorecimento dos próprios elementos da associação, as pessoas em geral podem acreditar que tal se deve ao facto de o que substanciou a queixa apresentada pela ONGA não constituir, na verdade, uma conduta lesiva do ambiente. Contudo, a derrota judicial pode não se dever à carência de legitimidade do problema ambiental: "a verdade judicial é uma verdade processual, não é uma verdade material. É aquilo que se demonstrar que é verdade ou não" (*Activista 12, entrevista pessoal*). A verdade processual leva a que nem sempre as decisões sejam tomadas com base na matéria substantiva mas, sim, na processual-formal. O processo relativo à Ponte Vasco da Gama, por exemplo, nunca foi julgado na sua substância.

Com efeito, vários tribunais e juízes, dos quais se parecem destacar os tribunais administrativos, encontram-se demasiado presos a determinados formalismos que impossibilitam que as decisões sejam tomadas com base efectiva na questão ambiental em disputa. Nesses casos, é fundamental o recurso a formas de protesto que envolvam as pessoas e as esclareçam dos contornos reais da questão, sem condicionantes linguísticas técnicas.

Em terceiro lugar, outras vias de acção são imprescindíveis para atrair a atenção dos média. O Gráfico V.5 indica que a larga maioria das ONGA (85%) considera que o recurso a tribunal tende a captar mais facilmente a sua atenção. Isto é particularmente verdade quando os processos, seja nos tribunais nacionais, seja junto da Comissão Europeia, são contra o Estado.[149] A difusão do caso nos órgãos de comunicação social é crucial para que o público tenha noção de que determinada acção ou omissão é lesiva do ambiente e incorre numa ilegalidade; deste modo, mais facilmente uma qualquer decisão judicial contribui para uma maior consciência ambiental:

> Permite dizer através dos média que o Estado português está em tribunal porque fez isto ou porque arrancou os sobreiros e passa a informação a toda a gente que não se pode arrancar sobreiros. E até o velhinho que tinha lá uns sobreiros sabe que não os pode arrancar (*Activista 2, entrevista pessoal*).

---

[149] O caso das Andorinhas de Nisa teve um acompanhamento considerável por parte da imprensa escrita com a publicação de artigos antes e após a decisão sobre a providência cautelar. O particular interesse dos média para com este caso prendeu-se com o simbolismo da acção judicial ser relativo a um dano ambiental ocorrido precisamente num tribunal. No entanto, as notícias em relação à acção principal do caso são bastante menos frequentes.

Além do mais, a denúncia nos média permite fazer um tipo de pressão sobre as autoridades que, aliada à acção judicial, se assume como forma privilegiada de protesto das associações. Contudo, os trâmites burocráticos dos processos judiciais, bem como a morosidade a eles inerente, levam a que esta dedicação mediática ocorra, essencialmente, no início da acção e no momento da sua decisão. Não é possível manter o conflito aceso nos meios de comunicação social apenas com o processo judicial, pelo que várias associações vão desenvolvendo outro tipo de acções, simbólicas e de protesto:

> Ao mesmo tempo que iniciamos um processo judicial para um determinado caso, continuamos a pressionar directamente e através da comunicação social as entidades competente (*Activista 5, entrevista pessoal*).

Um outro aspecto prende-se com a necessidade de mobilizar pessoas em torno da causa defendida, não acreditando os activistas que as acções judiciais consigam tal intento. Segundo o Gráfico V.5, apenas 27% das ONGA inquiridas afirmou que o recurso a tribunal possibilita uma maior mobilização de pessoas comparativamente com outros meios de acção, entendendo os restantes 59% que tal não corresponde à verdade. Para um activista entrevistado, uma acção judicial ou uma queixa à Comissão Europeia, se não forem conjugadas com campanhas de sensibilização do público em geral, em particular das populações mais directamente afectadas, podem tornar-se contraprodutivas para a luta do movimento porque não há a pressão da população para uma decisão favorável à ONGA e ao ambiente:

> Eu acho que a acção legal nunca funciona bem só por si mesma. Dou o exemplo do caso de uma plataforma que nós não gostámos do modo como essa plataforma funcionou nas suas iniciativas, que foi a Plataforma do Sabor Livre. Foi uma plataforma extremamente elitista e o que aconteceu foi que eles não cativaram as populações locais e estando as populações locais a favor de um modelo de desenvolvimento que passa pela construção da barragem é muito difícil, por mais processos que venham de cima, da União Europeia, etc., que digam que não podem construir e cortam os fundos, sem mais explicações. Mas certo é que a Ponte Vasco da Gama acabou por se construir. E o Sabor provavelmente também se vai construir, porque nós não soubemos trabalhar ao nível de convencer as pessoas com argumentos que não sejam simplesmente a defesa da natureza, mas que sejam também a defesa dos seus interesses locais, da sua economia local, da sua agricultura de subsistência se ainda a têm, ou pelo menos da sua forma tradicional de viver, porque uma barra-

248 MOVIMENTOS NA JUSTIÇA

gem altera completamente o modo de viver das pessoas. (...) Depois coloca-se esta questão, quando recorremos aos tribunais ou ao nível da Europa, qual é a legitimidade destes imporem uma coisa à população local? E isto pode gerar anticorpos na população local: "agora vêm estes ambientalistas da cidade dizer que não querem a barragem e vão-se queixar a Bruxelas, ou ao tribunal, de um território que é nosso. Nós é que sabemos o queremos fazer do nosso território". E eu sou totalmente a favor disso, acho que as populações são as primeiras a decidir sobre o seu território (*Activista 8, entrevista pessoal*).

O recurso a tribunal é uma táctica que pode ser desenvolvida por apenas alguns activistas, sem ser necessário envolver os restantes membros da associação nem sequer as massas. Contudo, o que para alguns é uma fragilidade, para outros pode até ser uma mais-valia. Com efeito, certas associações, com um menor número de membros activos e disponíveis para participar em acções de protesto, percepcionam o recurso a tribunal como uma forma de actuação mais viável:

Fundamentalmente recorremos a tribunal. Não somos propriamente um movimento de massas, até porque isso implica outros recursos, mas não excluímos fazer acções de sensibilização. Já as fizemos. Organizámos um safari fotográfico numa altura em que a Câmara fez uma exposição de fotografias do concelho em que só mostrava coisas óptimas. Chamámos-lhe safari por causa da selvajaria que grassa no concelho e essa foi a nossa grande mobilização de massas (*Activista 11, entrevista pessoal*).

Acaba por ser mais viável recorrer a tribunal porque não é necessário mobilizar tantas pessoas, mas apenas aquelas que, por norma, se dedicam mais à associação (*Activista 1, entrevista pessoal*).

Esta discussão não pode ser separada do debate estrutural no seio do movimento ambientalista entre a acção institucional e a acção radical analisado no Capítulo II. Com efeito, na opção entre a via judicial como acção exclusiva, ou pelo menos principal, e a via judicial como acção secundária ou complementar a outras acções não é indiferente a estratégia definida, mais conjuntural ou estrutural, tampouco o *modus operandi* dos dirigentes da associação. Deste modo, para os activistas que entendem que o recurso a tribunal é a estratégia mais adequada para travar o problema identificado e uma via de acção legítima que credibiliza a actuação da associação, bem como a luta encetada, as acções paralelas são, previsivelmente, menos extraordinárias, raramente disruptivas e surgem no nível institucional:

> Isto é um tipo de discurso que, se eu me for lá pendurar numa árvore com uns cartazes, ninguém vai ligar a isto, vai dizer "olha aquela ali é contra porque é do contra". A melhor forma de legitimar isto é no tribunal. E as queixas comunitárias também são nessa base. É apresentar um caso nas instâncias próprias (*Activista 6, entrevista pessoal*).

> No caso de se verificar que esse recurso a tribunal não tinha o efeito que se pretendia, teríamos de pensar numa terceira forma de actuação, naturalmente com recurso ao recurso anterior [risos], ou seja, procurando explicitar de uma forma mais correcta, ou até em outras instâncias, a posição anteriormente apresentada e depois eu diria que numa posição extrema de clara necessidade, e só compatível com uma força que os movimentos ambientalistas neste momento não têm, a acção das associações deveria decorrer, então, de uma forma mais radical, com recurso naturalmente a manifestações de rua de grande impacto, por assim dizer, junto da sociedade e junto dos poderes instituídos. Mas este terceiro nível eu não o imagino nos próximos tempos para Portugal (*Activista 4, entrevista pessoal*).

Outras opiniões, não ignorando a importância dos tribunais como meio de resolução de um problema específico, inserem esta via de acção numa luta mais ampla, fora do espaço institucional, que entendem crucial para a defesa da causa ambiental.

A articulação entre espaços de actuação institucional e não institucional e, mesmo, entre meios de acção legal e ilegal, é, na opinião de alguns activistas, fundamental para impedir a despolitização da luta e para levar os oponentes a agir em arenas com as quais não estão familiarizados:

> Cada um tem o seu espaço dentro do movimento ambientalista, são complementares e essa complementaridade de linguagens é que pode fazer funcionar alguma coisa. (...) Cada forma de acção por si mesma não conduz a nada; conduz a uma pequena parcela. Todas juntas actuam em sinergia e podem realmente fazer alguma mudança (*Activista 8, entrevista pessoal*).

> A acção judicial procura fazer valer a legislação; a acção de rua, mediática, é uma acção política e procura forçar os decisores a fazerem qualquer coisa que na nossa perspectiva devia ser feita. Depois também há a questão da sensibilização das pes-

soas. Essas acções não são só dirigidas aos políticos, mas também porque a médio e a longo prazo eles sabem que as pessoas vão ficando mais atentas àquilo que eles estão a fazer e isso pode ter consequências em termos de eleição, de definição de programas eleitorais, etc. (*Activista 2, entrevista pessoal*).

Deste modo, a identidade da associação, ainda que menos institucional, não é posta em causa pelo recurso a tribunal, espaço institucional por excelência:

Depende do *modus operandi* de cada associação. Quem entende que a comunicação com as pessoas directamente na rua, através de acções de rua, é a melhor forma de defender o ambiente pois poderá pensar que ao recorrer a meios mais procedimentais, mais anónimos, se perde alguma identidade, que se perde algum calor humano que possa estar subjacente às actividades de rua. Eu não tenho essa opinião. Eu acho que todos os meios de que a associação se possa servir, todos os meios honestos, lícitos e que não nos envergonhem, digamos assim, para a defesa do ambiente, por alguma educação ambiental das pessoas e de fazer ver às pessoas que faz parte da obrigação de todos nós dar o nosso contributo para a defesa do ambiente, que faz parte das obrigações das entidades públicas, sejam elas quais forem, colaborarem com a defesa do ambiente, eu penso que servirmo-nos de todos os meios ao nosso alcance, inclusive os procedimentais, os processuais e os judiciais, é lícito. Não me parece que isso crie alguma perda de identidade das associações ou as distancie das pessoas. Todos os meios devem ser utilizados com a sua conta, peso e medida. Cada associação actuará consoante a sua postura. As associações são feitas de pessoas e recorrem aos meios que sabem utilizar melhor (*Activista 12, entrevista pessoal*).

A diversidade interna do movimento ambientalista permite que, apesar de uma predominância de acções mais moderadas, haja recurso a diferentes formas de acção, radicais e institucionais, actuando cada ONGA na arena em que se sente mais confortável e que mais se coaduna com a sua identidade. Neste cenário, não é estranho que o recurso a tribunal seja percebido consoante a própria identidade da associação; enquanto para algumas esta é uma acção já rotinizada, embora trabalhosa, para outras trata-se de um procedimento extremado e radical. Estas diferentes noções de radicalismo estendem-se, aliás, para a sociedade. De facto, não obstante 55% das ONGA inquiridas considerar que os tribunais credibilizam a luta, alguns activistas referiram que para a população em geral, e até para os média, o recurso a tribunal por parte de associações da sociedade civil é percepcionado como uma atitude radical:

Pôr uma acção popular por haver uma determinada infracção ambiental é visto como um acto radical pela opinião pública: "aquele tipo tem umas ideias malucas e anda a ver se trava este processo". Isto devia ser a coisa mais natural do mundo: o cidadão recorrer às ferramentas que estão consignadas na Constituição e que são para ser usadas no dia-a-dia (*Activista 13, entrevista pessoal*).

Para alguns, pôr acções em tribunal para repor a legalidade é radicalismo. Eu acho que não. Radical era eles pegarem numas marretas e começarem às marretadas, nomeadamente nas pessoas que aprovam estas coisas [risos], fazerem acções tipo *Greenpeace*. (...) Portanto, é usada uma série de estratagemas para nos colocarem o rótulo de radicais. Portanto, somos radicais porque queremos que a lei se faça cumprir. Ao ponto a que isto chegou: nós somos radicais porque queremos que a lei se cumpra. É esse o rótulo que já nos colaram (*Activista 11, entrevista pessoal*).

Uma das pessoas entrevistadas, por exemplo, refere que, no caso das Andorinhas de Nisa, a população não só não mostrou de imediato o seu apoio, pois tal vinha perturbar a sua quietude, como também duvidou da legitimidade da associação em colocar o Estado em tribunal e interferir com o Palácio da Justiça, um símbolo estatal. Para tal visão não é indiferente o facto de a maioria da população não percepcionar os tribunais como espaços de participação e de exercício de cidadania. Os tribunais continuam a ser percepcionados como instâncias de último recurso, para onde são canalizadas questões particularmente graves (Santos *et al.*, 1996), e, como vimos, os problemas ambientais ainda não são vistos com a seriedade devida.

É de referir, por fim, que, de acordo com algumas opiniões, o impacto do direito no movimento ambientalista também se faz através do constrangimento das acções dos activistas e, mesmo, da sua criminalização. Esta situação ocorre por duas vias: a vulnerabilidade do activista que dá a cara e o nome no processo judicial e as consequências legais resultantes de certas acções de protesto.

No que se refere à primeira, vários activistas mencionaram os custos pessoais decorrentes dos processos judiciais:

E depois, como estamos a mexer com grandes interesses, podemos ser processados por retaliação. A protecção jurídica que nos é dada não é muito grande. Claro que não podemos estar fora do sistema jurídico, mas é um grande risco. É um jogo sempre um bocadinho perigoso (*Activista 2, entrevista pessoal*).

252 MOVIMENTOS NA JUSTIÇA

Eu, por exemplo, tenho agora um processo em tribunal e fui já inquirido no Departamento de Investigação e Acção Penal por difamação, porque fiz uma entrevista um bocado mais violenta. Mas isto fui eu. Não é o Presidente da organização, mas o Sr. Engenheiro X (*Activista 14, entrevista pessoal*).

Há uma parte da população que não nos vê com bons olhos, que considera que o nosso trabalho é vingativo, portanto, não valorizam estas questões. Depois há custos pessoais. Neste momento tenho um processo em cima, do Futebol Clube de Alverca; processaram-me por difamação. (...) Como nós fazemos comunicados para alertar para determinadas situações que ocorreram ou que vão ocorrer, depois somos processados porque eles consideram que aquilo que nós dizemos é mentira (*Activista 11, entrevista pessoal*).

Mas, como indicam alguns estudos (v. g. Olaf Vos, 1999: 56-57), são os activistas radicais e menos os institucionais a estarem sujeitos à acção da lei no sentido da sua criminalização. A pesquisa de imprensa permitiu constatar que, não raras vezes, a desobediência civil, o corte de estradas, a invasão de locais privados, manifestações, etc., terminam com a detenção dos participantes. Ficou célebre, por exemplo, a detenção, em Julho de 2000, de três activistas da Quercus que, numa acção conjunta com a *Greenpeace*, se acorrentaram a um barco cipriota carregado de madeira tropical proveniente da floresta húmida dos Camarões para alertar contra este tipo de negócios e exigir uma maior fiscalização do Estado português. A iniciativa conseguiu impedir o desalfandegamento da madeira, no entanto, enquanto nada sucedeu com os activistas da *Greenpeace*, os membros da Quercus foram detidos.[150]

Mais recentemente, em Agosto de 2007, foi polémica a acção do Movimento Verde Eufémia, que invadiu e destruiu um campo de milho transgénico na Herdade da Lameira, em Silves. Esta, que foi a primeira acção de desobediência civil contra os transgénicos em Portugal, procurou alertar a sociedade para o problema do cultivo de transgénicos na agricultura, mas acabou por ter sido rotulada pela comunicação social como um "acto de vandalismo e de violência contra um agricultor" e algumas ONGA vieram mesmo publicamente condenar a acção, ainda que concordando com os objectivos gerais do Movimento. Em comunicado de imprensa, o porta-voz do movimento, Gualter Baptista, afirmou que:

---

[150] Fonte: *Público*, 12 de Julho de 2000.

No nosso entender, foram esgotadas todas as medidas políticas e judiciais na tentativa de defender os direitos de bem-estar, sociais e ambientais dos cidadãos, o que levou a considerarmos como única restante opção a aplicação de estratégias que vão para além das fronteiras legais. Estratégias de desobediência civil tornaram-se uma ferramenta necessária para produzir mudanças adequadas (*Público*, 20 de Agosto de 2007).

Embora os activistas tenham argumentado que a acção não implicou violência, o debate na opinião pública acabou por dar uma maior relevância ao aspecto criminal da acção do que aos organismos geneticamente modificados.

Foram vários os activistas que admitiram temer o recurso a acções radicais, não apenas pela opinião da população, mas também pela possível perseguição judicial. Neste sentido vão as palavras de um activista:

Hoje vi numa notícia que no Brasil houve um grupo de activistas com coragem que penduraram uma faixa no Cristo-Rei. Cinco dessas pessoas foram presas. Quem esteve nessa denúncia foi a multinacional, e vou considerá-la assim no bom sentido do termo, *Greenpeace*, que tem uma série de advogados que podem tratar do caso. Estou convencido que esses activistas vão ter uma série de juristas internacionais a dar-lhes cobertura. Pergunto-me o que é que pode acontecer em Portugal se não houver um ou outro advogado que tenha sensibilidade para esta temática e possa ajudar. As pessoas podem não ter meios, mas ter convicções, não é? Nós sabemos como funciona a justiça em Portugal. (...) Neste momento, se eu decidisse pendurar-me naquela árvore e ficasse ali todo no numa atitude de protesto, era preso e, depois, das duas uma: ou tenho um conjunto de advogados que vão lá pagar-me a caução ou sou maluco. Se eu aceitar ser maluco, não tem consequência nenhuma, mas passa para a opinião pública que eu sou um indivíduo inconsequente, um maluco e perde-se todo o objectivo da acção. Mas a lei pode ir até às suas últimas consequências. Em países mais avançados já há alguma jurisprudência nesta matéria. Ou seja, a graduação da minha pena é feita em função disso e o juiz percebe. Com os juízes que nós temos em Portugal, eu tenho algum receio que façam alguma interpretação abstrusa da lei (*Activista 10, entrevista pessoal*).

Os activistas acreditam que uma maior sensibilização dos juízes para com a forma de actuação dos movimentos sociais pode contrariar esta tendência. De facto, como se viu no Capítulo I, o modo de contrariar a ideia de que a ligação mais sólida entre o direito e os activistas é através da criminalização dos últimos passa, como nos diz a *perspectiva informada*, por uma aprendizagem do judiciário no sentido de olhar para estes conflitos de um outro modo que não implique necessariamente a criminalização. O desafio que os movimentos sociais colocam ao direito passa, também, por este feito.

Mas também o conhecimento do direito por parte dos activistas é fundamental para se protegerem de uma acusação criminal. Ou seja, o recurso ao direito surge aqui, não como uma forma de acção, mas, de modo passivo, como meio de apoiar a realização de acções que se desenvolvem na fronteira entre o legal e a ilegalidade.[151]

> É importante que a pessoa como activista possa estar protegida legalmente. Quando faz uma acção, saber como pode explorar os limites. Porque eu se calhar até estou disposto a ir preso durante um dia, pagar uma multa, mas não estou disposto a ir preso por um ano. E às vezes há pequenas nuances nas acções que alteram o veredicto. (...) O direito é importante para nos defender no activismo (*Activista 8, entrevista pessoal*).

Como é possível verificar, mesmo as lógicas mais radicais, das quais a associação *Greenpeace* é ainda expressão, têm de ter as consequências das suas acções escudadas no direito. Se tal não ocorre pela necessidade de credibilização da associação e da causa defendida, surge pela urgência em proteger os activistas que se envolvem em formas de protesto ilegais.

---

[151] Alguns activistas sugerem mesmo determinadas medidas que constituem, em simultâneo, uma acção e uma protecção legal: "Utilização do vídeoactivismo, por um lado, a criação do tal espaço de divulgação (...) e, por outro, como suporte à nossa acção legal. Caso haja violência policial, caso haja alegações falsas sobre o que fizemos, temos sempre o suporte de vídeo a documentar o que nós fizemos. A câmara protege-nos também de qualquer forma de reacção violenta que possa haver (...)" (*Activista 8, entrevista pessoal*).

CONCLUSÕES

As pistas e os dados recolhidos a partir da investigação desenvolvida convergem para um conjunto de notas reflexivas relativas ao papel do direito nas lutas contra-hegemónicas do movimento ambientalista português. Essas notas configuram aqui propostas substantivas tanto para o sistema judiciário como para o movimento ambientalista português.

A primeira proposta vai no sentido de se pensar o acesso ao direito e à justiça como um exercício de democracia de alta intensidade. A primordialidade do acesso ao direito e à justiça como condição básica de uma cidadania activa torna premente que a discussão em torno deste tema seja (re)introduzida na agenda política, questionando-se as formas de apoio judiciário existentes, equacionando-se instrumentos de apoio mais eficazes, delineando-se mecanismos alternativos de resolução de litígios, combatendo-se discrepâncias entre a procura potencial e a procura efectiva de justiça de grupos sociais minoritários, etc.; em síntese, procurando-se uma justiça mais expedita, célere e próxima de todos/as os/as cidadãos/ãs. Sendo elementar que esta discussão permaneça viva, é necessário dar-lhe outros contornos, uma vez que ela se tem focado sobretudo no cidadão individual. Urge a introdução de um novo factor neste debate: a não adequação do aparelho jurídico e judicial à protecção de interesses que extravasam a titularidade individual. Questionava-se José Geraldo de Sousa Junior (2003), "é possível então, em uma sociedade democrática, um Judiciário conservador? Incapaz, portanto, de assimilar, reinventando-se, formas democráticas e participativas de mediação para os conflitos e para o reconhecimento dos direitos novos, instituídos permanentemente na experiência democrática?" A resposta é, para o autor, e também para nós, óbvia. Não é possível uma democratização plena da sociedade se uma das suas instituições essenciais se mantém como um modelo instrumental resistente, pois deste modo tornar-se-á um obstáculo à mudança implicada na própria ideia de democracia.

Assim, no decurso desta investigação foi possível verificar que, se por um lado se constata uma maior abertura do sistema judiciário às Organizações Não Governamentais do Ambiente (ONGA), por outro, esta porosidade é, muitas vezes, mais aparente do que real. Tal influência transformativa tem-se devido menos a uma expressão de efectiva vontade democrática do Estado Português do que ao efeito de recomendações e directivas do direito comunitário e internacional.

MOVIMENTOS NA JUSTIÇA

Neste quadro, os movimentos sociais surgem como actores que têm tanto de relevantes como de emergentes no processo que designei por *justiça sem fim*, ou seja, aquele que permite que a justiça opere como instrumento de democracia e justiça social para os que dela mais carecem (os que, paradoxalmente, mais obstáculos têm para recorrer à justiça) e que continuamente reinventa os sujeitos de direitos no seio de formações sociais em constante mudança. Para ampliar efectivamente o seu espectro democrático, o direito tem de se envolver crescentemente numa democracia de alta intensidade.[152] Para se obter uma justiça de alta intensidade, o sistema judicial deve proceder a um conjunto de reformas que, a respeito do movimento ambientalista, passam por:

a) Superação das restrições e obstáculos vigentes à entrada de acções propostas por associações e movimentos populares, num panorama em que o ambiente seja cabalmente entendido, quer enquanto um precioso bem comum, quer enquanto um desafiador valor pós-antropocêntrico.

b) Reconhecimento dos activistas também como sujeitos políticos e reconhecimento das ONGA como actores democráticos, tal implicando, da parte do Estado, um financiamento que lhes permita recursos humanos e económicos para a consecução do desígnio da defesa ambiental.

c) Promoção do recurso a mecanismos alternativos de resolução de litígios, especializados na resolução de problemas ambientais, à semelhança do que sucede noutros países.

d) Nomeação de quadros especializados na advocacia ambiental de molde a que os advogados designados possam, pelo seu conhecimento das matérias ambientais e dos mecanismos colectivos de acesso à justiça, fazer do patrocínio judiciário uma possibilidade suficientemente credível para o acesso à justiça e, consequentemente, para a defesa ambiental.

e) Combate à morosidade dos tribunais, não só pelo que ela tem de dissuasor no recurso à justiça enquanto mecanismo de cidadania, mas também porque no âmbito ambiental as decisões judiciais, ainda que favoráveis à

---

[152] Esta é, segundo Boaventura de Sousa Santos, uma democracia de grau II: "A *democracia II* é uma concepção contra-hegemónica de democracia. Da sua perspectiva, a *democracia I* é considerada mais como uma concepção incompleta de democracia do que propriamente uma concepção errada (...). A democracia II é, deste modo, menos processual e mais substantiva que a democracia I e centra-se menos na governabilidade do que na coesão social e na participação dos cidadãos" (Santos, 2001: 165).

causa ambiental, surgem amiúde quando o dano que se pretendia evitar é já irreversível.

f) Transformação do quadro jurídico vigente pelas consequências que inscreve para compensações financeiras, potencialmente gravosas, após uma derrota judicial para uma associação ambientalista; se, por um lado, esta medida parece demover a litigação inconsequente, ela tem um efeito inibidor para um processo transformador que poderia utilizar os tribunais ao encontro de um quadro social crescentemente sensível ao valor ambiente.

g) Crescente deliberação dos interesses colectivos e difusos para que seja dada prioridade ao direito substantivo a despeito da centralidade tantas vezes conferida a elementos meramente processuais que nada devem à bondade legal da causa defendida.

h) Promoção de uma formação contínua para os juízes e os magistrados do Ministério Público que amplie o seu conhecimento das matérias relativas ao direito do ambiente, à centralidade do ambiente na vida social, e, de um modo mais geral, que amplie a sua sensibilidade para as ditas causas pós-materialistas.

i) Fomento de uma maior dinâmica do Ministério Público, tanto no investimento ante as denúncias efectuadas pelas ONGA, como, sobretudo, numa atitude pró-activa na fiscalização de danos ambientais.

j) Aplicação efectiva de multas e coimas que penalizem a infracção ambiental, permitindo que estas revertam directamente para as ONGA.

k) Agilização e responsabilização da administração pública no cumprimento de legislação que obriga a que seja facultada em tempo devido a documentação requerida pelas associações, documentação essa que se mostra muitas vezes crucial para a proposição e prossecução de uma acção judicial.

Estas medidas, apesar dos importantes desenvolvimentos que permitiriam propiciar no acesso ao direito e à justiça por parte do movimento ambientalista, não configuram, por si, para as exigências que atrás desenhámos, um estágio de justiça de alta intensidade. A justiça de alta intensidade supõe que os tribunais não trivializem estas questões, mas antes ousem tratá-las como conflitos estruturais, ou seja, relacionem litígios particulares com as fracturas estruturais que os precedem. Tal desígnio tem implicações nas reformas no direito substantivo, no direito processual e na organização judiciária. As transformações reflectem-se necessariamente, entre outras, na ênfase conferida aos direitos colectivos, num acréscimo de iniciativa e controlo democrático por parte do sistema judicial, numa maior participação por parte dos cidadãos e das organizações cívicas, numa relação mutuamente enriquecedora e num paradigma cultural mais consciente da indispensabilidade do valor ambiental.

Uma segunda proposta convida, pois, a reflectir sobre o modo como o direito do ambiente é percepcionado pelos cidadãos e pelo sistema judiciário. O direito do ambiente privilegia frequentemente uma lógica individualista de prevenção e reversão dos atentados ambientais que, quando actua, o faz mormente mediante o reconhecimento de outros direitos, esses, sim, tidos como imprescindíveis (dos quais se destaca o direito à propriedade). Como resultado, na protecção do direito do ambiente, não raras vezes os problemas ambientais, problemas colectivos por excelência, ficam reduzidos a conflitos individuais, não extravasando as suas implicações. Neste contexto, o direito ambiental é um direito subalternizado à realização de outros direitos de matriz individualista e, consequentemente, precarizado nas suas potencialidades de transformação das relações entre ser humano e natureza. O recurso a tribunal e o uso do direito do ambiente nesta acepção individualista assume-se mais como uma repetição mecanicista, que visa uma maior segurança técnica e ambiental e um bem-estar pessoal, conivente (ou pelo menos não grandemente hostil) com as lógicas de exploração económica vigentes, e, portanto, configura-se menos como parte de uma agenda que propale fins emancipatórios. Este é um entendimento do ambiente que leva a um direito construído na negação da alteridade ambiental. Para que o direito ambiental seja efectivamente eficaz, proponho que o entendimento moderno do direito do ambiente seja substituído por um outro entendimento, através do qual o ambiente deixa de ser o outro subalternizado no projecto moderno de dominação para se tornar um *alter*: um outro significativo que importa qualificar como sujeito de direitos, cujas experiências nos ensinam e assinalam possibilidades de uma vida decente e inspiram uma criatividade social mais prudente, porque informada. Esse entendimento assenta em três pressupostos.

O primeiro pressuposto implica um maior activismo por parte dos juízes, sendo-lhes pedido que se envolvam num projecto de reinvenção do direito tal como o conhecemos, que o aproxime, e às suas instituições, da sociedade e de uma participação cidadã. Esta exigência é tanto mais premente quanto mais ampla e indeterminada for a lei. Se tal é verdade para todas as áreas em geral, é-o especialmente nas questões sobre o ambiente, em que há uma escassez de meios processuais específicos e uma certa indeterminação das normas ambientais que não se verifica, por exemplo, nos direitos de primeira geração e até nos de segunda geração. Também as decisões judiciais estão impregnadas das pré-compreensões ambientais dos juízes, designadamente na interpretação da lei, na matéria dada como provada e na determinação das consequências jurídicas aplicáveis aos factos. Nesse contexto, a opção pelo activismo ou pela contenção judicial "é determinante para uma construção judicial adequada à novidade radical do ambiente como bem jurídico ou, em contraposição, para um tratamento redutor desse potencial subversivo do Direito do Ambiente" (Pureza, 1996: 158-159). Os juízes podem, deste modo, assumir um papel mais interventor face ao silêncio ou ambiguidade do legislador e entender o ambiente como um direito em si mesmo, como refere Bobbio (1992), titular ele próprio da sua protecção, ou, pelo contrário, adoptar uma atitude passiva e perpetuar a sua colonização por outros direitos tidos como nucleares. No que se refere aos juízes dos tribunais superiores, este activismo é fundamental para quebrar uma certa contenção jurispruden-cial inanimada perante o desafio ambiental.

O segundo pressuposto é o de que o direito do ambiente seja percep-cionado como um direito autónomo assente no princípio da solidariedade e, encarando-o como um direito difuso, na responsabilidade partilhada. O ambiente deve ser adequado a uma vida humana saudável, mas terá de ir além disso; ele próprio tem de ser saudável e ecologicamente equilibrado. Deste modo, contraria a dicotomização sociedade/indivíduo, a consequente vulnerabilização do direito do ambiente à anomia e à sua canibalização pelos direitos individuais, e considera que a protecção do ambiente se faz articu-lando responsabilidades individuais com colectivas.

O pressuposto anterior conduz a um requisito final para um outro enten-dimento do direito do ambiente: situá-lo, para além da esfera do Estado e do Mercado, na Comunidade. Este entendimento obriga a uma reinvenção do Estado e da Comunidade. Ao Estado cabe assumir o ambiente e o patri-mónio como bens públicos, objecto de uma intervenção racional e planeada, passando-se de um Estado Social para um Estado Ambiental (Pureza, 1996; Silva, 2000). A Comunidade deve fazer uso de um conjunto de direitos ao seu dispor para garantir uma protecção ambiental efectiva e progressista. A novidade é que o direito do ambiente deixa de prefigurar apenas concretiza-ções de direitos individualistas, surgindo um conjunto de direitos-função (Ost, 1995: 315) que catapultam e permitem a concretização do direito do ambiente. São eles, o direito à informação, o direito à participação e o direito de acesso à justiça.

O trabalho realizado permite, ainda, retomar as hipóteses condutoras des-ta reflexão teórica e empírica que, sem restringir os seus resultados às ques-tões aventadas, encontra agora nessas mesmas suposições um estimulante correlato para criticamente se construir algo do quadro desenhado por este esforço de pesquisa.

A hipótese de que as *associações ambientalistas usufruem de uma pluralidade de ordens jurídicas, facilitada pela integração de Portugal na União Europeia, no que se refere quer à produção de legislação ambiental, quer ao recurso a instâncias europeias para defesa e concretização dessa mesma legislação* foi amplamente confirmada. Como se verificou, o direito estatal nacional articula-se com o direito comunitário e internacional, seja na produção de legislação e políticas ambientais – é frequente alguns activistas serem convidados por Bruxelas a integrar grupos e comissões –, seja no recurso a mecanismos de controlo e prevenção. Conforme foi dado a conhecer pelos activistas e pelos casos analisados, o recurso à Comissão Europeia é cada vez mais uma hipótese equacionada à partida e que pode surgir mesmo em paralelo com o recurso a um tribunal nacional. Este mecanismo traz alguns problemas que obrigariam a reformas no âmbito do acesso, tal como a lentidão dos processos de decisão, e outros que lhe escapam como o *lobby* exercido pelos governos dos Estados-Membros. Não obstante, este recurso revela alguma eficácia porque muitas das infracções cometidas atentam contra o direito comunitário; porque a União Europeia só financia projectos que sejam ambientalmente viáveis, pelo que certas construções podem ser paradas por falta de fundos; e porque é muito impactante em termos mediáticos. O uso do direito comunitário e internacional, em conjugação com o recurso a tribunais nacionais, pela mesma ONGA ou grupos de cidadãos, é paradigmático, pois, de uma pluralidade de ordens jurídicas que constitui diferentes possibilidades de acção pelo direito em escalas distintas. Equaciona-se, contudo, um cenário, que se poderá assumir como pista para futuras investigações, em que tal pluralidade englobasse, também, formas de produção de direito construídas a partir de baixo.

A hipótese de que *o recurso ao direito por parte do movimento ambientalista português se inscreve num processo de institucionalização* do movimento foi largamente corroborada por esta investigação. Por um lado, confrontei a literatura e a documentação de experiências que dão conta de uma forte tendência nas lutas ambientalistas, a nível internacional, para um crescente abandono de posturas tidas como mais radicais em prol de abordagens que se inscrevem num quadro de acção crescentemente mais institucional. Por outro, o retrato empírico que se traçou relativamente ao movimento ambientalista português mostra que também este acompanha tal tendência, que se traduz num maior recurso à ciência, na profissionalização das associações, na preferência pelo *lobby* político exercido a nível nacional e comunitário e na inserção de cien-

CONCLUSÕES 261

tistas e académicos nos quadros activos das ONGA. Tal não significa que, em termos de acção colectiva, se tenha assistido a um total abandono do radicalismo. Há associações que continuam a dirigir a sua acção para os média, para a espectacularidade e para o trabalho com as populações locais e há, ainda, os movimentos populares de base local cuja acção é, frequentemente, disruptiva. Mas a centralidade das possibilidades do direito na luta ambientalista surge francamente dramatizada por um processo político cujas arenas de acção vêm convergindo com as arenas da racionalidade burocrática, de que fala Max Weber, ou da sociedade administrada, de Adorno.

É neste sentido que se pode afirmar que não foi completamente corroborada a outra hipótese que se avançou: *O recurso ao direito por parte das associações ambientalistas faz-se no âmbito de um repertório de protesto mais vasto, em que conjugam acções legais e ilegais.* Se é certo que o recurso ao direito, em especial aos tribunais, por parte das associações ambientalistas se insere num repertório de protesto amplo, apenas algumas ONGA e, em especial, os movimentos populares de base local, possuem, em regra, repertórios que conjugam acções legais com aquelas que remetem para a ilegalidade. Com efeito, verifica-se uma propensão por parte das ONGA em termos gerais para canalizarem importantes esforços e expectativas no recurso ao direito, conjugando-o sobretudo com outras formas de acção, também elas institucionais, como o *lobbying* ou os comunicados de imprensa. Tal estratégia comporta dois riscos. O recurso ao direito pode, assim como apontam os seus críticos, drenar os recursos do movimento, condicionar os seus tempos, fragilizar a sua identidade e levar à sua desmobilização em caso de derrota judicial. Este perigo, portanto, afecta o movimento na sua organização. O segundo perigo prende-se com o modo como o movimento ambientalista denuncia um certo comprazimento com vitórias judiciais pontuais, não as rentabilizando em termos de ganhos políticos. Esta parece ser menos uma incapacidade do direito do que do próprio movimento ambientalista. O movimento ambientalista precisa de repolitizar o seu discurso e formas de acção para não se judicializar completamente, caso contrário corre o risco de se tornar um "cliente frequente" do sistema judicial com uma agenda particular, reduzindo o embate de valores aos labirintos processuais do jogo fechado em que o direito se pode tornar. Isto é, antes de legalizar as lutas, cabe a este movimento repolitizá-las. O recurso ao direito deve surgir, consequentemente, em permanente diálogo com outras formas de protesto no espaço público.

A quarta hipótese é aquela que oferece uma resposta mais problemática: *O uso do direito pelos movimentos ambientalistas comporta possibilidades de protecção ambiental e transformação que efectivamente se articulam com as lutas pela emergência de um paradigma societal.*

Este trabalho mostra que, de facto, o uso do direito, apesar dos muitos obstáculos que se identificaram, contém fortíssimas possibilidades no ensejo da protecção ambiental, produzindo um impacto que tem conseguido importantes conquistas: é dissuasor dos agentes que sistematicamente violam o ambiente e, num quadro em que as barreiras ao acesso à justiça sejam também mitigadas, tem poder para produzir jurisprudência social – socioprudência. Ou seja, um movimento sobre a justiça que é pedagógico não só no plano jurídico e judicial, mas também na ensinança social mais ampla ao encontro de modos de conhecer e de produzir mais sensíveis às prerrogativas do valor ambiental e de "uma vida decente" (Santos, 2003c). No entanto, não posso deixar de assinalar sinais de estreitamento da crítica social mais ampla de que o ambientalismo já foi porta-estandarte: no paulatino abandono de formas de luta que implicam e requerem uma mobilização social activa em maior escala, na reduzida tradução com outras lutas contra-hegemónicas cujas vindicações se encontram marginalizadas pelo modelo de sociedade dominante, pelo recuo no questionamento do modelo de exploração económica feito de uma lógica expansiva que não tem como não colidir com o desígnio ambientalista. Portanto, para que o ambientalismo e os usos do direito nele carregassem as possibilidades de uma proposta emancipatória para o paradigma de outra sociedade, necessário seria uma crescente articulação com outras lutas, um questionamento do paradigma social vigente e da lógica do regime económico dominante. A contra-hegemonia nas lutas ambientalistas depende também destes pressupostos.

Neste trabalho identifiquei, simultaneamente, as possibilidades emancipatórias do direito e os seus limites fora de um contexto mais ousado na reinvenção social: quadro a que o pragmatismo tem encostado a acção do movimento ambientalista português, como é reconhecido na voz de muitos activistas. Como diz provocativamente Foucault, "onde há poder, há resistência e contudo, ou talvez por isso mesmo, esta nunca está numa posição de exterioridade em relação ao poder" (Foucault, 1980: 98). Sendo a imanência ou a exterioridade ao poder uma questão mais puramente filosófica que política, essa provocação bate forte para colocar o direito, tantas vezes tido como mero instrumento de dominação, no encalço das exterioridades da nossa imaginação social.

O título que presidiu a este trabalho, "movimentos na justiça" sugere, portanto, não apenas a exploração analítica do uso que os assim designados movimentos sociais possam fazer do acesso ao direito e à justiça, mas, igualmente, a ideia de que a justiça é intrinsecamente o produto das relações sociais que a constituem. Ou seja, demasiadas vezes se cristalizam o sistema jurídico e o sistema judicial, negligenciando em que medida aqueles que temos e os que teremos são sempre o produto de relações sociais, de conflitos, poderes, lutas e desigualdades. Nesse sentido, analisar os movimentos sociais na justiça é dar atenção a um actor emergente nas possibilidades emancipatórias do direito ao mesmo tempo que, em termos mais radicais, se conhece a justiça como algo de socialmente construído e que, portanto, está sujeita a um contínuo processo de reelaboração em nome das dinâmicas sociais que lutam pelos seus mecanismos, pelo seu sentido, que lutam, enfim, pela própria definição daquilo que num determinado espaço-tempo é justo.

LISTA DE ACRÓNIMOS

ADA – Associação de Defesa do Ambiente

ADR – *Alternative Dispute Resolution Mechanism* (Meio alternativo de resolução de litígios)

CADA – Comissão de Acesso aos Documentos Administrativos

CIDAMB – Associação Nacional para a Cidadania Ambiental

CPA – Código de Procedimento Administrativo

CPTA – Código de Processo dos Tribunais Administrativos

EIA – Estudo de Impacto Ambiental

FAPAS – Fundo Para a Protecção dos Animais Selvagens

FoE – *Friends of the Earth*

FSP – Fórum Social Português

GAIA – Grupo de Acção e Intervenção Ambiental

GEOTA – Grupo de Estudos de Ordenamento do Território e Ambiente

IA – Instituto do Ambiente

ICN – Instituto de Conservação da Natureza

IUCN – *International Union for the Conservation of Nature*

LAP – Lei de Acção Popular

LBA – Lei de Bases do Ambiente

LPN – Liga para a Protecção da Natureza

MP – Ministério Público

NIMBY – *Not in my Back Yard* (no meu quintal, não)

NMS – Novo Movimento Social

ONG – Organização Não Governamental

ONGA – Organização Não Governamental do Ambiente

ONU – Organização das Nações Unidas

PDM – Plano Director Municipal

QUERCUS – Associação Nacional de Conservação da Natureza

RADICA – Rede de Acção para a Denúncia e a Intervenção em Crimes Ambientais

RAN – Reserva Agrícola Nacional

REN – Reserva Ecológica Nacional

UE – União Europeia

WWF – *World Wildlife Fund*

BIBLIOGRAFIA

ALEGRE, Carlos (1989), *Acesso ao direito e aos tribunais*. Coimbra: Almedina.

ALFARO, Norman José Solórzano (2004), "Algunas claves para una crítica de la imaginación jurídica. De los obstáculos epistemológicos en el derecho moderno y su ciencia", *in* José María Seco Martínez e David Sánchez Rubio (eds.), *Esferas de Democracia*. Sevilla: Aconcagua.

ALINSKY, Saul D. (2003), "Protest Tactics", *in* Jeff Goodwin, James Jasper (orgs.), *The Social Movements Reader. Cases and Concepts*. New York: Blackwell.

ALVES, Mário Eloy e SILVA, José Luís A. (orgs.) (1987), *Antes Durante e Depois de Chernobyl – O Nuclear no Mundo e em Portugal*. Lisboa: APE.

ANDRADE, Isabel Carinhas e CAVALHEIRO, Gonçalo (2002), "Portugal Country Report", *in* Nicolas de Sadeleer, Gerhard Roller e Miriam Dross (orgs.), *Access to justice in environmental matters*. Brest: CEDRE.

ANDRADE, J. Robin (1967), *A acção popular no Direito Administrativo Português*. Coimbra: Coimbra Editora.

ANDRÉS IBÁÑEZ, Perfecto (2003), "Derecho y justicia en el siglo XXI: más difícil todavía". Comunicação apresentada no Colóquio Internacional *Direito e Justiça no Século XXI*, Coimbra: Centro de Estudos Sociais.

AN-NA'IM, Abdullahi (1995), "The Dichotomy between Religious and Secular Discourse in Islamic Societies", *in* Mahnaz Afkhami (org.), *Faith and Freedom: Women's Human Rights in the Muslim World*. New York: Syracuse University Press.

ANTUNES, Colaço L. F. (1989), *A tutela dos interesses difusos em direito administrativo*. Coimbra: Almedina.

BARKAN, Steven E. (1984), "Legal Control of the Southern Civil Rights Movement", *American Sociological Review*, 49, 552-565.

BARKAN, Steven E. (2006), "Criminal Prosecution and the Legal Control of Protest", *Mobilization*, 11(2), 181-194.

BARKER, Colin; JOHNSON, Alan e LAVALETTE, Michael (eds.) (2001), *Leadership and Social Movements*. Manchester: Manchester University Press.

BELL, Ruth Greenspan (2004), "Further up the learning curve: NGOs from transition to Brussels", *Environmental Politics*, 13(1), 194-215.

BEZERRA, Paulo César Santos (2001), *Acesso à justiça. Um problema ético-social no plano da realização do direito*. Rio de Janeiro: Renovar.

BEZERRA, Paulo César Santos (2003), *A Produção do Direito no Brasil. A associação entre direito e realidade social e o direito de acesso à justiça*. Ilhéus-Baía: Editora da UESC.

BOBBIO, Norberto (1992), *A Era dos Direitos*. Rio de Janeiro: Editora Campus.

268 MOVIMENTOS NA JUSTIÇA

BOSSO, Christopher J. (2000), "Environmental groups and the new political landscape", *in* Norman Vig e Michael Kraft (eds.), *Environmental Policy*. Washington: CQ.

BRULLE, Robert (2000), *Agency, democracy and nature: The U.S. Environmental Movement from a critical theory perspective*. Cambridge: MIT Press.

BURAWOY, Michael (1998), "Critical Sociology: a dialogue between two sciences", *Contemporary Sociology*, 1(27), 12-20.

BURSTEIN, Paul (1991a), "Legal Mobilization as a Social Movement Tactic: The Struggle for Equal Employment Opportunity", *American Journal of Sociology*, 96, 1201-1225.

BURSTEIN, Paul (1991b), "'Reverse Discrimination' Cases in Federal Courts: Legal Mobilization by a Countermovement", *Sociological Quarterly*, 32, 511-528.

CAPPELLETTI, Mauro (1989), *A tutela dos interesses difusos em direito administrativo*. Coimbra: Almedina.

CAPPELLETTI, Mauro e GARTH, Brian (orgs.) (1978), *Acess to Justice: a World Survey*. Alphen aan den Rijn: Sijthoff and Noorhoff.

CARIA, Telmo H. (1999), "Da análise do protesto colectivo aos movimentos sociais", *Revista Crítica de Ciências Sociais*, 54, 187-192.

CARLIN, J. e HOWARD, J. (1965), "Legal representation and class justice", *UCLA Law Review*, 12, 381-437.

CARVALHO, Horácio Martins (2004), "A emancipação do movimento no movimento de emancipação social continuada (resposta a Zander Navarro)", *in* Boaventura de Sousa Santos (org.), *Produzir para viver: os caminhos da produção não capitalista*. Porto: Afrontamento.

CASTELLS, Manuel (1997), *The power of identity*. Oxford: Blackwell.

CLUNY, António (2003), "Novos sujeitos: novos direitos ou novas formulações? A necessidade de uma nova ordem jurídica", *in* José Rebelo (coord.), *Novas formas de mobilização popular*. Porto: Campo das Letras.

COGLIANESE, Cary (2001), "Social Movements, Law and Society: The institutionalization of the environmental movement", *University of Pennsylvania Law Review*, 150, 85-118.

COHEN, Jean L. (1985), "Strategy or Identity: New theoretical paradigms and contemporary social movements", *Social Research*, 52, 663-716.

COSTA, António Firmino da (1986), "A Pesquisa de Terreno em Sociologia", *in* Augusto Santos Silva e José Madureira Pinto (orgs.), *Metodologia das Ciências Sociais*. Porto: Afrontamento.

COTTERRELL, Roger (2001), *Sociological Perspectives on Law, Vol. I e II*. Aldershot: Ashgate.

BIBLIOGRAFIA 269

COTGROVE, Stephen e DUFF, Andrew (2003), "Middle-Class radicalism and environmentalism", *in* Jeff Goodwin e James Jasper (orgs.), *The Social Movements Reader. Cases and Concepts.* New York: Blackwell.

COUTO, Mia (2005), *Pensatempos.* Lisboa: Caminho.

CROSSLEY, Nick (2002), *Making Sense of Social Movements.* Philadelphia: Open University Press.

DÉJEANT-PONS, Maguelonne e PALLEMAERTS, Marc (2002), *Human rights and the environment.* Brussels: Council of Europe Publishing.

DELLA PORTA, Donatella e DIANI, Mario (1999), *Social Movements: an introduction.* Oxford: Blackwell Publishing.

DELLA PORTA, Donatella e RUCHT, Dieter (2002), "The dynamics of environmental campaigns", *Mobilization*, 7, 1-14.

DENZIN, Norman K. e LINCOLN, Yvonas S. (eds.) (2003), *The Landscape of Qualitative Research. Theories and Issues.* London: Sage.

DIANI, Mario (1989), *Isole nell' archipelago: il movimento ecologista in Italia.* Bologna: Il Mulino.

DIANI, Mario (1995), *Green Networks: a structural analysis of the Italian environmental movement.* Edinburgh: Edinburgh University Press.

DIANI, Mario (2000), "Organizational diversity in Italian environmental protest, 1988-1997". Comunicação apresentada na Oficina da ECPR sobre Organizações Ambientalistas, Copenhaga.

DIANI, Mario (2003), "Introduction: Social Movements, Contentious Actions and Social Networks: 'From metaphor to Substance?'", *in* Mario Diani e Doug McAdam (eds.), *Social movements and networks: relational approaches to collective action.* Oxford: Oxford University Press.

Diani, Mario e DONATI, Paolo (1999), "Organizational change in Western European Environmental Groups: a framework for analysis", *Environmental Politics*, 8, 13-34.

DIAS, João Paulo (2004), *O mundo dos magistrados: a evolução da organização e do autogoverno judiciário.* Coimbra: Almedina.

DOHERTY, Brian (2002), *Ideas and action in the Green movement.* London: Routledge.

DONNELLY, Jack (2006), "The virtues of legalization", *in* Saladin Meckled-García e Basak Çah, *The legalization of human rights. Multidisciplinary rights and human rights law.* New York: Routledge.

DOWIE, Mark (1995), *Losing ground: American environmentalism at the close of the twentieth century.* Cambridge, MA: MIT Press.

DRYZEK, John S. (1997), *The Politics of the Earth: environmental discourses.* Oxford: Oxford University Press.

DUARTE, Madalena (2004a), "Quando o Direito e a Moral se confundem: o caso do aborto", *Artigo Feminino, Uma Revista de Direitos Humanos*, 4.

DUARTE, Madalena (2004b), "O acesso dos movimentos sociais em Portugal: uma discussão por fazer", *Revista Manifesto. Justiça: Olhares sobre a Cegueira*, 27, 33-41.

DUARTE, Madalena (2004c), "Participation through justice: a (new) way of protest", *Il Dubbio, Transnational review of political and social analysis*, 2, 30-43.

DUARTE, Madalena (2004d), "Novas e velhas formas de protesto: o potencial emancipatório da lei nas lutas dos novos movimentos sociais", *Oficina do CES*, 210 [em linha], disponível em: <http://www.ces.uc.pt/publicacoes/oficina/210/210.pdf> [consultado em 24/03/2005].

DUARTE, Madalena (2007) "Entre o radicalismo e a contenção: O papel do direito na campanha *Women on Waves* em Portugal", *Oficina do CES*, 279 [em linha], disponível em: <http://www.ces.uc.pt/publicacoes/oficina/279/279.pdf> [consultado em 23/09/2007].

EDER, Klaus (1996a), "The institutionalization of Environmentalism: Ecological discourse and the second transformation of the public sphere", *in* Scott Lash, Bronislaw Szerszynski e Brian Wynne (eds.), *Risk, Environment & Modernity. Towards a New Ecology*. London: Sage.

EDER, Klaus (1996b), *The social construction of nature. A sociology of ecological enlightenment.* London: Sage.

EPSTEIN, Lee e KNIGHT, Jack (2004), "Courts and judges", *in* Austin Sarat (ed.), *The Blackwell companion to law and society*. Malden, MA: Blackwell.

ESCOBAR, Arturo (2003), "Actores, redes e novos produtores de conhecimento: os movimentos sociais e a transição paradigmática nas ciências", *in* Boaventura de Sousa Santos (org.), *Conhecimento Prudente para uma Vida Decente – 'Um discurso sobre as Ciências' revisitado*. Porto: Afrontamento.

ESCOBAR, Arturo e PARDO, Maurício (2004), "Movimentos Sociais e biodiversidade no Pacífico Colombiano", *in* Boaventura de Sousa Santos (org.), *Semear outras soluções: os caminhos da biodiversidade e dos conhecimentos rivais*. Porto: Afrontamento.

ESTANQUE, Elísio (1999), "Acção colectiva, comunidade e movimentos sociais: para um estudo dos movimentos de protesto público". *Revista Crítica de Ciências Sociais*, 55, 85-112.

EURONATURA (2005), *Guia de Justiça Ambiental*. Lisboa: Euronatura – Centro para o Direito Ambiental e Desenvolvimento Sustentado.

EWICK, Patricia (2004), "Consciousness and Ideology", *in* Austin Sarat (ed.), *The Blackwell companion to law and society*. Malden, MA: Blackwell.

EWICK, Patricia e SILBEY, Susan S. (1998), *The common place of law: stories from everyday life.* Chicago: University of Chicago Press.

EYERMAN, Ron e JAMISON, Andrew (1991), *Social Movements: a cognitive approach*. Cambridge: Polity Press.

FAGIN, Adam (2000), "Environmental Protest in the Czech Republic: Three Stages of Post-Communist Development", *Czech Sociological Review*, 8(2), 139-156.

FALK, Richard (2000), *Human Rights Horizons: The Pursuit of Justice in a Globalizing World*. London: Routledge.

FELSTEINER, William L.F.; SARAT, Austin e ABEL, Richard L. (1980-81), "The emergence and transforming of disputes: naming, blaming, claiming...", *Law & Society Review*, 3/4, 631-654.

FERREIRA, António Casimiro e PEDROSO, João (1998/1999), "Entre o passado e o futuro: contributos para o debate sobre a Sociologia do Direito em Portugal", *Revista Crítica de Ciências Sociais*, 52/53, 333-362.

FERREIRA, J. M. Carvalho; PEIXOTO, João; CARVALHO, Anabela Soriano; RAPOSO, Rita; GRAÇA, João Carlos; MARQUES, Rafael (1995), *Sociologia*. Lisboa: McGraw-Hill.

FERREIRA, Virgínia (1986), "O Inquérito por Questionário na Construção de Dados Sociológicos", *in* Augusto Santos Silva e José Madureira Pinto (orgs.), *Metodologia das Ciências Sociais*. Porto: Afrontamento.

FIELDING, Nigel e SCHREIER, Margrit (2001), "Introduction: On the Compatibility between Qualitative and Quantitative Research Methods", *Forum Qualitative Social Research. Qualitative and Quantitative Research: Conjunctions and Divergences*, 1 (2) [em linha], disponível em: <http://www.qualitative-research.net/index.php/fqs/issue/view/26> [consultado em 23/06/2004].

FIGUEIREDO, Elisabete e FIDÉLIS, Teresa (2003), "'No meu quintal, não!'. Contributos para uma análise dos movimentos ambientais de raiz popular em Portugal (1974-1994)", *Revista Crítica de Ciências Sociais*, 65, 151-173.

FILHO, Carlos Marés de Souza (2004), "Multiculturalismo e direitos colectivos", *in* Boaventura de Sousa Santos (org.), *Reconhecer para Libertar: os caminhos do cosmopolitismo cultural*. Porto: Afrontamento.

FOUCAULT, Michel (1980), *Power/Knowledge: Selected Interviews and Other Writings, 1972-1977*, Colin Gordon (ed.). New York: Harvester Wheatsheaf.

FREEMAN, Michael (2006), "Putting law in its place: an interdisciplinary evaluation of national amnesty laws", *in* Saladin Meckled-García e Basak Çah (eds.), *The legalization of human rights. Multidisciplinary rights and human rights law*. New York: Routledge.

GALANTER, Marc (1974),"Why the 'Haves' Come Out Ahead: Speculations on the Limits of Legal Change", *Law & Society Review*, 9, 95-160.

GALANTER, Marc (1983), "The Radiating Effects of Courts", *in* K. O. Boyum e L. Mather (orgs.), *Empirical Theories About Courts*. New York: Longman.

MOVIMENTOS NA JUSTIÇA

GALANTER, Marc (1984), "La justice ne se trouve pas seulement dans les décisions des tribunaux", *in* Mauro Cappelletti (org.), *Accès à la justice et État-providence*. Paris: Publications de l'Institut Universitaire Européen.

GALANTER, Marc (1993), "Direito em abundância: a actividade legislativa no Atlântico Norte", *Revista Crítica de Ciências Sociais*, 36, 103-145.

GARCIA, José Luís (2000), "Orientação, cidadania e responsabilização", *in* João Ferreira de Almeida (org.), *Os Portugueses e o Ambiente. I Inquérito Nacional às representações e práticas dos portugueses sobre o ambiente*. Oeiras: Celta.

GARCIA, María Pilar (1992), "The Venezuelan Ecology Movement: Symbolic Effectiveness, Social Practices, and Political Strategies", *in* Arturo Escobar e Sonia Alvarez (eds.), *The making of social movements in Latin America*. Boulder: Westview Press.

GERSÃO, Eliana (1995), "Cidadania e Tribunais", *Revista do Ministério Público*, 63, 121-129.

GIUGNI, Marco; MCADAM, Doug e TILLY, Charles (eds.) (1999), *How Social Movements Matter*. Minnesota: University of Minnesota Press.

GOHN, Maria da Glória (2002), *Teorias dos Movimentos Sociais: paradigmas clássicos e contemporâneos*. São Paulo: Edições Loyola.

GOMES, Carla Amado (2008), "D. Quixote, cidadão do mundo: da apoliticidade da legitimidade popular para defesa de interesses transindividuais, Anotação ao Acórdão do STA, I, de 13 de Janeiro de 2005". *Textos dispersos de Direitos do Ambiente (e matérias relacionadas)*, 2, pp. 7 e segs.

GOMES, Conceição *et al.* (1999), *Bloqueios ao andamento dos processos e propostas de solução*. Coimbra: Observatório Permanente da Justiça Portuguesa/CES [em linha], disponível em: <http://opj.ces.uc.pt/portugues/relatorios/relatorio_0,8.html> [consultado em 23/09/2004].

GOMES, Conceição (coord.); TRINCÃO, Catarina; SOUSA, Fátima; ALMEIDA, Jorge; FERNANDO, Paula; BAPTISTA, Susana; FONSECA, Teresa (2006), *A Geografia da Justiça: Para um novo Mapa Judiciário*. Coimbra: Observatório Permanente da Justiça Portuguesa/CES [em linha], disponível em: <http://opj.ces.uc.pt/pdf/A_Geografia_da_Justica_Relatorio.pdf> [consultado em 16/01/2005].

GONÇALVES, Maria Eduarda (2001), "Europeização e direitos dos cidadãos", *in* Boaventura de Sousa Santos (org.), *Globalização. Fatalidade ou Utopia?*. Porto: Afrontamento.

GONÇALVES, Maria Eduarda (2002), "Cultura cívica e prática política. A aplicação das directivas europeias sobre avaliação de impacte ambiental em Portugal", *in* Jorge de Figueiredo Dias *et al.* (orgs.), *Estudos de homenagem a Cunha Rodrigues, Vol. II*. Coimbra: Coimbra Editora.

GOODWIN, Jeff e JASPER, James (orgs.) (2003), *The Social Movements Reader. Cases and Concepts.* New York: Blackwell.

GORIELY, Tamara e PATERSON, Alan (orgs.) (1996), *Resourcing Civil Justice.* Oxford: United Press.

GORSDORF, Leandro (2005), "A advocacia popular – novos sujeitos e novos paradigmas", *Revista Advocacia Popular*, São Paulo, Cadernos RENAP, 6.

GUHA, Ramachandra (2000), *Environmentalism: a global history. New York*: Longman.

HAJJAR, Lisa (2004), "Human Rights", *in* Austin Sarat (ed.), *The Blackwell companion to law and society.* Malden, MA: Blackwell.

HALLSTROM, Lars K. (2004), "Eurocratising enlargement? EU elites and NGO participation in European environmental policy", *Environmental Politics*, 13(1), 175-193.

HANDLER, Joel F. (1993), "Postmodernism, Protest, and the New Social Movements", *Law and Society Review*, 26, 697-731.

HARAWAY, Donna (1997), *Modest_Witness@Second_Milenium. FemaleMan©_Meets_OncoMouse. Feminism and Technoscience.* New York: Routledge.

HENKIN, Louis (1990), *The age of rights.* New York: Columbia University Press.

HERRERA FLORES, Joaquín (2003), "Los Derechos Humanos en el Contexto de la Globalización: Tres Precisiones Conceptuales". Comunicação apresentada no Colóquio Internacional Direito e Justiça no Século XXI, Coimbra: Centro de Estudos Sociais [em linha], disponível em: <http://www.ces.uc.pt/direitoXXI/comunic/HerreraFlores.pdf> [consultado em 18/01/2005].

HICKS, Barbara (2004), "Setting agendas and shaping activism: EU influence on Central and Eastern European Movements", *Environmental Politics*, 13(1), 216-233.

HILSON, Chris (2002), "New social movements: the role of legal opportunity", *Journal of European Public Policy*, 9(2), 238-255.

HOLLIDAY, Adrian (2002), *Doing and Writing Qualitative Research.* London: Sage.

HONTELEZ, John (2005), "The impact of European Non-Governmental organisations on EU environmental regulation", *in* Frank Wijen, Kees Zoetman e Jan Pieters (orgs.), *A Handbook of Globalisation and Environmental Policy. National Government Interventions in a Global Arena.* Cheltenham: Edward Elgar.

HUNT, Alan (1990), "Rights and Social Movements: Counter-hegemonic strategies", *Journal of Law and Society*, 17, 309-328.

JAMISON, Andrew (1999), "From Movement to Institution: Changing Roles for Environmental Organizations" [em linha], disponível em: <http://www.isep.or.jp/spena/1999/andrew.html> [consultado em 10/04/2004].

JAMISON, Andrew (2001), *The Making of Green Knowledge.* Cambridge: Cambridge University Press.

JAMISON, Andrew e RING, Magnus (2000), "Agents of ecological transformation: environmental organizations in Sweden". Comunicação apresentada na Oficina da ECPR sobre Organizações Ambientalistas, Copenhaga.

JASPER, James M. (1997), *The Art of Moral Protest. Culture, Biography and Creativity in Social Movements*. Chicago: University of Chicago Press.

JIMÉNEZ, Manuel (2000), "Organising the defence of the environment. Spanish ecologist groups in the 1990s". Comunicação apresentada na Oficina da ECPR sobre Organizações Ambientalistas, Copenhaga.

KAPUR, Ratna (2006), "Revisioning the role of law in women's human rights struggles", *in* Saladin Meckled-García e Basak Çah (eds.), *The legalization of human rights. Multidisciplinary rights and human rights law*. New York: Routledge.

KECK, Margaret E. e SIKKINK, Kathryn (1998), *Activists beyond borders: advocacy networks in international politics*. Ithaca: Cornell University Press.

KESSLER, Mark (1990), "Legal Mobilization for Social Reform: Power and the Politics of Agenda Setting", *Law & Society Review*, 24, 121-143.

KLUG, Heinz (2005), "Campaigning for life: building a new transnational solidarity in the face of HIV/AIDS and TRIPS", *in* Boaventura de Sousa Santos e César A. Rodríguez-Garavito (orgs), *Law and globalization from below: towards a cosmopolitan legality*. Cambridge: Cambridge University Press.

KOUSIS, Maria (2001), "Competing claims in local environmental conflicts in Southern Europe", *in* Klaus Eder e Maria Kousis (eds.), *Environmental Politics in Southern Europe. Actors, Institutions and Discourses in a Europeanizing Society*. Dordrecht: Kluwer, 129-150.

KRIEGER, Linda Hamilton (org.) (2003), *Backlash against the ADA: Reinterpreting Disability Rights*. Michigan: The University of Michigan Press

LEVITSKY, Sandra R. (2001), *Narrow, but Not Straight. Professionalized Rights Strategies in the Chicago GLBT Movement*. Dissertação de Mestrado, University of Wisconsin-Madison.

MACHADO, Mário Brockamn (1981), "Comentários a 'Cultura jurídica e democracia: a favor da democratização do Judiciário'", *in* Bolívar Lamounier, Francisco C. Weffort e Maria Victoria Benevidas (orgs.), *Direito, Cidadania e Participação*. São Paulo: TAQ.

MAIOR, Mariana Sotto (1998), "O Direito de Acção Popular na Constituição da República Portuguesa", *Documentação e Direito Comparado*, 75/76, 241-272.

MARTIN, Giles (1991), "Direito do ambiente e danos ecológicos", *Revista Crítica de Ciências Sociais*, 31, 115-142.

MARTINS, Bruno Sena (2006), *E se eu fosse cego?: narrativas silenciadas da deficiência*. Porto: Edições Afrontamento.

MATIAS, Marisa (2002), *Conhecimento(s), ambiente e participação: a contestação à co-incineradora em Souselas*. Dissertação de Mestrado em Sociologia, Coimbra: FEUC.

MATIAS, Marisa (2004), «"Não nos lixem": a luta contra a co-incineração de resíduos industriais perigosos nos arredores de Coimbra», *in* Boaventura de Sousa Santos (org.), *Semear outras soluções: os caminhos da biodiversidade e dos conhecimentos rivais*. Porto: Afrontamento.

MCADAM, Doug; TARROW, Sidney e TILLY, Charles (2001), *Dynamics of contention*. Cambridge: Cambridge University Press.

MCCANN, Michael W. (1991), "Legal Mobilization and Social Reform Movements: Notes on Theory and its Applications", *Studies in Law, Politics and Society*, 11, 225-254.

MCCANN, Michael W. (2004), "Law and Social Movements", *in* Austin Sarat (ed.), *The Blackwell companion to law and society*. Malden, MA: Blackwell Publishing.

MCCANN, Michael W. (ed.) (2006), *Law and Social Movements*. London: Ashgate.

MCCORMICK, John (1999), "The role of environmental NGOs in International Regimes", *in* Norman J. Vig e Regina S. Axelrod (orgs.), *The Global Environment. Institutions, Law, and Policy*. London: Earthscan.

MECKLED-GARCÍA, Saladin e ÇAH, Basak (2006), *The legalization of human rights. Multidisciplinary rights and human rights law*. New York: Routledge.

MELA, Alfredo; BELLONI, Maria Carmen e DAVICO, Luca (2001), *A Sociologia do Ambiente*. Lisboa: Estampa.

MELLUCI, Alberto (1985), "The symbolic challenge of contemporary movements", *Social Research*, 52(4), 789-816.

MELUCCI, Alberto (1999), *Challenging Codes. Collective Action in the Information Age*. Cambridge: Cambridge University Press.

MENDES, José Manuel (2003), "Perguntar não basta, é preciso analisar: algumas reflexões metodológicas", *Oficina do CES*, 194 [em linha], disponível em: <www.ces.uc.pt/publicacoes/oficina/194/194.pdf> [consultado em 24/05/2004].

MENDES, José Manuel (2005), *Movimentos Sociais, Protesto e Cidadania*. Relatório do Projecto Movimentos Sociais, Protesto e Democracia Participativa, Fundação para a Ciência e a Tecnologia. Coimbra: CES.

MENEZES, Paula (2003), "Agentes do conhecimento? A consultoria e a produção do conhecimento em Moçambique", *in* Boaventura de Sousa Santos (org.), *Conhecimento Prudente para uma Vida Decente – 'Um discurso sobre as Ciências' revisitado*. Porto: Afrontamento.

MIES, Maria e SHIVA, Vandana (1993), *Ecofeminismo*. Lisboa: Instituto Piaget.

MISHRA, Ramesh (1995), *O Estado-Providência na sociedade capitalista: estudo comparativo das políticas públicas na Europa, América do Norte e Austrália*. Oeiras: Celta.

MOL, Arthur P.J. (2000), "The environmental movement in an era of ecological modernisation". *Geoforum*, 31, 45-56.

MORRIS, Aldon D. e STAGGENBORG, Suzanne (2004), "Leadership in Social Movements", *in* David A. Snow, Sarah A. Soule e Hanspeter Kriesi (eds.), *The Blackwell Companion to Social Movements*. Malden, MA: Blackwell.

MOURA, Carlos (2003), "O ambientalismo e o Fórum Social", *Revista Comunistas*, 4.

MUNGER, Frank (2004), "Rights in the shadow of class: poverty, welfare, and the law", *in* Austin Sarat (ed.), *The Blackwell companion to law and society*. Malden, MA: Blackwell.

NAVE, Joaquim Gil (2003), "Mobilização e acção popular na defesa do ambiente local", *in* José Rebelo (coord.), *Novas formas de mobilização popular*. Porto: Campo das Letras.

NAVE, Joaquim Gil e FONSECA, Susana (2000a), "Acção colectiva e participação na área do ambiente: fenomenologia e mobilização de recursos das organizações não-governamentais do ambiente", *in* APS (org.), *Sociedade portuguesa, passados recentes, futuros próximos – Actas do IV Congresso Português de Sociologia*. Lisboa: APS.

NAVE, Joaquim Gil e FONSECA, Susana (2000b), *As Organizações Não Governamentais de Ambiente – Elementos de Fenomenologia*. Lisboa: Observa.

NETO, Joaquim de Arruda Falcão (1981), "Cultura jurídica e democracia: a favor da democratização do Judiciário", *in* Bolívar Lamounier, Francisco C. Weffort e Maria Victoria Benevidas (orgs.), *Direito, Cidadania e Participação*. São Paulo: TAQ.

NISBET, Robert N. (1982), *Prejudices: A Philosophical Dictionary*. Harvard: Harvard University Press.

NOLETO, Mauro Almeida (1998), *Subjectividade Jurídica. A titularidade de direitos em perspectiva emancipatória*. Porto Alegre: Sérgio António Fabris Editor.

NUNES, João Arriscado; MATIAS, Marisa; COSTA, Susana (2005), "Bottom-up environmental law and democracy in the risk society: Portuguese experiences in the European context", *in* Boaventura de Sousa Santos e César A. Rodríguez-Garavito (orgs), *Law and globalization from below: towards a cosmopolitan legality*. Cambridge: Cambridge University Press.

OFFE, Claus (1985), "New social movements: challenging the boundaries of institutional politics", *Social Research*, 52, 817-868.

OLAF VOS, Robert (1999), *Courts and collective action: Legal mobilization in the US environmental movement*. Tese de Doutoramento, University of South California.

OST, F. (1995), "La responsabilité, fil d'Ariane du droit de l'environnement", *Droit et société*, 30-31, 281-322.

PEDROSO, João; TRINCÃO, Catarina e DIAS, João Paulo (2002), *O Acesso ao Direito e à Justiça: um direito fundamental em questão*. Coimbra: Observatório Permanente da Justiça Portuguesa/CES [em linha], disponível em: <http://opj.ces.uc.pt/pdf/10.pdf> [consultado em 16/02/2005].

PEDROSO, João; DIAS, João Paulo e TRINCÃO, Catarina (2003), "E a justiça aqui tão perto? – as transformações no acesso ao direito e à justiça", *Revista Crítica de Ciências Sociais*, 65, 77-106.

PINTO, Carlos Alberto da Mota (1996), *Teoria Geral do Direito Civil*. Coimbra: Coimbra Editora.

PUREZA, José Manuel (1996), *Tribunais, Natureza e Sociedade*. Lisboa: Cadernos do CEJ.

RANDERIA, Shalini (2004), "Pluralismo jurídico, soberania fracturada e direitos de cidadania diferenciais: instituições internacionais, movimentos sociais e Estado pós-colonial na Índia", *in* Boaventura de Sousa Santos (org.), *Reconhecer para Libertar: os caminhos do cosmopolitismo cultural*. Porto: Afrontamento.

RECLIFT, Michael R. e WOODGATE, Graham (2005), *New developments in environmental sociology*. Chetelnham: Edward Elgar.

REGAN, Francis; PATERSON, Alan; GORIELY,Tamara e FLEMING, Don (eds.)(1999), *The Transformation of Legal Aid: Comparative and Historical Studies*. Oxford: Oxford University Press.

REIS, António (1994), "O processo de democratização", *in* António Reis (org.), *Portugal, vinte anos de democracia*. Lisboa: Círculo de Leitores.

RICHARDS, Lyn (2005), *Handling Qualitative Data: A Practical Guide*. London: Sage.

RIDDELL, Troy Q. (2004), "The impact of legal mobilization and judicial decisions: the case of official minority-language education policy in Canada for francophones outside Quebec", *Law & Society Review*, 38, 583-610.

RODRIGUES, Eugénia (1995), "Os novos movimentos sociais e o associativismo ambientalista em Portugal", *Oficina do CES*, 60 [em linha], disponível em <http://www.ces.uc.pt/publicacoes/oficina/060/60.pdf> [consultado em 29/11/2004].

RODRIGUES, Eugénia (2000), *Globalização e ambientalismo. Actores e processos no caso da incineradora de Estarreja*. Dissertação de Mestrado em Sociologia, Coimbra: FEUC.

RODRÍGUEZ-GARAVITO, César A. (2005), "Nike's law: the anti-sweatshop movement, transnational corporations, and the struggle over international labor rights in the Americas", *in* Boaventura de Sousa Santos e César A. Rodríguez-Garavito (orgs), *Law and globalization from below: towards a cosmopolitan legality*. Cambridge: Cambridge University Press.

ROOTES, Christopher (ed.) (2003), *Environmental protest in Western Europe*. Oxford: Oxford University Press.

ROOTES, Christopher (2004), "Environmental Movements", *in* David A. Snow, Sarah A. Soule e Hanspeter Kriesi (eds.), *The Blackwell Companion to Social Movements*. Malden, MA: Blackwell.

ROOTES, Christopher; SEEL, Benjamin e ADAMS, Debbie (2000), "The old, the new and the old new: British environmental organizations. From conservationism to radical ecologism". Comunicação apresentada na Oficina da ECPR sobre Organizações Ambientalistas, Copenhaga.

ROSENBERG, Gerald N. (1991), *The Hollow Hope: Can Courts Bring About Social Change?*. Chicago: University of Chicago Press.

ROSENBERG, Gerald N. (1996), "Positivism, Interpretivism, and the study of Law", *Law and Social Inquiry*, 21, 457-482.

RUCHT, Dieter (1989), "Environmental Movement Organisations in West Germany and France. Structure and Interorganisational Relations", *in* Bert Klandermans (ed.), *Organising for change: social movement organisations in Europe and the United States,* International Social Movement Research, Vol. 2. Greenwich, CT: JAI.

RUCHT, Dieter (1999), "The impact of environmental movements in Western Societies", *in* Marco Giugni, Doug McAdam e Charles Tilly (eds.), *How Social Movements Matter*. Minnesota: University of Minnesota Press.

SADELEER, Nicolas de; ROLLER, Gerhard e DROSS, Miriam (2002), *Access to justice in environmental matters*. Brest: CEDRE.

SANTOS, Boaventura de Sousa (1987), *Um discurso sobre as ciências*. Porto: Afrontamento.

SANTOS, Boaventura de Sousa (1992), *O Estado e a Sociedade em Portugal (1974-1988)*. Porto: Afrontamento.

SANTOS, Boaventura de Sousa (1993), "O Estado, as Relações Salariais e o Bem-Estar Social na Semiperiferia: o Caso Português", *in* Boaventura de Sousa Santos (org.), *Portugal: Um Retrato Singular*. Porto: Afrontamento.

SANTOS, Boaventura de Sousa (1995), *Toward a New Common Sense*. London: Routledge.

Santos, Boaventura de Sousa (1997), *Pela Mão De Alice: O Social e o Político Na Pós-Modernidade*, 6.ª edição. Porto: Afrontamento.

SANTOS, Boaventura de Sousa (2000), *A Crítica da Razão Indolente: Contra o Desperdício da Experiência*. Porto: Afrontamento.

SANTOS, Boaventura de Sousa (2001), "Direito e Democracia: A reforma global da justiça", *in* José Manuel Pureza e António Casimiro Ferreira (orgs.), *A Teia Global. Movimentos Sociais e Instituições*. Porto: Afrontamento.

SANTOS, Boaventura de Sousa (2002), *Toward a new legal common sense*. London: Butterworhts.

SANTOS, Boaventura de Sousa (2003a), "Para uma Sociologia das Ausências e uma Sociologia das Emergências", *in* Boaventura de Sousa Santos (org.), *Conhecimento Prudente para uma Vida Decente – 'Um discurso sobre as Ciências' revisitado*. Porto: Afrontamento.

SANTOS, Boaventura de Sousa (2003b), "Poderá o Direito ser emancipatório?", *Revista Crítica de Ciências Sociais*, 65, 3-76.

SANTOS, Boaventura de Sousa (org.) (2003c), *Conhecimento Prudente para uma Vida Decente – 'Um discurso sobre as Ciências' revisitado*. Porto: Afrontamento.

SANTOS, Boaventura de Sousa (2004a), "Para uma concepção multicultural dos direitos humanos", *in* Boaventura de Sousa Santos (org.), *Reconhecer para Libertar: os caminhos do cosmopolitismo cultural*. Porto: Afrontamento.

SANTOS, Boaventura de Sousa (2004b), "A Justiça em Portugal: diagnósticos e Terapêuticas", *Revista Manifesto Justiça. Justiça: Olhares sobre a Cegueira*, 27, 76-87.

SANTOS, Boaventura de Sousa (2005), *O Fórum Social Mundial. Manual de Uso*. Porto: Afrontamento.

SANTOS, Boaventura de Sousa e GARCÍA-VILLEGAS, Maurício (orgs.) (2001), *El caleidoscopio de las justicias en Colombia*. Bogotá: Ediciones Uniandes.

SANTOS, Boaventura de Sousa; GOMES, Conceição; MENDES, José Manuel; DUARTE, Madalena; DIAS, João Paulo (2004), *Inquérito à opinião pública sobre o funcionamento dos tribunais em Portugal*. Coimbra: CES.

SANTOS, Boaventura de Sousa; MARQUES, Maria Manuel Leitão; PEDROSO, João e FERREIRA, Pedro Lopes (1996), *Os Tribunais nas Sociedades Contemporâneas. O caso português*. Porto: Afrontamento.

SANTOS, Boaventura de Sousa e RODRÍGUEZ, César (2004), "Para ampliar o cânone da produção", *in* Boaventura de Sousa Santos (org.), *Semear outras soluções: os caminhos da biodiversidade e dos conhecimentos rivais*. Porto: Afrontamento.

SANTOS, Boaventura de Sousa e RODRÍGUEZ-GARAVITO, César A. (orgs.) (2005), *Law and globalization from below: towards a cosmopolitan legality*. Cambridge: Cambridge University Press.

SANTOS, Boaventura de Sousa e TRINDADE, João Carlos (2003), *Conflito e transformação social: uma paisagem das justiças em Moçambique*. Porto: Afrontamento.

SANTOS, Cecília M. (2007), "Transnational legal activism and the State: reflections on cases against Brazil in the Inter-American Commission on Human Rights", *Sur*, 7, 29-60.

SCHEINGOLD, Stuart A. (1974), *The Politics of Rights: Lawyers, Public Policy, and Political Change*. New Haven: Yale University Press.

SCHEINGOLD, Stuart A. (2004), "'The dog that didn't bark': a Sociolegal tale of Law, Democracy, and Elections", *in* Austin Sarat (ed.), *The Blackwell companion to law and society*. Malden, MA: Blackwell.

SCHMIDT, Luísa (1999), *Portugal Ambiental. Casos & Causas*. Oeiras: Celta.

SCHMIDT, Luísa (2000), "País: percepção, retrato e desejo", *in* João Ferreira de Almeida (org.), *Os Portugueses e o ambiente. I Inquérito Nacional às representações e práticas dos portugueses sobre o ambiente*. Oeiras: Celta.

SHIVA, Vandana (1989), *Staying alive*. London: Zed.

SILVA, José Luís Almeida (1987), "Ferrel – uma luta histórica no movimento ecológico português", *in* Mário Eloy Alves e José Luís A. Silva (orgs.), *Antes, durante e depois de Chernobyl – o nuclear no mundo e em Portugal*. Lisboa: APE.

SILVA, Vasco Pereira da (2000), *Verdes são também os direitos do Homem*. Estoril: Principia.

SMANIO, Gianpaolo Poggio (2000), "A tutela penal dos interesses difusos" [em linha], disponível em: <http://www.damasio.com.br/novo/html/frame_artigos.htm> [consultado em 16/05/2004].

SMULOVITZ, Catalina (2003), "Protest by other means. Legal mobilization in the Argentinian Crisis". Comunicação preparada para o Congresso "Rethinking Dual Transitions: Argentine Politics in the 1990s in Comparative Perspective" [1ª versão], 20-22 de Março, Harvard University.

SNOW, David A.; SOULE, Sarah A. e KRIESI, Hanspeter (2004), *The Blackwell Companion to Social Movements*. Malden, MA: Blackwell.

SOUSA JUNIOR, José Geraldo (2003), "O Acesso ao Direito e à Justiça, os Direitos Humanos e o Pluralismo Jurídico". Comunicação apresentada no Colóquio Internacional *Direito e Justiça no Século XXI*. Coimbra: Centro de Estudos Sociais [em linha], disponível em: <http://www.ces.uc.pt/direitoXXI/comunic/JoseGeraldoJunior1.pdf> [consultado em 17/06/2004].

STAKE, Robert E. (2003), "Case Studies", *in* Norman K. Denzin e Yvonas S. Lincoln (eds.), *Strategies of Qualitative Inquiry*. London: Sage.

SZERSZYNSKI, Bron (1997), "The Varieties of Ecological Piety", *Worldviews*, 1(1), 37-55.

TARROW, Sydney (1994), *El poder en movimiento. Los movimientos sociales, la acción colectiva y la política*. Madrid: Alianza Editorial.

TAYLOR, Bron (1998), "Religion, violence and radical environmentalism: from Earth First! To the Unabomber to the Earth Liberation Front", *Terrorism and Political Violence*, 10 (4), 1-42.

TEIXEIRA, Carlos Adérito (1997), *Acção Popular: em busca de um novo paradigma*. Centro de Estudos Judiciários [em linha], disponível em: <http://www.pgr.pt/portugues/grupo_soltas/pub/difusos/14/estudos.htm> [consultado em 20/07/2004].

TILLY, Charles (1995), "Contentious Repertoires in Great Britain, 1758-1834", *in* M. Traugott (ed.), *Repertoires and cycles of contention*. Durham: Duke University Press.

TOURAINE, Alain; HEGEDUS, Zsuzsa; DUBET, François e WIEVIORKA, Michel (1983), *Anti-nuclear Protest: the opposition to nuclear energy in France*. Cambridge: Cambridge University Press.

TRUBEK, David e TRUBEK, Louise (1984), "La justice des tribunaux au service d'une société de justice: une manière nouvelle de considérer la défense des intérêts d'ordre général aux États-Unis", *in* Mauro Cappelletti (org.), *Accès à la justice et État-providence*. Paris: Publications de l'Institut Universitaire Européen.

TUNC, André (1984), "En quête de justice", *in* Mauro Cappelletti (org.), *Accès à la justice et État-providence*. Paris: Publications de l'Institut Universitaire Européen.

TURK, Austin T. (1976), "Law as weapon in Social Conflict", *Social Problems*, 23, 276-291.

TUSHNET, Mark (1984), "An Essay on Rights", *Texas Law Review*, 62, 1363 e segs.

TYLER, Tom R. (2004), "Procedural Justice", *in* Austin Sarat (ed.), *The Blackwell companion to law and society*. Malden, MA: Blackwell.

UPRIMNY, Rodrigo e GARCÍA-VILLEGAS, Maurício (2003), "O Tribunal Constitucional e a emancipação social na Colômbia", *in* Boaventura de Sousa Santos (org.), *Democratizar a Democracia: os caminhos da democracia participativa*. Porto: Afrontamento.

VAN DER HEIJDEN, Hein-Anton (2000), "Dutch environmentalism in the 1990s". Comunicação apresentada na Oficina da ECPR sobre Organizações Ambientalistas, Copenhaga.

VERSCHUUREN, Jonathan; BASTMEIJER, Kees e VAN LANEN, Judit (2000), *Complaint Procedures and Access to Justice for citizens and NGOs in the field of the environment within the European Union*. The Hague: Impel Network.

VIEYTEZ, Eduardo Javier Ruiz (1990), *El derecho al ambiente como derecho de participación*. Gipuzkoa: Ararteko.

VON MANDACH, Laura D. (2005), "Militância na cabeça, direitos humanos no coração e os pés no sistema: o lugar social do advogado popular", *Revista Advocacia Popular*, São Paulo, Cadernos RENAP, 6.

WAPNER, Paul (2003), "Transnational environmental activism", *in* Jeff Goodwin e James Jasper (orgs.), *The Social Movements Reader. Cases and Concepts*. New York: Blackwell.

WIJEN, Frank; ZOETMAN, Kees e PIETERS, Jan. (2005), *A Handbook of Globalisation and Environmental Policy. National Government Interventions in a Global Arena*. Cheltenham: Edward Elgar.

WILSON, John (1973), *Introduction to Social Movements*. New York: Basic Books.

WOODIWISS, Anthony (2006), "The law cannot be enough: human rights and the limits of legalism", *in* Saladin Meckled-García e Basak Çah (eds.), *The legalization of human rights. Multidisciplinary rights and human rights law*. New York: Routledge.

YEARLEY, Steven (1992), *A causa verde. Uma sociologia das questões ecológicas*. Oeiras: Celta.

ANEXOS

INQUÉRITO ÀS ORGANIZAÇÕES NÃO GOVERNAMENTAIS DO AMBIENTE PORTUGUESAS (ONGA)

Obrigada pela sua colaboração

I. CARACTERIZAÇÃO DA ONGA

1.1. Nome da ONGA

1.2. Localização da ONGA (Distrito)

1.3. Data de constituição da ONGA ___ (mês) ___ (ano)

1.4. Número de sócios inscritos _____

1.5. Número de sócios com as quotas em dia ____

1.6. A ONGA possui Núcleos?

    1) Sim

    2) Não

    1.6.1. Quantos? _____

1.7. Descreva, por favor, os principais motivos que levaram à constituição da ONGA. Seja o mais específico possível.

1.8. Âmbito de actuação da ONGA, segundo o Registo Nacional em vigor

    1 – Nacional

    2 – Regional

    3 – Local

    4 – Não atribuído

    Telefone _____

    E-mail _____

II. CARACTERIZAÇÃO DAS CONDIÇÕES LOGÍSTICAS DE FUNCIONAMENTO DA ONGA

2.1. A ONGA possui uma sede própria, isto é, um local onde está instalada permanentemente?

    1) Sim   (passe para a questão 2.3.)

    2) Não

2.2. Se respondeu não, indique, por favor, qual o local onde se realizam as reuniões e outras actividades internas.

2.3. Por favor, indique se esse espaço:

    1. É propriedade da ONGA

2. É arrendado

3. É partilhado com outra entidade

4. Foi cedido por uma entidade

    4.1. Qual? _____

2.4. Indique, por favor, de que equipamentos a ONGA dispõe:

	Não Possui	Possui	Pode aceder quando necessário
2.4.1. Computador			
2.4.2. Impressora			
2.4.3. *Fax*			
2.4.4. Telefone			
2.4.5. Fotocopiadora			
2.4.6. Ligação à Internet			
2.4.7. Material de fotografia			
2.4.8. Material de vídeo			
2.4.9. Meios de transporte			
2.4.10. Livros próprios			
2.4.11. Outro material. Qual?			

III. ESTRUTURA DE RECURSOS HUMANOS DA ONGA

3.1. Indique, por favor, quantos colaboradores trabalham a tempo inteiro (30 horas semanais ou mais) ou a tempo parcial (por exemplo, em certos programas ou projectos). Para cada uma destas situações indique se essa colaboração é voluntária ou remunerada.

Regime de colaboração	Número de pessoas	Colaboração temporária		Colaboração temporária	
		Remunerada	Voluntária	Remunerada	Voluntária
3.1.1. Nº de colaboradores a trabalhar a tempo inteiro para a ONGA					
3.1.2. Nº de colaboradores a trabalhar a tempo parcial					

3.2. Tendo apenas em consideração os sócios activos, indique, por favor, em que faixas etárias se encontram

Escalões Etários	Nº de sócios activos
3.2.1. Até aos 20 anos	
3.2.2. Dos 20 aos 30 anos	
3.2.3. Dos 31 aos 40 anos	
3.2.3. Dos 41 aos 50 anos	
3.3.4. Acima dos 50	

3.3. Mais uma vez tendo em conta apenas os sócios activos da ONGA indique, por favor, o seu grau de habilitações

Grau de habilitações	Nº de sócios activos
3.3.1. Até ao 1º ciclo (4.ª classe)	
3.3.2. Do 2º ciclo ao Ensino Secundário Incompleto	
3.3.3. Ensino Secundário Completo	
3.3.4. Bacharelato	
3.3.5. Licenciatura	
3.3.6. Pós-Graduação/Mestrado	
3.3.7. Doutoramento	

3.4. Centrando-se apenas nos sócios activos da ONGA com habilitações ao nível do ensino médio ou superior, por favor indique como se distribuem pelas áreas apresentadas em baixo:

Áreas	Nº de sócios activos
3.4.1. Biologia	
3.4.2. Ambiente	
3.4.3. Química/Física	
3.4.4. Planeamento/Ordenamento Território/Urbanismo	
3.4.5. Ciências Sociais	
3.4.6. Geologia	
3.4.7. Geografia	
3.4.8. História/Arqueologia	

Áreas	Nº de sócios activos
3.4.9. Gestão/Economia	
3.4.10. Educação	
3.4.11. Saúde	
3.4.12. Direito	
3.4.13. Outra. Qual?	

IV. ACTIVIDADES DESENVOLVIDAS PELA ONGA

4.1. As actividades desenvolvidas pela ONGA são:
1. Dispersas durante todo o ano
2. Tendem a concentrar-se em determinadas épocas

4.2. Indique, por favor, as principais iniciativas da ONGA (assinale até 3 opções, indicando com 1 a mais frequente e 3 a menos):

Iniciativas	
4.2.1. Protocolos	
4.2.2. Acções de Formação	
4.2.3. Publicações	
4.2.4. Divulgação nos média	
4.2.5. Sessões de esclarecimento	
4.2.6. Realização de estudos e/ou projectos de investigação	
4.2.7. I Acções de denúncia	
4.2.8. Jornadas e conferências	
4.2.9. Encontros associativos	
4.2.10. Campanhas pela defesa do ambiente	
4.2.11. Defesa das tradições culturais e património histórico	
4.2.12. Intervenção educativa	
4.2.13. Outra. Qual?	

4.3. Perante uma situação de denúncia, quais os órgãos/entidades a que a ONGA recorre? Assinale todas as opções por ordem crescente – de 1 (a mais prioritária) a 6 (último recurso):

4.3.1. Média
4.3.2. Instituições universitárias
4.3.3 Tribunais
4.3.4. Provedor de Justiça
4.3.5. Câmara Municipal
4.3.6. Polícia
4.3.7. Procurador-geral da República
4.3.8. Outro. Qual?

4.4. Após a denúncia e se esta não tiver os resultados pretendidos, indique, por favor, por ordem crescente, a que vias de protesto a ONGA recorre (assinale com 1 a primeira acção a realizar face a uma situação crítica e com 11 a acção menos prioritária)

Formas de protesto	
4.4.1.Diálogo e negociação	
4.4.2. Sessões de esclarecimento	
4.4.3. Petição	
4.4.4. Divulgação nos meios de comunicação	
4.4.5. Recurso ao tribunal	
4.4.6. Manifestações	
4.4.7. Criação de plataformas com outras associações	
4.4.8. Cortes de estrada	
4.4.9. Greve	
4.4.10. Recurso à União Europeia	
4.4.11. Outra. Qual?	

4.5. Descreva brevemente, por favor, a acção de protesto que considera mais importante na história da ONGA. Indique o problema de origem e as acções de protesto desencadeadas.

290 MOVIMENTOS NA JUSTIÇA

V. FONTES DE FINANCIAMENTO

5.1. Tendo como referência os projectos desenvolvidos pela ONGA nos últimos 3 anos, indique por favor quais as principais fontes de financiamento a que recorreu:

5.1.1. Administração Central (Ministérios, IPJ, etc.) Qual?_____	
5.1.2. Administração regional (Associação de Municípios, Governos Civis, etc.) Qual?_____	
5.1.3. Administração Local (Municípios, Juntas de Freguesia, etc.) Qual?_____	
5.1.4. União Europeia	
5.1.5. Empresas Privadas/Agentes Económicos	
5.1.6. Fundações	
5.1.7. Outras Organizações Não Governamentais	
5.1.8. Outras entidades. Quais?	

5.2. Indique, por favor, quais os investimentos que considera prioritários para o actual e futuro financiamento da ONGA:

5.2.1. Material de escritório (mesas, cadeiras, etc.)	
5.2.2. Apoio para divulgação de informação	
5.2.3. Material informático	
5.2.4. Apoio jurídico	
5.2.5. Apoio de Gestão/Contabilístico	
5.2.6. Apoio Administrativo	
5.2.7. Transportes	
5.2.8. Outros. Quais?	

VI. ACESSO À INFORMAÇÃO

6.1. Em termos gerais, como classificaria a informação a que a ONGA tem acesso em relação a cada uma das seguintes matérias:

Informação	Tem uma boa informação	Tem uma informação suficiente	Não dispõe de informação	NS/NR
6.1.1. Legislação nacional sobre ambiente				
6.1.2. Legislação comunitária sobre o ambiente				
6.1.3. Acesso aos tribunais				
6.1.4. Apoios financeiros nacionais				
6.1.5. Apoios comunitários				
6.1.6. Actividades de outras ONGA				
6.1.7. Projectos a serem desenvolvidos na região onde actuam				
6.1.8. Lei das ONGA				
6.1.9.Outras Informações. Quais?				

VII. FORMAS DE COLABORAÇÃO

7.1. A ONGA costuma desenvolver actividades ou projectos com as entidades que se seguem?

Colaboração	Sim	Não
7.1.1. Outras ONGA		
7.1.2. Outros movimentos sociais Quais?		
7.1.3. Municípios/Juntas de Freguesia		
7.1.4. Ministério do Ambiente		
7.1.5. Empresas		
7.1.6. Escolas		
7.1.7. União Europeia		
7.1.8. Ordem dos Advogados		

Colaboração	Sim	Não
7.1.9. Instituições Universitárias		
7.1.10 Ministério Público		
7.1.11. Outras entidades. Quais?		

7.2. Como avalia essa colaboração?

Colaboração	Muito importante	Importante	Nada Importante
7.2.1. Outras ONGA			
7.2.2. Outros movimentos sociais Quais?			
7.2.3. Municípios/Juntas de Freguesia			
7.2.4. Ministério do Ambiente			
7.2.5. Empresas			
7.2.6. Escolas			
7.2.7. União Europeia			
7.2.8. Ordem dos Advogados			
7.2.9. Instituições Universitárias			
7.2.10 Ministério Público			
7.2.11. Outras entidades. Quais?			

VIII. LEI E TRIBUNAIS

8.1. A ONGA possui um gabinete/grupo jurídico?
1) Sim
2) Não   (passe para a questão 8.4.)

8.2. Indique por favor quantas pessoas constituem esse grupo/gabinete:

_____

8.3. As pessoas que constituem esse grupo/gabinete são:
1. voluntários
2. remunerados
3. voluntários e remunerados
   3.1. Quantas são remuneradas? _____

8.4. Considera que numa ONGA a existência de um gabinete jurídico é

1. Muito importante
2. Importante
3. Pouco Importante
4. Nada importante

8.5. Justifique, por favor, a sua resposta

_____
_____
_____
_____

8.6. A ONGA já participou em alguma acção em tribunal (como autor, réu, arguido, vítima, ofendido, assistente, testemunha)?

1) Sim
   1.1. Em quantas _____
2) Não   (passe para a questão 8.11)

8.7. Descreva, por favor, como se passou o caso que, no seu entender, foi mais importante, indicando o ano de início e de termo da situação

De _____ a _____ ou então o nº de anos _____

Situação:
1) autor
2) réu ou arguido
3) vítima ou ofendido
4) testemunha ou assistente

_____
_____

8.8. Diga, por favor, se o caso foi resolvido com sucesso pela ONGA

1) Sim
2) Não

8.9. Como avalia, do seu ponto de vista, a actuação do tribunal no caso, considerando os seguintes aspectos

8.9.1. A solução dada ao caso

Muito Satisfeito				Nada satisfeito
1	**2**	**3**	**4**	**5**

8.9.1.1. Por favor diga porquê

_____
_____

294 MOVIMENTOS NA JUSTIÇA

8.9.2. A actuação do advogado

| Muito | Nada |
| Satisfeito | satisfeito |

  1   **2**   **3**   **4**   **5**

8.9.2.1. Por favor diga porquê

_____

_____

8.9.3. A actuação do juiz

Muito   Nada

Satisfeito   satisfeito

  1   **2**   **3**   **4**   **5**

8.9.3.1. Por favor diga porquê

_____

_____

8.10. Se pudesse voltar atrás, considera que a ONGA devia ter ido na mesma a tribunal?
    1) Sim
    2) Não

8.11. Na sua opinião, os tribunais são, para as associações de defesa do ambiente, um recurso
    1. Muito importante
    2. Importante
    3. Pouco importante
    4. Nada importante

8.11.1. Justifique, por favor, a sua resposta

_____

_____

_____

8.12. Indique, por favor, se os tribunais são vias adequadas para lidar com questões ambientais

Muito   Nada

Adequados   adequados

  1   **2**   **3**   **4**   **5**

8.13. Que mudanças deveriam, na sua opinião, ser feitas, para melhorar o funcionamento dos tribunais para as associações de defesa do ambiente?

_____

_____

_____

8.14. Indique se concorda ou não com as seguintes afirmações:

O recurso aos tribunais por parte das associações de defesa do ambiente permite:

	Concordo	Não concordo
Criação de jurisprudência		
Uma maior atenção por parte dos média		
Uma maior credibilidade da associação		
Uma defesa efectiva dos direitos do ambiente		
Um incremento da consciência ecológica		
A mobilização de um maior número de pessoas		
Não permite qualquer vantagem em relação a outras formas de protesto		

IX. LEVANTAMENTO DOS PRINCIPAIS PROBLEMAS QUE SE COLOCAM AO FUNCIONAMENTO E ACTUAÇÃO DAS ONGA

9.1. Indique, por favor, por ordem crescente (indicando de 1 a 5), quais os cinco problemas que mais afectam a ONGA.

Problemas	1 a 5
9.1.1. Não pagamento de quotas	
9.1.2. Falta de financiamento	
9.1.3. Ausência de espaço próprio para sede	
9.1.4. Difícil acesso aos média	
9.1.5. Dependência financeira em relação à Administração Pública	
9.1.6. Dificuldade de mobilização das pessoas	
9.1.7. Fraca consciência ecológica das pessoas	
9.1.8. Falta de colaboradores activos	
9.1.9. Fraca participação cívica em geral	
9.1.10. Falta de articulação/comunicação entre as associações	
9.1.11. Outros aspectos. Quais?	

Observações: